행복한 교회
　성장을 위한
제자훈련

행복한 교회 성장을 위한
제자훈련

초판 제1쇄 | 2009. 12. 30.

지은이 | 이강천
펴낸이 | 정성민
펴낸곳 | 푸른초장
표지디자인 | 정영수
표지그림 | 김지연
캘리그라피 | 김지현
내지디자인 | 정영수, 정혜미

등록번호 | 제 387-2005-00011호(2005년 5월 17일)
소재지 | 경기도 부천시 소사구 심곡본동 743-14, 101호
　　　TEL 032) 655-8330 (푸른초장), 010-6233-1545
인쇄처 | 예원문화사

▍책값은 뒤표지에 있습니다.
ISBN 978-89-92817-27-1 03230

행복한 교회
성장을 위한
제자훈련

목차

PART 1 ## 스스로 자라가기 8

구원 _10   변화 _24   확신 _33
말씀 _41   묵상 _47   기도 _52
헌금 _64   찬양 _73

PART 2 ## 함께 세워가기 82

교제 _84   용서 _90   사랑 _102
화평 _110   봉사 _118   덕성 _124
섬김 _131   언어 _139

PART 3 더불어 살아가기 144

가정 _146   직업 _155   분배 _164
소비 _176   시민 _185   인권 _195
환경 _205   생활 _212

PART 4 더욱 성장하기 218

인생관 _220   청지기 _228   제자도 _237
축복자 _246   나누기 _253
중보자1 _260   중보자2 _273   중보자3 _284

PART 5 일꾼 무장하기 298

교회 _300   재림 _309   선교 _320
사역 _329   전도 _339   양육 _346
훈련 _354   비전 _363

제자훈련

제자훈련은 성도를 그리스도의 제자로 교회의 일꾼으로 하나님 나라의 용사로 양육하는 훈련 과정입니다.

제자훈련은 소그룹으로 실시하는 것이 원칙이며 가능한 담임 목사가 실시하는 것이 좋습니다. 맨 처음 한 그룹(약10명)을 담임 목사가 훈련합니다. 이후에는 개 교회의 사정에 따라 다음과 같이 진행합니다.

1) 훈련해야 할 신자의 수가 적을 경우는 10명 내외의 소그룹으로 훈련합니다.
2) 훈련해야 할 신자가 많은 경우, 새 신자들이 많은 수로 들어올 경우에는 소그룹 셀 시스템이 잘 운영되고 있다는 것을 전제로 하여 강의실 교육으로 훈련할 수 있습니다.

그러나 이 경우에도 소그룹 모임이 있어야 합니다. 먼저 훈련시킨 성도를 소그룹 리더로 세워 10명씩 나누어서 소그룹 모임을 실시합니다.

강의실 교육으로 인한 친밀한 나눔의 결여를 보완 합니다. 예를 들어서 제자훈련을 해야 할 대상이 한 번에 50명이라고 가정하면 50명이 한꺼번에 모여 담임 목사로부터 강의를 듣습니다. 그리고는 10명 단위로 소그룹을 정하고 소그룹 리더와 함께 그룹 별로 모여 적용질문 중심으로 나누고 서로를 위하여 기도하는 일을 합니다.

각 셀에서는 새 신자를 제자훈련 학교에 보내 훈련 받게 해야 합니다.

교재는 전 5권으로 각 권마다 8과씩 되어 있고 한 주에 한 과씩 다루도록 구성되어 있습니다. 개 교회 성도들의 학력과 영적 수준에 따라 지도자는 훈련 기간을 정할 수 있습니다. 즉 한 주에 한 과를 할 수 있고, 반정도만 할 수도 있습니다. 권하고 싶지는 않지만 두 과를 할 수도 있습니다.

PART 1
스스로 자라가기

스스로 자라가기는 신앙의 기본이 되는 구원의 문제를 다룹니다. 구원 받은 자의 확신과 변화된 삶을 살도록 이끌어 주는 것을 목적하며 나아가 경건생활, 말씀 묵상과 기도와 헌금생활과 찬양하는 삶을 훈련하여 성장하는데 그 목적이 있습니다. 여덟 과를 공부하는 동안 세 권의 책을 필독서로 읽도록 되어 있습니다. 두 주에 한 권씩 읽도록 합니다. 초반에 다 읽도록 하는 것이 도움이 됩니다. 읽고 소감문을 써 오도록 합니다. 노인들의 경우가 아니라면 책을 읽고 반드시 소감문을 써 오도록 해야 합니다. 첫 시간에 이러한 사항을 미리 알려 주고 보고서 받는 날을 예시합니다. 보고서는 두 주에 한 번씩 받아 두십시오. 그리고 소감문 보고서를 다 읽고 격려하여 되돌려 줍니다. 교재를 공부할 때 성경지식이 목적이 아니고 말씀대로 변화되고 살아가는 것이 중요합니다. 이를 위하여 모이면 먼저 찬양하고 Q.T 한 것을 나누고 공부합니다. 교재 공부가 끝나면 기도하는 시간을 가져야 합니다. 말씀에 반응하여 결단하거나 고백하는 기도와 중보기도 훈련을 하면서 기도하는 제자훈련 그룹 또는 학교를 만들어 가야 합니다. 기도 없이는 제자훈련이 공허하게 됩니다. 말씀과 기도로 성령 체험을 함께 하는 학습이 되게 해야 합니다.

스스로 자라가기는 신앙의 기본이 되는 구원의 문제를 다룹니다.

구원 받은 자의 확신과 변화된 삶을 살도록 이끌어 주는 것을 목적하며 나아가 경건생활, 말씀 묵상과 기도와 헌금생활과 찬양하는 삶을 훈련하여 성장하는데 그 목적이 있습니다.

여덟 과를 공부하는 동안 세 권의 책을 필독서로 읽도록 되어 있습니다.

두 주에 한 권씩 읽도록 합니다.

초반에 다 읽도록 하는 것이 도움이 됩니다.

읽고 소감문을 써 오도록 합니다.

노인들의 경우가 아니라면 책을 읽고 반드시 소감문을 써 오도록 해야 합니다.

첫 시간에 이러한 사항을 미리 알려 주고 보고서 받는 날을 예시합니다. 보고서는 두 주에 한 번씩 받아 두십시오. 그리고 소감문 보고서를 다 읽고 격려하여 되돌려 줍니다.

교재를 공부할 때 성경지식이 목적이 아니고 말씀대로 변화되고 살아가는 것이 중요합니다. 이를 위하여 모이면 먼저 찬양하고 Q.T 한 것을 나누고 공부합니다.

교재 공부가 끝나면 기도하는 시간을 가져야 합니다.

말씀에 반응하여 결단하거나 고백하는 기도와 중보기도 훈련을 하면서 기도하는 제자훈련 그룹 또는 학교를 만들어 가야 합니다. 기도 없이는 제자훈련이 공허하게 됩니다. 말씀과 기도로 성령 체험을 함께 하는 학습이 되게 해야 합니다.

CHAPTER 1

구원

본과에서는 구원이 왜 필요하고 어떻게 구원 받는가를 이해하고 구원의 은혜의 소중함을 깨닫게 합니다.

1. 롬 1:21은 인간의 근본적인 죄가 어떤 것이라고 합니까?

롬 1:21, 하나님을 알되 하나님으로 영화롭게도 아니하며 감사치도 아니하고 오히려 그 생각이 허망하여지며 미련한 마음이 어두워졌나니

성경은 인간의 근본적인 죄가 영적인 것, 즉 하나님을 영화롭게 하지 않는 것, 하나님께 영광 을 돌리지 않는 것, 하나님께 감사하지 않는 것, 도무지 하나님을 인정하고 찬양하지 않는 불신앙적인 마음이라고 말합니다.

적용 질문 적용에서는 하나님을 인정하며 그 분께 영광 돌리며 감사하는지 말해 보게 합니다. 타락한 모습으로 사는지 구원 받은 모습으로 사는지 확인하게 합니다.

2. 창3:1-6은 인간의 근본적인 타락과 죄가 무엇이라 합니까?

> 창 3:1, 여호와 하나님의 지으신 들짐승 중에 뱀이 가장 간교하더라 뱀이 여자에게 물어 가로되 하나님이 참으로 너희더러 동산 모든 나무의 실과를 먹지 말라 하시더냐
> 2, 여자가 뱀에게 말하되 동산 나무의 실과를 우리가 먹을 수 있으나
> 3, 동산 중앙에 있는 나무의 실과는 하나님의 말씀에 너희는 먹지도 말고 만지지도 말라 너희가 죽을까 하노라 하셨느니라
> 4, 뱀이 여자에게 이르되 너희가 결코 죽지 아니하리라
> 5, 너희가 그것을 먹는 날에는 너희 눈이 밝아 하나님과 같이 되어 선악을 알 줄을 하나님이 아심이니라
> 6, 여자가 그 나무를 본즉 먹음직도 하고 보암직도 하고 지혜롭게 할 만큼 탐스럽기도 한 나무인지라 여자가 그 실과를 따먹고 자기와 함께한 남편에게도 주매 그도 먹은지라

창세기는 인간의 타락과 죄에 대한 진리를 분명히 말하고 있습니다.

하나님께서는 선악을 알게 하는 나무의 실과는 먹지 말라 하시고 먹는 날에는 정녕 죽으리라고 하셨습니다.

그런데 유혹자 뱀(뱀은 사탄 또는 마귀를 상징하는 짐승이지요)은 유혹하기를 먹어도 결코 죽지 않으리라 합니다.

아담과 하와는 뱀 즉 사탄의 말을 믿고 하나님의 말씀을 불신합니다. 하나님께 대한 불신, 그것이 근본적인 타락이요 죄입니다.

그 다음에는 교만입니다. 나무 열매를 먹으면 하나님처럼 될 것이라

는 유혹에 넘어 갑니다.

하나님처럼 된다는 교만이 타락입니다.

하나님 앞에서는 겸손해야만 합니다.

그리고 마지막으로 하나님께 대한 불순종입니다.

결국 먹지 말라는 선악과를 먹는 불순종으로 타락하고 죄인이 되어 하나님께로부터 떠난 것입니다. 불신은 교만을 교만은 불순종을 낳게 된 셈입니다.

> **적용 질문** 적용에서는 지금도 이러한 타락한 본성 즉 불신과 교만과 불순종 하는 삶은 아닌지 돌아보게 합니다.

3. 롬1:24-32은 인간의 죄의 실상이 어떤 것이라 합니까?

롬 1:24, 그러므로 하나님께서 저희를 마음의 정욕대로 더러움에 내어 버려 두사 저희 몸을 서로 욕되게 하셨으니

25, 이는 저희가 하나님의 진리를 거짓 것으로 바꾸어 피조물을 조물주보다 더 경배하고 섬김이라 주는 곧 영원히 찬송할 이시로다 아멘

26, 이를 인하여 하나님께서 저희를 부끄러운 욕심에 내어 버려 두셨으니 곧 저희 여인들도 순리대로 쓸 것을 바꾸어 역리로 쓰며

27, 이와 같이 남자들도 순리대로 여인 쓰기를 버리고 서로 향하여 음욕이 불 일듯 하매 남자가 남자로 더불어 부끄러운 일을 행하여 저희의 그 릇됨에 상당한 보응을 그 자신에 받았느니라

28, 또한 저희가 마음에 하나님 두기를 싫어하매 하나님께서 저희를 그 상실한 마음대로 내어 버려두사 합당치 못한 일을 하게 하셨으니

29, 곧 모든 불의, 추악, 탐욕, 악의가 가득한 자요 시기, 살인, 분쟁, 사기, 악독이 가득한 자요 수군수군하는 자요

30, 비방하는 자요 하나님의 미워하시는 자요 능욕하는 자요 교만한 자요 자랑하는 자요 악을 도모하는 자요 부모를 거역하는 자요

31, 우매한 자요 배약하는 자요 무정한 자요 무자비한 자라

32, 저희가 이같은 일을 행하는 자는 사형에 해당하다고 하나님의 정하심을 알고도 자기들만 행할 뿐 아니라 또한 그 일을 행하는 자를 옳다 하느니라

24-25,절은 피조물을 조물주 하나님보다 더 섬기는 죄에 어리석게 빠졌다는 것입니다.

섬겨야 할 대상인 하나님은 섬기지 아니하고 도리어 섬김의 대상이 아닌 피조물들 해와 달과 별들, 바위나 나무들, 여러 가지 우상들을 섬기는 어리석은 죄에 빠져 있습니다.

26-27,절은 남녀 간에 일어나는 성적 범죄가 부자연스럽게 일어난다는 것입니다.

성은 하나님의 창조 원리대로는 남편과 아내를 하나되게 하는 거룩하고 복스러운 것입니다.

그러나 타락 이후 이기주의적으로 충동에 의하여 부정한 관계를 만들어 내고 뒤틀린 관계를 만들어 냈습니다. 결혼 밖의 부정한 성 관계, 동

성 연애 등 부자연스러운 성 행위라는 성적 타락에 빠지게 되었다는 것입니다.

28-32,절은 불의, 추악, 탐욕, 악의, 시기, 살인, 분쟁, 사기, 악독, 수군수군, 비방 하나님의 미워하시는 자요, 능욕, 교만, 자랑, 악 도모, 부모 거역, 우매, 배약, 무정, 무자비 등 온갖 죄악들이 산출 되고 있다는 것입니다.

24, 26, 28,절이 공통적으로 지적하는 것은 그 마음에 하나님 두기를 싫어하였고 따라서 하나님께서 버려 두셨다는 것입니다.

하나님을 싫어하여 하나님을 떠난 인간, 하나님이 버려 두시자 인간은 온갖 죄를 저지르는 죄인의 모습으로 살아가게 되었다는 것입니다.

우리의 마음에는 하나님이 있어야 합니다. 하나님이 있지 아니하면 마귀가 우리 마음을 지배하여 온갖 죄를 짓고 살아가게 합니다.

적용 질문 적용 질문과 아울러 각자의 마음과 삶에 도사리고 있는 죄들이 없는지 살피게 하고 마음에 하나님 모시기를 사모하도록 인도합니다.

4. 롬2:1-10은 죄인의 운명이 무엇이라 합니까?

롬 2:1, 그러므로 남을 판단하는 사람아 무론 누구든지 네가 평계치 못할 것은 남을 판단하는 것으로 네가 너를 정죄함이니 판단하는 네가 같은 일을 행함이니라

2, 이런 일을 행하는 자에게 하나님의 판단이 진리대로 되는 줄 우리가 아노라

3, 이런 일을 행하는 자를 판단하고도 같은 일을 행하는 사람아 네가 하나님의 판단을 피할 줄로 생각하느냐

4, 혹 네가 하나님의 인자하심이 너를 인도하여 회개케 하심을 알지 못하여 그의 인자하심과 용납하심과 길이 참으심의 풍성함을 멸시하느뇨

5, 다만 네 고집과 회개치 아니한 마음을 따라 진노의 날 곧 하나님의 의로우신 판단이 나타나는 그 날에 임할 진노를 네게 쌓는도다

6, 하나님께서 각 사람에게 그 행한 대로 보응하시되

7, 참고 선을 행하여 영광과 존귀와 썩지 아니함을 구하는 자에게는 영생으로 하시고

8, 오직 당을 지어 진리를 좇지 아니하고 불의를 좇는 자에게는 노와 분으로 하시리라

9, 악을 행하는 각 사람의 영에게 환난과 곤고가 있으리니 첫째는 유대인에게요 또한 헬라인에게며

10, 선을 행하는 각 사람에게는 영광과 존귀와 평강이 있으리니 첫째는 유대인에게요 또한 헬라인에게라

죄인의 운명은 하나님의 엄중한 심판 아래 있다는 것입니다.
죄인은 하나님의 심판을 받습니다.
 하나님의 심판은 진리 대로 이루어 집니다.
하나님의 진리의 기준에서 진리를 떠난 죄인은 다 심판을 받습니다.
하나님의 기준에서 심판은 행하여 질 것입니다.

또 심판은 행한 대로 갚아 주는 심판입니다.

인간이 죄를 짓고 살면 벌의 심판이고 의를 행하여 살면 상을 받을 것입니다.

여기 언급한대로는 하나님의 뜻을 따라 의를 구하여 살면 영생으로 상 주시고 또 마음과 영혼이 영광과 존귀와 평강을 얻게 된다고 말씀하시고 진리를 좇지 않고 악하게 사는 경우는 하나님의 진노가 임하고 환난과 곤고 즉 고통이 따른다고 말씀 하십니다.

궁극적으로는 영생이냐 영벌, 즉 천국 행이냐 지옥 행이냐가 결정 되는 것입니다.

적용 질문 적용 질문과 함께 자신이 어떤 운명인지 점검하고 하나님의 심판대 앞에서 떳떳이 서는 믿음의 길, 하나님의 진리를 따라 사는 삶을 결단하게 합니다.

5. 계20:11-15은 마지막 심판에 대해 무엇을 가르쳐 줍니까?

계 20:11, 또 내가 크고 흰 보좌와 그 위에 앉으신 자를 보니 땅과 하늘이 그 앞에서 피하여 간데없더라
12, 또 내가 보니 죽은 자들이 무론 대소하고 그 보좌 앞에 섰는데 책들이 펴 있고 또 다른 책이 펴졌으니 곧 생명책이라 죽은 자들이 자기 행위를 따라 책들에 기록된 대로 심판을 받으니
13, 바다가 그 가운데서 죽은 자들을 내어 주고 또 사망과 음부도 그 가운데서 죽은 자들을 내어 주매 각 사람이 자기의 행위대로 심판을 받고

14, 사망과 음부도 불 못에 던지우니 이것은 둘째 사망 곧 불 못이라
15, 누구든지 생명 책에 기록되지 못한 자는 불 못에 던지우더라

성경은 세상 끝 날에 예수께서 흰 보좌에 앉으시고 대 심판을 행하신다고 가르칩니다.

이 때에는 무덤이 죽은 자들을 내어 주어 심판대 앞에 세운다고 하는데 한번 죽은 것으로 끝나는 것이 아니라 심판의 부활도 있는 것입니다.

그리하여 예수님 앞에서 책에 기록된 대로 심판을 받습니다.

우리가 이 땅에서 사는 동안 살아온 역정을 하나님께서는 다 기록해 놓으십니다.

그리고 그 기록을 따라 심판을 행하신다는 것입니다.

죄인의 운명은 심판을 받고 지옥 불에 던져지는 것입니다.

심판을 면하는 사람은 한 가지 길 밖에 없습니다.

생명 책에 기록 된 사람은 불 못에 들어가지 아니합니다.

생명 책이란 영적으로 거듭난 사람들의 이름을 기록한 책입니다.

사람이 세상에 태어나면 호적부에 그 이름이 기록되는 것처럼 사람이 예수 믿고 구원 받아 거듭나면 그 이름이 하늘 나라 호적부인 생명 책에 기록 됩니다.

이 생명 책에 기록된 사람은 심판과 상관이 없습니다.

예수님의 죄 사함의 은혜를 받고 하나님 나라의 시민으로 태어난 영혼이기 때문입니다.

적용 질문 적용 질문에서 각자의 이름이 어느 책 즉 심판 책에 기록 되었는지 생명 책에 기록 되었는지 생각해 보게 합니다. 해결되지 않은 사람은 즉시라도 예수님을 주로 고백하는 신앙고백을 할 수 있도록 구원 상담을 하고 구원의 확신을 갖도록 도와 줍니다.

6. 요3:14-18은 구원에 대하여 무엇을 가르쳐 줍니까?

요 3:14, 모세가 광야에서 뱀을 든 것같이 인자도 들려야 하리니
15, 이는 저를 믿는 자마다 영생을 얻게 하려 하심이니라
16, 하나님이 세상을 이처럼 사랑하사 독생자를 주셨으니 이는 저를 믿는 자마다 멸망치 않고 영생을 얻게 하려 하심이니라
17, 하나님이 그 아들을 세상에 보내신 것은 세상을 심판하려 하심이 아니요 저로 말미암아 세상이 구원을 받게 하려 하심이라
18, 저를 믿는 자는 심판을 받지 아니하는 것이요 믿지 아니하는 자는 하나님의 독생자의 이름을 믿지 아니하므로 벌써 심판을 받은 것이니라

모세가 광야에서 뱀을 든 것 같이 인자도 들려야 한다는 말씀은 민수기 21:7-9 전후를 보면 광야에서 이스라엘 백성이 고생스럽다고 하나님과 지도자 모세를 원망하자 하나님이 진노하셔서 광야에서 뱀이 나와 백성들을 물게 하였습니다.

백성들이 깨닫고 회개하자 하나님은 모세에게 한 처방을 주셨는데 놋, 즉 구리로 뱀의 모양을 만들어서 높은 장대 위에 들어 올리고 누구든

지 뱀에 물린 자는 장대 위의 구리 뱀을 바라보면 나으리라고 선포하게 하였습니다.

그리고 장대 위의 구리 뱀을 바라보는 자는 고침을 받았습니다.

구리로 만든 뱀에서 무슨 X선이나 감마선이 나와서 치료한 것이 아니고 바라보면 나으리라는 하나님의 말씀을 믿었기 때문에 나은 것입니다.

여기서 하나님이 요구하는 것은 믿음입니다.

이와 같은 원리로 인자 즉 예수님도 나무에 달린다고 하였는데 예수님이 십자가에서 대속의 죽음을 죽으실 것을 말씀 하시는 것이고 따라서 누구든지 믿는 사람 즉 예수께서 나의 죄를 대신 지시고 십자가의 보혈을 흘리셨다는 은혜를 믿는 자는 구원 받게 된다는 진리를 나타냅니다.

그래서 이제 예수님을 믿는 자에게는 은혜로 죄를 사하시면서, 원망하다가 뱀에 물린 자들을 믿음으로 부르시고 믿는 자들을 용서하시고 고치신 것처럼, 예수 믿으면 우리의 죄를 사하시고 영생을 주신다고 약속하시는 것입니다.

하나님께서는 세상을 사랑하셔서 독생자를 주시고 믿는 자에게 영생을 주신다는 것입니다.

누가 영생을 얻느냐고요? 당연히 믿는 자이지요.

예수님을 구주로 믿는 자 말입니다.

우리는 다 죄인이어서 하나님의 심판을 받고 지옥 불에 들어갈 운명의 사람들입니다. 그런데 하나님의 크신 사랑으로 예수님이 대신 우리의 죄를 담당하시고 십자가를 지고 보혈을 흘려 대속하게 하셨습니다.

이 사랑과 은혜를 믿는 자들을 구원하셔서 영생을 얻게 하신다는 것입니다.

적용 질문 적용 질문은 은혜의 자리에 있는지를 확인하고 예수님을 구주로 믿는 믿음을 분명히 하도록 합니다. 불확실할 경우에는 역시 구원 상담, 이미 공부한 내용을 따라 확인하고 자신이 죄인인 것과 예수님께서 자신의 죄를 담당하신 것을 믿는 믿음을 고백하게 함으로서 구원의 확신 영생의 확신에로 이끌어 주어야 합니다.

7. 롬3:24-27은 구원의 진리가 무어라고 가르칩니까?

롬 3:24, 그리스도 예수 안에 있는 구속으로 말미암아 하나님의 은혜로 값없이 의롭다 하심을 얻은 자 되었느니라
25, 이 예수를 하나님이 그의 피로 인하여 믿음으로 말미암는 화목제물로 세우셨으니 이는 하나님께서 길이 참으시는 중에 전에 지은 죄를 간과하심으로 자기의 의로우심을 나타내려 하심이니
26, 곧 이 때에 자기의 의로우심을 나타내사 자기도 의로우시며 또한 예수 믿는 자를 의롭다 하려 하심이니라
27, 그런즉 자랑할 데가 어디뇨 있을 수가 없느니라 무슨 법으로냐 행위로냐아니라 오직 믿음의 법으로니라

본문 말씀은 구원의 진리를 체계적으로 가르칩니다.

먼저 구원의 근거를 가르치는데 구원의 근거는 예수 안에 있는 구속, 즉 예수님이 우리의 죄를 지고 십자가에서 흘리신 보혈의 은총에 근거하여 구원을 받을 수 있게 된다는 것입니다.

하나님께서는 구원을 은혜로 값없이 선물로 주십니다.

우리는 죄인이지만 예수님의 십자가의 구속을 근거로 하나님이 값없이 의롭다고 인정하시는 은혜로 구원을 받습니다.

하나님께서 거저 주시는 은혜입니다.

거저 주시는 은혜이기 때문에 우리는 다만 믿음으로 받습니다.

하나님께서는 은혜로 구원을 주시고 우리는 믿음으로 받습니다.

돈으로 값을 지불하고 사는 것도 아니고 공로를 세워 인정 받아 구원 받는 것도 아니고 값없이 주시는 하나님의 선물을 우리는 믿음으로 감사함으로 받는 것입니다.

여기 십자가에 나타난 하나님의 의라는 것은 우리의 구원을 위한 하나님의 의와 사랑을 잘 나타내는 진리입니다.

하나님은 사랑이실 뿐 아니라 의로우신 하나님 입니다.

그래서 죄인의 경우 심판 하시고 벌하셔야만 합니다.

이 의로운 심판을 하나님께서는 독생자 예수, 죄 없는 예수님에게 우리의 죄를 대신 지게 하셔서 예수님에게 심판을 행하셨습니다.

그리하여 하나님의 의로우심이 나타났습니다.

한편 이 하나님의 의가 예수님의 십자가로 나타난 것은 하나님의 사랑의 의로 나타난 것입니다. 즉 누구든지 예수를 믿으면 은혜로 의롭다 하시겠다는 하나님의 의의 선물인 것입니다.

그리하여 십자가는 두 가지 면에서 하나님의 의가 나타난 것입니다.

하나는 하나님은 심판 하시는 의로운 분이라는 것과 한편에서는 예수를 믿는 자들을 의롭다고 인정하시겠다는 의의 선물, 선물과 은혜로서의 하나님의 의를 나타내셨습니다.

이 부분에서 전도폭발에서 사용하는 죄의 책 예화를 사용하여 한번 더 확인할 필요가 있을 것입니다.

오른 손에 책을 한 권 들고 책에 기록된 대로 심판하신다는 말씀을 보았는데 이 책이 나의 죄를 기록한 책이라면 이 죄 때문에 나는 심판을 받아야 마땅하지만 하나님이 나를 지극히 사랑하시는 까닭에(왼손을 하늘에서 내리며) 독생자를 보내사 우리 무리의 죄악을 그에게(책을 왼손으로 옮기며) 담당시켰습니다.

내 죄가 어디로 갔습니까?
예, 예수님에게로 갔지요.
누가 심판을 받습니까?
예, 예수님이 심판을 받게 된 것입니다.
이것이 대속입니다.
예수님의 십자가의 은혜를 믿고 회개함으로
우리는 사죄함을 받고 구원 받습니다.
형제님은 이렇게 믿고 구원 받으신 것이지요?

`적용 질문` 적용 질문은 전도폭발 두 가지 진단 질문 중 두 번째 질문인데 우리가 의지하는 것은 나 자신이 아니요, 예수님의 십자가의 구속의 은혜, 하나님이 거저 주시는 선물로서의 의라는 점을 분명히 확인하는 시간을 갖습니다. 그리하여 구원의 진리를 확실히 이해하고 믿고 확신하도록 이끌어 줍니다.

CHAPTER 2

변화

지난 과에서는 구원이 은혜로 주어지고 믿음으로 받는 다는 것을 확인하였는데 이 과에서는 실제적으로 우리에게 구원 받은 변화가 일어난다는 것을 확인하고 변화를 체험하도록 인도하는 것입니다.

1. 요1:11-13은 믿는자에게 어떤 변화가 생긴다고 가르칩니까?

    요 1:11, 자기 땅에 오매 자기 백성이 영접지 아니하였으나
    12, 영접하는 자 곧 그 이름을 믿는 자들에게는 하나님의 자녀가 되는 권세를 주셨으니
    13, 이는 혈통으로나 육정으로나 사람의 뜻으로 나지 아니하고 오직 하나님께로서 난 자들이니라

이제 예수님을 믿고 영접한 자들은 먼저 신분상 변화가 일어 납니다. 그것은 하나님의 자녀가 된다는 것입니다.
타락한 이후 인간은 하나님의 자녀의 지위를 상실하고 오히려 마귀에게 종 노릇하고 있었습니다.

이제는 구원 받으므로 하나님의 자녀가 된 것입니다.

믿는 자들에게는 하나님의 자녀가 되는 권세가 주어집니다.

믿는 자는 신분상으로 변화가 일어날 뿐 아니라 실제로 변화를 경험합니다.

혈통으로나 육신적으로나 사람의 의지대로 된 것이 아니고 하나님께로 나는 영적으로 다시 태어나는 변화를 경험하게 됩니다.

하나님의 형상이 회복 되는 변화, 하나님의 품성이 우리 안에 생기는 것입니다.

적용 질문 하나님께로 난 자임을 어떻게 알 수 있느냐는 질문은 자신 안에 변화가 일어나서 알 수 있다는 대답이 나오는 것이 정답입니다. 자신 안에 확신이 있는 것입니다.

2. 엡2:1-7은 구원 받기 전과 후가 어떻게 달라진다고 합니까?

엡 2:1, 너희의 허물과 죄로 죽었던 너희를 살리셨도다

2, 그 때에 너희가 그 가운데서 행하여 이 세상 풍속을 좇고 공중의 권세 잡은 자를 따랐으니 곧 지금 불순종의 아들들 가운데서 역사하는 영이라

3, 전에는 우리도 다 그 가운데서 우리 육체의 욕심을 따라 지내며 육체와 마음의 원하는 것을 하여 다른 이들과 같이 본질상 진노의 자녀이었더니

4, 긍휼에 풍성하신 하나님이 우리를 사랑하신 그 큰 사랑을 인하여

5, 허물로 죽은 우리를 그리스도와 함께 살리셨고(너희가 은혜로 구원을 얻은 것이라)

6, 또 함께 일으키사 그리스도 예수 안에서 함께 하늘에 앉히시니

7, 이는 그리스도 예수 안에서 우리에게 자비하심으로써 그 은혜의 지극히 풍성함을 오는 여러 세대에 나타내려 하심이니라

구원 받기 전에는

1) 허물과 죄로 죽어 있었습니다. 즉 영적인 죽음 상태였습니다.
2) 세상 풍속을 좇는 생활을 하고 있었고
3) 공중 권세 잡은 자를 따라 살았습니다. 즉 마귀의 노예로 살았습니다.
4) 육체의 욕심을 따라 살았습니다. 그리하여
5) 본질상 진노의 자녀였습니다. 하나님의 진노, 심판 아래 있었습니다.

구원 받은 후에는

1) 우리가 그리스도와 함께 살아났습니다. 영적 생명이 살아 났습니다.
2) 하늘에 앉게 되었습니다. 천국 시민이 된 것이다.
3) 자비와 은혜의 풍성함을 알게 되었습니다.

　적용 질문　 적용질문에서는 꼭 여기 성경에 지적한 변화대로가 아니라도 이것을 거울 삼아 자신에게 구원 받기 전과 후가 무엇이 달라졌는지 전원 말하게 하여 서로 영향을 받고 확신하게 도와 줍니다.

3. 요5:24은 믿는 자가 어떻게 달라졌다고 말합니까?

요 5:24. 내가 진실로 진실로 너희에게 이르노니 내 말을 듣고 또 나 보내

신 이를 믿는 자는 영생을 얻었고 심판에 이르지 아니하나니 사망에서 생명으로 옮겼느니라

믿는 자는 영생을 얻었으며, 심판에서 벗어 났고, 사망에서 생명으로 옮겨지게 되었습니다.

믿기 전에는 사망의 세계, 어둠의 세계, 마귀의 세계, 멸망의 세계에 살았지만 구원 받음으로 빛의 세계, 생명의 세계, 하나님의 자녀의 세계의 사람이 된 것입니다.

이 엄청난 변화에 감격하시기 바랍니다.

4. 갈4:4-7, 하나님과의 관계가 무엇이며 주어진 특권이 무엇입니까?

갈 4:4, 때가 차매 하나님이 그 아들을 보내사 여자에게서 나게 하시고 율법 아래 나게 하신 것은

5, 율법 아래 있는 자들을 속량하시고 우리로 아들의 명분을 얻게 하려 하심이라

6, 너희가 아들인 고로 하나님이 그 아들의 영을 우리 마음 가운데 보내사 아바 아버지라 부르게 하셨느니라

7, 그러므로 네가 이 후로는 종이 아니요 아들이니 아들이면 하나님으로 말미암아 유업을 이을 자니라

구원 받음으로 우리는 하나님의 자녀가 되었습니다.
하나님과 우리는 아버지와 자녀의 관계가 되었습니다.

하나님의 자녀로서 우리는 두 가지 특권과 축복을 받게 되었습니다.

하나는 아들의 영, 즉 성령을 받아서 성령 안에서 하나님 아버지와 친근한 관계를 누리며 살게 되었고 확신 가운데 살게 되었습니다.

둘째는 하나님으로 유업을 이을 자가 되었습니다.

하나님의 유업이 무엇이겠습니까?

그것은 하나님의 나라입니다. 우리는 하나님의 나라를 상속 받는 자가 되었다는 것입니다.

　적용 질문　적용 질문으로 하나님의 자녀 된 특권과 축복을 확인하고 감격하게 이끌어 줍니다.

5. 계21:27 천국에 들어갈 자는 누구이며 못 들어갈 자는 누구입니까?

계 21:27, 무엇이든지 속된 것이나 가증한 일 또는 거짓말하는 자는 결코 그리로 들어오지 못하되 오직 어린 양의 생명책에 기록된 자들뿐이라

천국에 들어갈 자는 오직 어린양의 생명 책에 기록된 자들뿐입니다.

어린양의 생명 책이란 하늘 나라 호적부와 같은 것입니다.

어린양 예수님의 보혈로 구속되고 믿음으로 구원 받아 거듭난 영혼들이 기록됩니다.

이 생명 책에 기록된 사람들 즉 거듭난 사람들만 하늘 나라에 들어 갑니다.

속된 것, 가증한 것, 거짓말 하는 자는 천국에 들어가지 못합니다.

즉 거듭나지 아니하고 세상 기준대로 살며 하나님을 섬기지 아니하는 교만한 삶과 거짓된 삶, 거듭나지 못한 그대로의 삶을 사는 자들은 천국에 들어 가지 못합니다.

적용 질문 적용질문으로 천국에 들어갈 자로 거듭난 자인지를 확인하고 감사하거나 고백하게 하여 거듭난 신자로 살아가게 도와 줍니다.

6. 요3:3-8, 딛3:5 어떻게 거듭납니까?

요 3:3, 예수께서 대답하여 가라사대 진실로 진실로 네게 이르노니 사람이 거듭나지 아니하면 하나님 나라를 볼 수 없느니라

4, 니고데모가 가로되 사람이 늙으면 어떻게 날 수 있삽나이까 두 번째 모태에 들어갔다가 날 수 있삽나이까

5, 예수께서 대답하시되 진실로 진실로 네게 이르노니 사람이 물과 성령으로 나지 아니하면 하나님 나라에 들어갈 수 없느니라

6, 육으로 난 것은 육이요 성령으로 난 것은 영이니

7, 내가 네게 거듭나야 하겠다 하는 말을 기이히 여기지 말라

8, 바람이 임의로 불매 네가 그 소리를 들어도 어디서 오며 어디로 가는지 알지 못하나니 성령으로 난 사람은 다 이러하니라

딛 3:5, 우리를 구원하시되 우리의 행한 바 의로운 행위로 말미암지 아니하고 오직 그의 긍휼하심을 좇아 중생의 씻음과 성령의 새롭게 하심으로 하셨나니

물과 성령으로 거듭나야 한다고 하였습니다.

중생의 씻음과 성령의 새롭게 하심이라고 하기도 하였습니다.

물은 말씀으로 해석하기도 합니다.

말씀은 주께서 우리를 위하여 대속하셨다는 복음의 말씀입니다.

물은 또한 물세례를 말하는 것으로 해석하기도 합니다.

물세례는 회개하고 복음의 말씀을 믿어 씻음 받는 사건입니다.

우리가 거듭나는 것은 두 과정이라 볼 수 있는데 하나는 회개하고 복음의 말씀을 믿어 세례를 받으므로 죄 사함을 얻는 것입니다.

그리고는 성령으로 새 생명이 되는 것입니다.

성령이 우리에게 임하여 새 생명, 영적 생명을 부여 하시는 것입니다.

이 영적 새 생명으로 태어나는 것을 거듭난다, 중생한다고 말합니다.

적용 질문 적용질문을 통하여는 각자 거듭난 생명인지를 확인하는 과정입니다. 각자 거듭나서 주님과 영적 교제를 누리게 되어야 합니다. 성령이 자기 안에 들어와 계시는 것을 믿음으로 압니다.

7. 행 2:37-41 거듭나는 원리가 어떻게 설명 됩니까?

행 2:37, 저희가 이 말을 듣고 마음에 찔려 베드로와 다른 사도들에게 물어 가로되 형제들아 우리가 어찌할꼬 하거늘

38, 베드로가 가로되 너희가 회개하여 각각 예수 그리스도의 이름으로 세례를 받고 죄 사함을 얻으라 그리하면 성령을 선물로 받으리니

39. 이 약속은 너희와 너희 자녀와 모든 먼 데 사람 곧 주 우리 하나님이
　　얼마든지 부르시는 자들에게 하신 것이라 하고
40. 또 여러 말로 확증하며 권하여 가로되 너희가 이 패역한 세대에서 구
　　원을 받으라 하니
41. 그 말을 받는 사람들은 세례를 받으매 이 날에 제자의 수가 삼천이나
　　더하더라

　회개하여 예수 그리스도의 이름으로 세례를 받고 죄 사함을 얻으라 그리하면 성령을 선물로 받으리라 하였습니다.
　이 말씀을 나누어 보면 사람 편에서 할 일이란 자기 죄를 깨닫고 회개하는 일입니다.
　자신이 죄인 된 것을 인식하고 애통하며 회개하는 과정입니다.
　죄인 된 것을 깨닫지 못하면 주님의 대속의 은혜가 무엇인지 알 수 없겠지요.
　그 다음에는 믿음으로 세례를 받는 것입니다.
　세례란 자신이 죄인임을 인정하는 행위이며 주님의 죄 사함의 은혜가 아니면 구원 받을 수 없어 주님의 죄 사함을 믿는다는 신앙고백의 행위로 옛 사람 즉 죄인은 죽고 새 사람 즉 예수의 사람으로 다시 산다는 의미로 세례를 받습니다.
　그러니 죄인임을 회개하고 예수의 구속으로 구원 받아 새 사람으로 산다는 고백을 표현하는 신앙 고백의 행위입니다.

하나님 편에서는 죄 사함의 은총을 주시고 새 생명의 영이신 성령을 부어 주시는 것입니다.

하나님은 죄를 사해 주시는 은혜로 우리를 의롭다 받아 주시고 또 우리에게 성령을 부으사 우리의 생명을 살리시는 것입니다.

거듭난 생명이 되게 변화시키시는 것입니다. 할렐루야.

`적용 질문` 적용 질문과 더불어 구체적으로 회개하며 거듭난 경험을 간증하도록 이끌어 보십시오. 서로 확인하고 격려가 되게 하며 감사하고 아직 거듭나지 못한 사람은 거듭나는 계기가 되도록 이끌어 즉시라도 회개 또는 고백이 일어나게 하십시오. 이 그룹 안에서 공부하는 동안 해결이 안 되는 경우는 개인 상담을 통하여 거듭나는 체험이 일어나도록 도와 줍니다. 본과의 목표는 거듭난 체험으로 이끌며 확신케 하는 것입니다.

CHAPTER 3

확신

이 과에서는 앞에서 구원과 변화를 공부하며 이론적으로 확인한 진리에서 구원의 확신을 가질 뿐 아니라 구원 받은 자의 생활 속에서 지속적으로 하나님의 은혜와 사랑과 축복에 대한 확신을 가지고 살아가게 도와 줍니다.

1. 딤후 3:14-15 우리의 확신의 근거는 무엇이라고 가르칩니까?

딤후 3:14, 그러나 너는 배우고 확신한 일에 거하라 네가 뉘게서 배운 것을 알며
15, 또 네가 어려서부터 성경을 알았나니 성경은 능히 너로 하여금 그리스도 예수 안에 있는 믿음으로 말미암아 구원에 이르는 지혜가 있게 하느니라

첫째는 배우고 확신한 일에 거하므로 확신을 지속합니다.
교회에서 이미 배운 것들이 큰 도움이 되지요.
그러나 더욱 중요한 것은 성경입니다.

성경은 구원의 진리를 가르치고 구원으로 인도하는 지혜를 줍니다.

그리고 성경에 근거한 신앙이 가장 확실하고 확신 있는 신앙생활이 되는 것입니다.

신앙생활의 근거를 성경말씀에 두시기 바랍니다.

적용 질문 적용질문은 성경에 신앙생활의 근거를 두도록 인도하는 질문으로 사용합니다. 혹 어떤 경우는 꿈이나 다른 이의 예언 등에 신앙의 비중을 두는 경우도 있는데 그보다는 성경 말씀을 묵상하면서 성경적 신앙이 되도록 지도합니다.

2. 엡1:13-14이 설명하는 확신의 원리는 무엇입니까?

엡 1:13, 그 안에서 너희도 진리의 말씀 곧 너희의 구원의 복음을 듣고 그 안에서 또한 믿어 약속의 성령으로 인치심을 받았으니
14, 이는 우리의 기업에 보증이 되사 그 얻으신 것을 구속하시고 그의 영광을 찬미하게 하려 하심이라

첫째는 진리의 말씀 곧 구원의 복음을 듣습니다.

전도자의 말이나 설교를 통하여 듣기도 하지만 성경을 읽으므로 듣기도 합니다.

둘째는 그 말씀을 내가 믿는 것입니다.

듣기만하고 믿지 않으면 아무 효용이 없습니다.

복음의 말씀을 들었으면 믿어야 합니다.

셋째는 믿을 때에 성령이 인쳐 주시는 은혜를 받습니다.

이는 성령께서 우리 마음에 오셔서 확신을 주시는 것입니다.

우리는 구원의 복음을 확실히 이해하고 믿고 성령의 인치심, 확신케 하시는 은혜를 받으므로 구원의 확신을 가지고 살게 됩니다.

적용 질문 적용질문에서는 먼저 복음으로 말미암은 구원의 확신의 중요성을 인식하도록 도와 주려는 것입니다.

3. 롬8:16, 성령께서 우리의 어떠함을 확증해 줍니까?

롬 8:16, 성령이 친히 우리 영으로 더불어 우리가 하나님의 자녀인 것을 증거하시나니

성령께서는 우리가 구원 받아 하나님의 자녀가 된 것을 확증해 주십니다.

하나님의 자녀가 된 믿음을 우리 마음에 심어 주십니다.

하나님의 자녀가 된 것을 확신하도록 도와 줍니다.

위에서도 성령이 인치신다고 하였는데 여기서도 성령이 증거 하신다고 하였습니다.

성령 받으면 이 믿음이 우리 속에 들어오게 됩니다.

성령의 은혜를 받아야 확신 있는 신앙생활이 되는 것이지요.

적용 질문 적용 질문을 통하여 하나님의 자녀임을 확신하도록 도와

줍니다. 성령 체험을 하도록 함께 기도해야 하는 일과 그 전에 하나님의 자녀라는 말씀에 각자가 아멘 하여 믿도록 도와 줍니다.

4. 요일5:11-15에 우리가 갖게 된 두 가지 확신은 무엇입니까?

요일 5:11, 또 증거는 이것이니 하나님이 우리에게 영생을 주신 것과 이 생명이 그의 아들 안에 있는 그것이니라
12, 아들이 있는 자에게는 생명이 있고 하나님의 아들이 없는 자에게는 생명이 없느니라
13, 내가 하나님의 아들의 이름을 믿는 너희에게 이것을 쓴 것은 너희로 하여금 너희에게 영생이 있음을 알게 하려 함이라
14, 그를 향하여 우리의 가진 바 담대한 것이 이것이니 그의 뜻대로 무엇을 구하면 들으심이라
15, 우리가 무엇이든지 구하는 바를 들으시는 줄을 안즉 우리가 그에게 구한 그것을 얻은 줄을 또한 아느니라

첫째는 영생에 대한 확신입니다.

우리가 예수 믿고 주님을 모시고 살 때 우리에게 영생이 있음을 성경은 증거 해 줍니다.

예수 안에서 우리는 영생의 확신을 갖게 됩니다.

둘째는 기도 응답에 대한 확신입니다.

예수 믿는 자들은 기도하면 하나님께서 응답하신다는 확신을 갖고 살게 됩니다.

이것은 성경의 약속이요 확증입니다.

예수 믿는 특권 중 영생을 얻었다는 것과 이 땅에 살면서 기도하면 응답하시는 하나님과 함께 산다는 것입니다.

그리스도인은 이 두 가지 확신을 가지고 살아야 합니다.

> 적용 질문   당신은 영생을 확신합니까? 당신은 기도 응답에 대한 확신을 가지고 기도하십니까? 라고 물어 확신을 가지고 살고 기도하도록 도와 줍니다.

5. 롬4:17-22, 아브라함이 확신한 하나님은 어떤 하나님 입니까?

> 롬 4:17, 기록된 바 내가 너를 많은 민족의 조상으로 세웠다 하심과 같으니 그의 믿은 바 하나님은 죽은 자를 살리시며 없는 것을 있는 것같이 부르시는 이시니라
> 18, 아브라함이 바랄 수 없는 중에 바라고 믿었으니 이는 네 후손이 이 같으리라 하신 말씀대로 많은 민족의 조상이 되게 하려 하심을 인함이라
> 19, 그가 백 세나 되어 자기 몸의 죽은 것 같음과 사라의 태의 죽은 것 같음을 알고도 믿음이 약하여지지 아니하고
> 20, 믿음이 없어 하나님의 약속을 의심치 않고 믿음에 견고하여져서 하나님께 영광을 돌리며
> 21, 약속하신 그것을 또한 능히 이루실 줄을 확신하였으니
> 22, 그러므로 이것을 저에게 의로 여기셨느니라

아브라함이 믿은 하나님은

첫째는 죽은 자를 살리시는 하나님으로 믿었습니다.

특히 하나님이 아브라함에게 이삭을 바치라 하였을 때 이삭을 번제로 바치게 되면 이삭은 죽는 것을 의미하는데도 바치려고 한 것은 부활의 하나님이 이삭을 다시 살리실 줄로 믿었다는 것입니다. 히11:17-19

하나님은 죽은 자도 살리시는 부활의 하나님이십니다.

우리도 그 하나님을 믿어야 합니다.

이 믿음은 죽을 지경이 된 사람에게도 소망이 있게 합니다.

둘째는 없는 것을 있는 것같이 부르시는 하나님이십니다.

이 말은 아무것도 없는 데서 부르시면 나타나게 되는 즉 무에서 유를 창조하시는 하나님이라는 것입니다.

없는 데서 있게 하시는, 무에서 유를 창조하시는 창조의 주 하나님이라는 믿음입니다.

그렇습니다. 하나님은 없는 데서도 있게 하시는 창조의 하나님이십니다.

하나님은 전능하신 분이시기에 창조주 이시기에 생리가 끝난 사라에게서 이삭이 태어나게 하신 것입니다.

이 믿음이 있으면 망한 상태에서도 또 일어날 수 있습니다.

하나님과 함께 하는 믿음으로 말입니다.

셋째는 약속하신 것을 반드시 이루시는 신실하신 하나님으로 믿었습니다.

하나님께서는 약속하신 것을 반드시 성취하시고 이루시는 성실하신 하나님이십니다.

우리는 이러한 하나님을 믿고 사는 것입니다.

하나님은 부활의 하나님이요, 전능하신 창조의 하나님이요, 성실하신 하나님입니다.

다시 정리해 보면 아브라함은

첫째는 바랄 수 없는 중에 바라고 믿었습니다.

아브라함이 나이 늙고 그 아내 사라는 생리가 끝난 상황에서 도저히 자식이 태어나리라고 바라고 믿을 수 없는 상황에서 믿음으로 이삭을 얻게 되었다는 것입니다.

우리가 인간적으로 가능한 것만 믿으면 믿음도 아닙니다.

인간이 할 수 없는 것 하나님이 하신다는 믿음이 믿음이지요.

둘째는 약속을 의심치 않고 믿는 믿음이었습니다.

하나님이 아들을 주리라 하였으므로 그 약속을 붙들고 믿었습니다.

셋째는 약속하심과 함께 전능하심을 확신하였습니다.

하나님은 전능하시고 성실하신 하나님인 것을 흔들리지 않는 믿음으로 확신하였습니다.

적용 질문 적용질문을 통하여 각자 하나님에 대하여 어떤 믿음을 가지고 있는가 이야기해 보게 하면서 아브라함과 같은 믿음을 갖도록 격려합니다.

6. 롬8:38-39에 고백한 흔들리 수 없는 확신이 무엇입니까?

> 롬 8:38, 내가 확신하노니 사망이나 생명이나 천사들이나 권세자들이나 현재 일이나 장래 일이나 능력이나
> 39, 높음이나 깊음이나 다른 아무 피조물이라도 우리를 우리 주 그리스도 예수 안에 있는 하나님의 사랑에서 끊을 수 없으리라

하나님이 나를 사랑하고 있다는 확신입니다.
이 세상에서 하나님의 그 확실한 사랑을 끊을 자가 없습니다.
누가 하나님의 사랑에서 우리를 끊어 내겠습니까?
하나님께서는 우리를 사랑하십니다. 끝까지 사랑하십니다. 버리지 않고 사랑하십니다.
이 확신 속에 살아가고 있는 행복한 사람들이 그리스도인 입니다.

<mark>적용 질문</mark> 적용질문에서 하나님의 사랑에 대한 확신을 경험한 사람들을 간증하게 하여 모두 하나님의 사랑에 대한 확신을 갖도록 도와 줍니다.

CHAPTER 4

말씀

하나님의 사람으로 양육받기

1. 딤후3:14-17 하나님은 우리를 어떻게 양육하기를 원합니까?

> 딤후 3:14, 그러나 너는 배우고 확신한 일에 거하라 네가 뉘게서 배운 것을 알며
> 15, 또 네가 어려서부터 성경을 알았나니 성경은 능히 너로 하여금 그리스도 예수 안에 있는 믿음으로 말미암아 구원에 이르는 지혜가 있게 하느니라
> 16, 모든 성경은 하나님의 감동으로 된 것으로 교훈과 책망과 바르게 함과 의로 교육하기에 유익하니
> 17, 이는 하나님의 사람으로 온전케 하며 모든 선한 일을 행하기에 온전케 하려 함이니라

우리의 확신의 근거는 무엇입니까?
우리가 성령을 받을 때에 확신과 기쁨의 감정도 있습니다.
그러나 궁극적 확신의 근거는 하나님의 말씀이며 성경에 근거합니다.
성경과 구원의 관계가 무엇입니까?

성경은 구원으로 안내하는 책입니다.

구원의 진리를 가르쳐 주고 구원의 지혜를 얻게 하는 죄인을 구원하기 위한 것입니다.

성경은 구원의 책이라고 말할 수 있습니다.

성경이 가르치고 말하려는 것이 많으나 근본적인 진리는 구원을 가르치는 진리입니다.

성경은 어떻게 우리를 양육합니까?

그러면 성경은 구원 받은 자에게는 무슨 책입니까?

구원 받은 우리에게는 하나님 아버지의 양육서가 됩니다.

하나님께서는 그 자녀들을 교육하고 양육하기 위하여 성경을 주신 것입니다.

그러므로 성경은 학문적으로 읽는 것이 아니라 하나님 아버지의 음성을 듣고 그 분의 뜻을 헤아리며 양육 받는 자세로 읽어 나갈 때 하나님의 마음을 알게 되고 성경의 의지를, 하나님의 의지를 알게 됩니다.

하나님은 성경을 통하여 어떠한 성숙을 목표로 양육합니까?

하나님의 성경을 통한 양육은 두 가지 목표를 가지고 있습니다.

하나는 하나님의 사람으로 온전케 되도록 양육하는 것이고

다른 하나는 하나님의 일꾼으로 온전케 될 때까지 양육하는 것입니다.

하나님의 영성 하나님의 품성으로 닮아가는 하나님의 사람으로 성숙시키려는 것이며 좋은 일을 하기에 무장한, 하나님의 일을 위하여 무장

한 하나님의 일꾼으로 온전케 되어 하나님의 일을 이루는 일꾼이 되는 것을 목표로 합니다.

그리하여 말씀의 사람이 되면 하나님의 사람이 되고 하나님의 일꾼이 되어 가는 것입니다.

☐ 당신은 어느 정도 성숙합니까?

확신	바른 삶	하나님 사람	하나님 일꾼

우리는 각자 어디까지 성장하고 있고 성숙하고 있는지 살펴 볼 필요가 있습니다.

확신 있는 신앙생활을 하는 단계라면 그것도 좋습니다.

그러나 하나님의 의로운 교육을 받아 바르게 살아가는 단계로 성장해야 합니다.

그리고 이 성장은 하나님의 사람으로 온전케 되는 단계로 더 나아가 하나님의 일꾼으로 영적 사역자로 복음과 하나님 나라의 일꾼으로 성장해야 합니다.

우리는 어떤 자세로 말씀 묵상을 하여야 하겠습니까?

성장을 위하여 말씀의 사람이 되어야겠는데 어떤 자세로 말씀을 읽고 묵상해야 하겠습니까?

하나님 아버지의 양육 받는 자녀의 자세로 아버지의 말씀에 귀 기울이는 자세로 읽고 묵상해야 합니다.

2. 히1:1-2을 읽고 구약시대와 신약시대에 하나님이 그 백성에게 말씀하신 방법이 무엇인지 말해 보십시오

히 1:1, 옛적에 선지자들로 여러 부분과 여러 모양으로 우리 조상들에게 말씀하신 하나님이
2, 이 모든 날 마지막에 아들로 우리에게 말씀하셨으니 이 아들을 만유의 후사로 세우시고 또 저로 말미암아 모든 세계를 지으셨느니라

옛적이라는 말은 구약시대를 말하는 것이지요.
구약시대에는 하나님이 백성들 한 사람 한 사람에게 말씀하시지 않고 선지자를 통하여서 말씀 하였습니다.
그런가 하면 모든 날 마지막 즉 신약시대의 시작에는 아들로 말씀 하셨습니다. 예수님으로 말씀 하신 것입니다.

3. 벧후1:20-21을 통하여 말씀이 어떻게 성경에 기록되었는지 말해 보십시오

벧후 1:20, 먼저 알 것은 경의 모든 예언은 사사로이 풀 것이 아니니
21, 예언은 언제든지 사람의 뜻으로 낸 것이 아니요 오직 성령의 감동하심을 입은 사람들이 하나님께 받아 말한 것임이니라

성경은 구약 시대에는 선지자를 통한 하나님의 말씀을, 신약 시대에는 예수님과 그 사도들을 통하여 하신 말씀을 성령의 감동에 따라서 기록한 책입니다.

성경은 그러므로 우리의 사사로운 지혜나 지식으로 풀거나 해석하는 것이 아니고 성령의 감동을 따라 이해해야 합니다.

4. 고전2:10-12, 요14:26을 통하여 어떻게 이전의 말씀을 통하여 오늘 말씀 하시는지 말해 보십시오

고전 2:10, 오직 하나님이 성령으로 이것을 우리에게 보이셨으니 성령은 모든 것 곧 하나님의 깊은 것이라도 통달하시느니라

11, 사람의 사정을 사람의 속에 있는 영 외에는 누가 알리요 이와 같이 하나님의 사정도 하나님의 영 외에는 아무도 알지 못하느니라

12, 우리가 세상의 영을 받지 아니하고 오직 하나님께로 온 영을 받았으니 이는 우리로 하여금 하나님께서 우리에게 은혜로 주신 것들을 알게 하려 하심이라

요 14:26, 보혜사 곧 아버지께서 내 이름으로 보내실 성령 그가 너희에게 모든 것을 가르치시고 내가 너희에게 말한 모든 것을 생각나게 하시리라

성경은 과거에 기록 되었습니다.

하나님은 과거에 기록된 말씀을 가지고 오늘을 살고 있는 우리에게 말씀하십니다.

말씀 묵상이란 기록된 성경을 단순한 지적 연구로 이해하는 것이 아

니라 살아 계신 하나님의 말씀으로 현재 말씀하시는 하나님의 현재적 언어로 듣는 것입니다.

  기록된 언어인 성경 속에서 현재적 언어로 말씀 하시는 하나님의 음성을 듣는 것입니다.

  매일 아침 성경을 읽고 묵상하면서 하나님을 만나고 하나님 아버지께서 그 자녀인 우리에게 말씀 하시는 음성을 들어 보십시오.

  그리고 말씀에 따라 순종하여 살아가면 하나님의 사람으로 온전케 되어 가며 하나님의 일꾼이 될 것입니다.

CHAPTER 5

묵상

하나님 만나기

사55:6, 시105:4말씀 묵상에서 맨 먼저 기대할 일이 무엇입니까?

> 사 55:6, 너희는 여호와를 만날만한 때에 찾으라 가까이 계실 때에 그를 부르라
> 시 105:4, 여호와와 그 능력을 구할지어다 그 얼굴을 항상 구할지어다

우리가 말씀을 묵상할 때는 기대를 가지고 말씀을 묵상해야 합니다. 그것은 살아계신 하나님을 만나는 일입니다. 성경을 단순한 지식으로 읽는 것이 아닙니다. 성경에 계시된 하나님을 만나는 것이며 그분의 음성을 듣는 것입니다. 언제나 하나님 만나기를 기대하고 그분의 얼굴을 구하며 성경을 읽고 묵상해야 합니다.

하나님 음성 듣기

사28:23, 사55:3 말씀을 묵상할 때 추구할 일이 무엇이겠습니까?

사 28:23, 너희는 귀를 기울여 내 목소리를 들으라 자세히 내 말을 들으라
사 55:3, 너희는 귀를 기울이고 내게 나아와 들으라 그리하면 너희 영혼
　이 살리라

말씀 묵상은 살아 계신 하나님의 음성을 듣는 일입니다.
지금 살아 계신 하나님께서 지금 나에게 하시는 말씀을 듣는 것입니다. 살아계신 하나님의 영음을 듣는 작업이 말씀 묵상입니다.
그리고 우리는 말씀 묵상할 때 이것을 기대하고 귀를 기울여 하나님의 음성을 듣는 것입니다. 하나님의 음성이 잘 들려 오지 않는 초보자의 경우는 다음과 같이 묵상해 볼 수 있습니다.

1. 본받으라는 음성

히 13:7, 하나님의 말씀을 너희에게 이르고 너희를 인도하던 자들을 생각하며 저희 행실의 종말을 주의하여 보고 저희 믿음을 본받으라

성경에는 수많은 신앙의 사람들의 이야기로 가득합니다. 그러므로 거기 본 받아야 할 내용이 가득합니다.
어떤 경우에는 긍정적으로 그대로 본받아야 하기도 하고 어떤 경우는 반대로 이래서는 안 된다고 교훈하시기도 합니다.

2. 지시하시는 음성

창 26:2 여호와께서 이삭에게 나타나 가라사대 애굽으로 내려가지 말고 내가 네게 지시하는 땅에 거하라

성경에는 또수 많은 명령과 규례와 지시의 말씀이 있습니다. 그러한 내용들이 오늘 나에게 무엇을 지시하시는지 들어 보는 것입니다.

3. 거울 앞에 서서

고전 10:6, 그런 일은 우리의 거울이 되어 우리로 하여금 저희가 악을 즐겨한 것같이 즐겨하는 자가 되지 않게 하려 함이니

11, 저희에게 당한 이런 일이 거울이 되고 또한 말세를 만난 우리의 경계로 기록하였느니라

성경은 우리의 삶을 비춰주는 거울과 같습니다.

성경이라는 거울에 자신을 비춰 보며 회개할 일이 없는지 고쳐야 할 일이 없는지 살펴보며 주님의 음성을 듣습니다.

4. 약속과 격려의 음성

고후 1:20, 하나님의 약속은 얼마든지 그리스도 안에서 예가 되니 그런즉 그로 말미암아 우리가 아멘 하여 하나님께 영광을 돌리게 되느니라

그 다음에는 성경에는 수많은 약속들이 있는데 그 속에 나를 향한 하나님의 약속이 있는지 묵상하는 것입니다.

약속과 수많은 격려의 음성을 들어봅니다.

하나님은 사랑의 하나님이요 우리의 연약함도 아시는지라 날마다 격려 하시는 음성을 듣게 됩니다.

5. 기타 교훈의 음성

신 32:2, 나의 교훈은 내리는 비요 나의 말은 맺히는 이슬이요 연한 풀 위에 가는 비요 채소 위에 단비로다

한번 더 읽으며 말씀 하실 것은 말씀 하시고 들려 주실 것을 들려 주시라고 기도하며 다시 읽고 묵상해 봅니다. 깨달아야 할 진리가 있으면 깨닫게 해 달라고 기도하면서 다시 읽고 묵상합니다.

적용, 순종하기

마 7:24-25, 말씀 묵상이 어떻게 삶에 적용되어야 할까요?

> 마 7:24, 그러므로 누구든지 나의 이 말을 듣고 행하는 자는 그 집을 반석 위에 지은 지혜로운 사람 같으리니
> 25, 비가 내리고 창수가 나고 바람이 불어 그 집에 부딪히되 무너지지 아니하나니 이는 주초를 반석 위에 놓은 연고요

그리고 나서 중요한 것은 이같이 객관적인 말씀에서 주관적으로 자신에게 하시는 하나님의 음성을 듣고는 그대로 순종하고 사는 것입니다.
말씀 묵상은 따르고 순종하기 위하여 하는 행위입니다.
하나님의 뜻을 헤아리고 그대로 따르며 하나님의 마음을 헤아리고 행하여 살아가는 것입니다. 순종으로 적용되어야 합니다.

말씀 묵상의 축복

수1:8, 말씀 묵상의 축복이 무엇입니까?

> 수 1:8, 이 율법책을 네 입에서 떠나지 말게 하며 주야로 그것을 묵상하여 그 가운데 기록한 대로 다 지켜 행하라 그리하면 네 길이 평탄하게 될 것이라 네가 형통하리라

하나님께서는 하나님의 말씀을 묵상하고 따르려는 자들을 기뻐하시며 축복하십니다. 삶의 길이 평탄하고 형통하리라고 약속합니다.

CHAPTER 6

기도

1. 마6:6,9, 7:11 어떤 하나님께 기도합니까?

마 6:6, 너는 기도할 때에 네 골방에 들어가 문을 닫고 은밀한 중에 계신 네 아버지께 기도하라 은밀한 중에 보시는 네 아버지께서 갚으시리라
6:9, 그러므로 너희는 이렇게 기도하라 하늘에 계신 우리 아버지여 이름이 거룩히 여김을 받으시오며
마 7:11, 너희가 악한 자라도 좋은 것으로 자식에게 줄 줄 알거든 하물며 하늘에 계신 너희 아버지께서 구하는 자에게 좋은 것으로 주시지 않겠느냐

예수님은 기도할 때 하나님을 아버지로 부르도록 가르치셨습니다. 우리는 기도할 때 아버지 하나님께 나아가는 것입니다.
하나님은 먼데 계시고 위엄있게 하늘에만 계신 분이 아니라 우리를 사랑하시고 아끼시고 우리의 기도를 자상하게 들어 응답하시는 아버지 하나님이십니다.
아버지 하나님을 믿고 기도해야 합니다.

> 적용 질문   적용질문을 통하여 하나님을 아버지로 믿는 믿음에 깊이 서도록 격려해 줍니다.

2. 다음 성경 구절을 참고하여 어떤 내용의 기도를 드릴까 정리해 보세요.

   1) 히13:15

   히 13:15, 이러므로 우리가 예수로 말미암아 항상 찬미의 제사를 하나님께 드리자 이는 그 이름을 증거하는 입술의 열매니라

   찬미의 제사를 드리는 기도, 즉 하나님을 찬양하고 기뻐하고 하나님 이름을 높이고 영화롭게 하는 기도를 드리는 것입니다.

   2) 골3:17

   골 3:17, 또 무엇을 하든지 말에나 일에나 다 주 예수의 이름으로 하고 그를 힘입어 하나님 아버지께 감사하라

   감사의 기도, 즉 하나님께서 베풀어 주신 사랑과 은혜와 축복을 생각하며 감사의 기도를 드리는 것입니다.

   찬양과 감사의 차이는 감사는 주신 것에 대하여 감동하며 고마움을 표하는 것이고 찬양, 찬미는 꼭 주신 것이 없어도 하나님 자신이 영광 받으실 만한 위대한 분임을 인하여 그 이름을 높이는 것입니다.

   하나님의 전능하심에 감탄하거나 영원하심, 위대하심에 감탄하며 창조주요, 역사의 주요, 만왕의 왕이요, 만주의 주이신 분을 높이는 내용은

찬양이라 말하고 구원해 주심 감사, 건강 주심 감사, 날마다 보호 하심 감사 등, 은혜와 축복에 감탄하는 것은 감사입니다.

3) 요일1:8-9

요일 1:8, 만일 우리가 죄 없다 하면 스스로 속이고 또 진리가 우리 속에 있지 아니할 것이요
9, 만일 우리가 우리 죄를 자백하면 저는 미쁘시고 의로우사 우리 죄를 사하시며 모든 불의에서 우리를 깨끗케 하실 것이요

때로는 우리의 기도가 회개와 고백의 기도가 되기도 합니다.
자신을 반성하고 뉘우치며 용서를 구하고 새로운 다짐을 하는 그러한 기도를 드리는 것입니다.

4) 요15:7

요 15:7, 너희가 내 안에 거하고 내 말이 너희 안에 거하면 무엇이든지 원하는 대로 구하라 그리하면 이루리라

무엇이든지 원하는 대로 기도할 수 있습니다.
각자의 소원을 따라 구할 수 있습니다.
문제는 해결해 달라고 기도할 수 있고 필요는 채워 달라고 기도할 수 있고 소원을 이루어 달라고 기도할 수 있습니다.
이러한 기도를 간구의 기도라고 부르기도 합니다.

5) 딤전2:1-2

딤전 2:1, 그러므로 내가 첫째로 권하노니 모든 사람을 위하여 간구와 기도와 도고와 감사를 하되
2, 임금들과 높은 지위에 있는 모든 사람을 위하여 하라 이는 우리가 모든 경건과 단정한 중에 고요하고 평안한 생활을 하려 함이니라

이제 우리의 기도는 남을 위한 기도, 모든 사람을 위한 기도, 임금들과 지도자들을 위한 기도, 전도자 선교사들을 위한 기도 등 다른 사람을 위하여 기도할 수 있고 해야 합니다.

이를 중보기도라 합니다.

다섯 가지 종류의 기도를 드릴 수 있습니다.

찬양의 기도, 감사의 기도, 고백의 기도, 간구의 기도, 중보의 기도 이지요.

적용 질문 적용 질문을 통하여는 우리의 기도가 나의 소원을 따라 달라는 기도에서 점차 찬양과 감사 등 주님 중심의 기도와 중보기도와 같은 남을 위한 기도로 성장하도록 지도합니다.

3. 요16:23-24 누구의 이름으로 기도하며 왜 그래야 할까요?

요 16:23, 그 날에는 너희가 아무것도 내게 묻지 아니하리라 내가 진실로 진실로 너희에게 이르노니 너희가 무엇이든지 아버지께 구하는 것을 내 이름으로 주시리라
24, 지금까지는 너희가 내 이름으로 아무것도 구하지 아니하였으나 구하

라 그리하면 받으리니 너희 기쁨이 충만하리라

우리가 기도하고 맨 마지막에 꼭 "예수님 이름으로 기도합니다" 라고 마감하지요.

우리는 예수님의 이름으로 기도해야 합니다.

왜냐하면 우리는 사실 죄인이어서 하나님께 나아가 기도할 자격이 없는 사람들입니다.

그런데 예수님께서 우리의 죄를 대신 감당하시고 사죄함을 얻어서 하나님께 나아가 기도할 자격을 얻게 된 것입니다.

그러므로 우리 자신의 자격으로는 하나님께 나아갈 수 없음을 인정하고 예수님 이름으로 나아가서 하나님을 만나고 기도하는 것입니다.

예수님 명함을 들고 하나님의 집에 가서 하나님을 만나는 것입니다.

적용 질문 적용 질문을 통하여 예수님의 죄 사함의 은혜의 소중함을 다시 감격하도록 이끌어 줍니다. 그리고 예수이름에 대한 믿음을 갖도록 도와 줍니다.

4. 롬8:26-27, 유1:20, 엡6:18, 성령께서 우리의 기도를 어떻게 도와 주십니까?

롬 8:26, 이와 같이 성령도 우리 연약함을 도우시나니 우리가 마땅히 빌 바를 알지 못하나 오직 성령이 말할 수 없는 탄식으로 우리를 위하여 친히 간구하시느니라

27, 마음을 감찰하시는 이가 성령의 생각을 아시나니 이는 성령이 하나님의 뜻대로 성도를 위하여 간구하심이니라
유 1:20, 사랑하는 자들아 너희는 너희의 지극히 거룩한 믿음 위에 자기를 건축하며 성령으로 기도하며
엡 6:18, 모든 기도와 간구로 하되 무시로 성령 안에서 기도하고 이를 위하여 깨어 구하기를 항상 힘쓰며 여러 성도를 위하여 구하고

성령이 우리의 기도를 도우신다고 하였습니다.
우리가 마땅히 빌 바를 알지 못하므로 즉 제대로 기도할 줄 모르므로 성령께서 오히려 말할 수 없는 탄식으로 대신 기도하신다고 합니다.
성령께서 하시는 기도는 두 가지 특징이 있는데
첫째는 하나님의 뜻대로 합니다.
온전한 기도가 되려면 하나님의 뜻에 잘 맞추어 기도해야 합니다.
그런데 성령은 하나님의 뜻을 잘 아시니까 하나님의 뜻에 맞추어 기도합니다.
둘째는 성도를 위하여 합니다.
하나님의 뜻에 맞춘다고 하여서 성도를 무시하고 일방적으로 하나님의 뜻에만 맞추는 것이 아니라 우리의 필요와 우리의 최선이 무엇인지도 아시기 때문에 우리를 위하여 최선의 기도를 드립니다.
하나님의 뜻에도 맞고 우리에게도 최선으로 가장 좋은 기도를 드리는 것입니다.

그러니 성령이 드리는 기도는 완전한 기도이지요.

그러므로 우리도 성령으로 또는 성령 안에서 성령과 함께 기도를 드려야 합니다.

어떻게 성령 안에서 기도할 수 있을까요?

열심히 기도하되 성령이 기도를 이끌어 달라고 사모하며 기도하다 보면 성령께서 기도를 이끌어 주시는 경험을 하게 됩니다.

열심히 기도하는 자가 누리는 축복이지요.

고전14:15,28의 영으로 기도한다는 말은 그 본문에서는 방언으로 기도한다는 말인데 방언은 우리를 위하여 기도하시는 성령이 우리 입술로 우리가 알지 못하는 말이나 소리로 기도하게 하는 기도의 은사 중 하나이지요.

방언의 은사를 받은 분은 방언으로 기도하는 일도 열심히 하고 우리말로 기도하는 일도 열심히 하여 더 깊은 기도생활을 경험하도록 해야 합니다.

> **적용 질문** 적용질문을 통하여는 성령으로 성령 안에서 기도하기를 사모하도록 격려하고 성령과 함께 기도하는 경험에 이르도록 더욱 열심히 기도하도록 도와 줍니다.

5. 다음 성경구절에서 응답되지 않는 기도의 원인이 무엇인가 정리해 보세요.

1) 약1:5-8

약 1:5, 너희 중에 누구든지 지혜가 부족하거든 모든 사람에게 후히 주시고 꾸짖지 아니하시는 하나님께 구하라 그리하면 주시리라
6, 오직 믿음으로 구하고 조금도 의심하지 말라 의심하는 자는 마치 바람에 밀려 요동하는 바다 물결 같으니
7, 이런 사람은 무엇이든지 주께 얻기를 생각하지 말라
8, 두 마음을 품어 모든 일에 정함이 없는 자로다

불신앙입니다.
기도하면서 하나님 아버지를 믿지 아니하는 일 말입니다.
꼭 믿고 하나님을 신뢰함으로 기도해야 합니다.

2) 약4:3

약 4:3, 구하여도 받지 못함은 정욕으로 쓰려고 잘못 구함이니라

정욕으로 쓰려고 잘못 구하기 때문입니다.
하나님의 뜻에 맞게 선한 목적으로 구해야 합니다.
욕심에 이끌려 구하면 안되지요.

3) 시66:18

시 66:18, 내가 내 마음에 죄악을 품으면 주께서 듣지 아니하시리라

죄악을 품은 채로 악의를 품은 채로 기도하면 안되지요.

죄를 먼저 회개하고 순전한 마음으로 기도해야 합니다.

4) 잠28:9

잠 28:9, 사람이 귀를 돌이키고 율법을 듣지 아니하면 그의 기도도 가증 하니라

하나님 말씀은 우습게 여기고 순종하지 않으면서 달라는 기도만 하는 경우는 하나님께서 응답 하시지 않지요.
순종하는 삶이 먼저 입니다.

5) 막11:5, 마5:23-24

막 11:25, 서서 기도할 때에 아무에게나 혐의가 있거든 용서하라 그리하여야 하늘에 계신 너희 아버지도 너희 허물을 사하여 주시리라 하셨더라

마 5:23, 그러므로 예물을 제단에 드리다가 거기서 네 형제에게 원망 들을 만한 일이 있는 줄 생각나거든

24, 예물을 제단 앞에 두고 먼저 가서 형제와 화목하고 그 후에 와서 예물을 드리라

원한을 품고 있는 경우 화해 하지 않은 채로 기도하는 것을 하나님께서는 좋아하지 않으십니다. 먼저 화해 하고 하나님께 나아가야 합니다.

6) 마6:7

마 6:7, 또 기도할 때에 이방인과 같이 중언 부언하지 말라 저희는 말을

많이 하여야 들으실 줄 생각하느니라

쓸데 없이 말만 늘어 놓는 식의 기도는 하나님 받지 않는다는 것입니다. 진심으로 믿는 바를 그리고 진심으로 원하는 바를 진심으로 드려야 합니다.

7) 벧전3:7

벧전 3:7, 남편 된 자들아 이와 같이 지식을 따라 너희 아내와 동거하고 저는 더 연약한 그릇이요 또 생명의 은혜를 유업으로 함께 받을 자로 알아 귀히 여기라 이는 너희 기도가 막히지 아니하게 하려 함이라

부부가 싸우고 부부 사이에 불화나 불통이 있을 때는 이것도 화해하고 기도해야 합니다.

`적용 질문` 적용질문을 통하여는 잘못된 기도의 경험을 이야기 하게 하여 다시는 그러한 잘못에 빠지지 않게 합니다.

6. 다음 성경에서 기도 응답에 관한 어떤 교훈과 확신을 얻습니까?

마7:7-12

마 7:7, 구하라 그러면 너희에게 주실 것이요 찾으라 그러면 찾을 것이요 문을 두드리라 그러면 너희에게 열릴 것이니
8, 구하는 이마다 얻을 것이요 찾는 이가 찾을 것이요 두드리는 이에게 열릴 것이니라

9, 너희 중에 누가 아들이 떡을 달라 하면 돌을 주며
10, 생선을 달라 하면 뱀을 줄 사람이 있겠느냐
11, 너희가 악한 자라도 좋은 것으로 자식에게 줄 줄 알거든 하물며 하늘에 계신 너희 아버지께서 구하는 자에게 좋은 것으로 주시지 않겠느냐
12, 그러므로 무엇이든지 남에게 대접을 받고자 하는 대로 너희도 남을 대접하라 이것이 율법이요 선지자니라

1) 구하면 반드시 주신다는 확신을 갖게 됩니다.
2) 기도하면 아버지로서 응답하신다는 확신을 갖게 됩니다.
3) 가장 좋은 것으로 응답하시는 하나님 아버지에 대한 확신을 갖게 됩니다

단9:23
단 9:23, 곧 네가 기도를 시작할 즈음에 명령이 내렸으므로 이제 네게 고하러 왔느니라 너는 크게 은총을 입은 자라 그런즉 너는 이 일을 생각하고 그 이상을 깨달을지니라

우리의 기도는 시작할 때 이미 응답된다는 사실을 알게 됩니다.
적용 질문 적용질문을 통하여 기도 응답에 대한 간증을 나누므로 서로 확신하게 도와 줍니다.

7. 막1:35,눅6:12, 언제 어디서 기도하는 것이 효과적이라고 생각합니

까?

막 1:35, 새벽 오히려 미명에 예수께서 일어나 나가 한적한 곳으로 가사 거기서 기도하시더니

눅 6:12, 이 때에 예수께서 기도하시러 산으로 가사 밤이 맞도록 하나님께 기도하시고

예수님은 새벽이나 밤에 기도했습니다.
가장 조용한 시간을 만들어 낸 것이지요.
또 한적한 곳이나 산에서 기도하셨습니다.
가장 조용한 장소를 찾은 것이지요.
조용한 시간에 조용한 장소에서 기도하는 것이 가장 좋겠지요.

적용 질문 적용질문을 통하여 각자 가장 조용한 시간 조용한 장소를 생각하고 정하여 그 시간마다 그곳에서 기도하는 습관을 갖도록 이끌어 줍니다.

CHAPTER 7

헌금

1. 시96:8-9 예배와 헌금의 관계가 뭐라고 생각됩니까?

시 96:8, 여호와의 이름에 합당한 영광을 그에게 돌릴지어다 예물을 가지고 그 궁정에 들어갈지어다

9, 아름답고 거룩한 것으로 여호와께 경배할지어다 온 땅이여 그 앞에서 떨지어다

본문 말씀은 여호와 하나님의 이름에 합당한 영광을 돌리라고 합니다. 그러면서 예물을 가지고 궁정에 들어가야 한다고 말합니다.

예배당에 가서 하나님께 예배를 드리는데 그 예배당을 궁정 즉 임금님께서 계시는 곳으로 표현했습니다.

그러니까 예배란 하나님을 만왕의 왕으로 경배하는 것을 뜻한다고 가르치는 것입니다.

만왕의 왕이신 하나님을 뵈러 가는 자가 그 예를 갖추어 가지고 가는 것이 예물입니다.

그러므로 헌금이란 하나님을 왕으로 고백하며 왕이신 하나님을 뵈옵

는 예절이라는 것이지요. 왕이신 하나님을 뵈러 가는 당연한 예절이 헌금 즉 예물을 가지고 가는 것이라 합니다.

그러면 왕께 드리는 예물을 성의 없이 갖다 던지는 사람은 없을 것입니다.

언제나 최상품 예물로 잘 준비해 가지고 가듯이 하나님을 예배하러 갈 때는 헌금을 정성스럽게 준비하여 가지고 가서 하나님을 경배한다는 것입니다.

적용 질문 적용 질문을 통하여 왕이신 하나님을 다시 확인하고 가장 정성스러운 자세와 마음으로 헌금을 준비하여 드리도록 인도합니다.

2. 잠3:9-10 무엇으로 여호와를 공경해야 합니까?

잠 3:9, 네 재물과 네 소산물의 처음 익은 열매로 여호와를 공경하라
10, 그리하면 네 창고가 가득히 차고 네 즙틀에 새 포도즙이 넘치리라

본문 말씀은 우리의 재물과 소산물의 처음 익은 열매로 여호와 하나님을 공경하라고 하십니다. 처음 익은 열매란 첫 수입, 첫 수확의 뜻이지만 사실은 우리의 재물과 소산물 중 우선적으로 하나님을 경외하는 데 사용하라는 뜻이지요.

우리가 재물을 가지고 하나님을 섬기는 일부터 생각하고 하나님께 드리면 하나님은 그 마음을 받으시고 복을 주시되 창고가 가득히 차고 즙

틀에 포도즙이 넘치는 즉 넉넉한 복을 내리신다고 말씀 하십니다.

　　적용 질문　　적용 질문을 통하여 재물을 가지고 먼저 하나님 섬기는 일부터 하는 태도와 실천을 결단하게 합니다.

3. 마6:19-21 보물을 하늘에 쌓아 두어야 할 이유는 무엇입니까?

　　마 6:19, 너희를 위하여 보물을 땅에 쌓아 두지 말라 거기는 좀과 동록이 해하며 도적이 구멍을 뚫고 도적질하느니라
　　20, 오직 너희를 위하여 보물을 하늘에 쌓아 두라 거기는 좀이나 동록이 해하지 못하며 도적이 구멍을 뚫지도 못하고 도적질도 못하느니라
　　21, 네 보물 있는 그 곳에는 네 마음도 있느니라

　첫째, 땅에 쌓아 두면 좀이나 동록이 해하지만 하늘에 쌓아 두면 좀이나 동록이 해하지 못합니다.
　좀은 옷을 해치고 동록은 보석 류를 해치는 것들이지요.
　돈을 옷 치장이나 보석 류에 투자하여 사용하는 경우는 별로 좋은 것이 못 된다는 것이지요.
　그런 것들은 다 해 받을 가능성이 있으니까요.
　그러나 하늘에 쌓아 두면 그러한 허망한 일은 안 당한다는 것이지요.
　둘째, 땅에서는 도적이 훔쳐 가는 일이 생기지만 하늘에서는 도적이 훔쳐 가는 일이 없다는 것입니다.
　땅에 있는 것은 잃어 버릴 수 있으나 하나님께 투자한 것은 잃어 버리

는 법이 없다는 것이지요.

셋째, 가장 중요한 것은 보물 있는 곳에 마음이 있다는 것입니다.

우리가 물질을 하나님께 드리면 우리 마음이 하나님께 있게 되는 놀라운 축복이 있는 것입니다. 하나님께서 물질로 헌금을 드려 예배 하도록 가르친 것은 마음을 받고 싶다는 말씀이지요.

열심히 헌금 드리는 마음은 하나님께 마음이 가 있으므로 하나님을 사랑하게 되고 하나님의 사랑을 더욱 경험하게 됩니다.

적용 질문 적용 질문을 통하여 헌금을 열심히 드림으로 하나님께 우리의 마음 두고 하나님을 섬기는 삶이 깊어지도록 인도합니다.

4. 창 14:18-20, 28:20-22 십일조의 의미가 무엇이라고 생각합니까?

창 14:18, 살렘 왕 멜기세덱이 떡과 포도주를 가지고 나왔으니 그는 지극히 높으신 하나님의 제사장이었더라

19, 그가 아브람에게 축복하여 가로되 천지의 주재시요 지극히 높으신 하나님이여 아브람에게 복을 주옵소서

20, 너희 대적을 네 손에 붙이신 지극히 높으신 하나님을 찬송할지로다 하매 아브람이 그 얻은 것에서 십분 일을 멜기세덱에게 주었더라

창 28:20, 야곱이 서원하여 가로되 하나님이 나와 함께 계시사 내가 가는 이 길에서 나를 지키시고 먹을 양식과 입을 옷을 주사

21, 나로 평안히 아비 집으로 돌아가게 하시오면 여호와께서 나의 하나님이 되실 것이요

22, 내가 기둥으로 세운 이 돌이 하나님의 전이 될 것이요 하나님께서 내게 주신 모든 것에서 십분 일을 내가 반드시 하나님께 드리겠나이다 하였더라

십일조는 아브라함이 전쟁에서 승리하고 오다가 여호와의 대제사장인 멜기세덱에게 십일조를 드린 것이 최초의 기록입니다.

대적을 이기게 하신 것이 하나님 덕분이라고 멜기세덱은 하나님을 찬양하라고 하였고 아브라함은 즉시 십일조를 드려 하나님을 예배하였습니다.

십일조는 여기서 "이 전쟁에서 이기게 하신 것이 하나님의 은혜요 축복입니다.

이렇게 많은 전리품을 얻게 하신 것이 하나님의 은혜요 축복입니다" 라는 고백과 하나님을 찬양하는 행위인 것입니다.

십일조란 수입의 십 분의 일을 떼어서 하나님께 바치는 것인데 그 의미는 이 수입이 하나님께로부터 온 것이라는 고백입니다.

하나님께 감사 드리고 영광 돌리는 예물입니다.

그러므로 하나님을 섬기는 모든 사람이 기본적으로 하나님을 경외하고 찬양하는 표시로 십일조 헌금을 하는 것입니다.

야곱이 피난 갈 때 하나님께서 지켜 주시면 십일조를 드린다고 서원하였습니다.

즉 지켜 주셔서 평안히 고향으로 돌아오게 하시는 동안 그것이 하나

님의 은혜요 축복으로 알고 하나님을 섬기고 십일조를 드려 경외하고 찬양하겠다는 것입니다.

십일조는 하나님 섬기는 행위 중 중요한 행위입니다.

> 적용 질문 적용 질문을 통하여 십일조를 드리는 신앙으로 결단하게 합니다

5. 말3:7-10 하나님은 십일조를 어떻게 다루십니까?

> 말 3:7, 만군의 여호와가 이르노라 너희 열조의 날로부터 너희가 나의 규례를 떠나 지키지 아니하였도다 그런즉 내게로 돌아오라 그리하면 나도 너희에게로 돌아가리라 하였더니 너희가 이르기를 우리가 어떻게 하여야 돌아가리이까 하도다
> 8, 사람이 어찌 하나님의 것을 도적질하겠느냐 그러나 너희는 나의 것을 도적질하고도 말하기를 우리가 어떻게 주의 것을 도적질하였나이까 하도다 이는 곧 십일조와 헌물이라
> 9, 너희 곧 온 나라가 나의 것을 도적질하였으므로 너희가 저주를 받았느니라
> 10, 만군의 여호와가 이르노라 너희의 온전한 십일조를 창고에 들여 나의 집에 양식이 있게 하고 그것으로 나를 시험하여 내가 하늘 문을 열고 너희에게 복을 쌓을 곳이 없도록 붓지 아니하나 보라

이스라엘은 하나님의 것을 도적질 하여 저주를 받았다고 말씀 하십니다. 이스라엘 백성이 도적질 한 것이 무엇이라 합니까?

그것은 십일조와 헌물이라고 합니다.

하나님께 드려야 할 십일조와 헌물(헌금)을 드리지 아니한 것을 두고 책망하는 것입니다.

하나님께 돌아 오는 길이 무엇이라 합니까?

온전한 십일조를 드리는 것이 하나님께 돌아오는 길이라고 합니다.

십일조를 드리는 일이 하나님께 돌아오는 길이 되는 이유가 무엇일까요?

십일조를 드리지 않는 것은 삶에서 하나님을 인정하지 않고 하나님을 경외하지 않는다는 것을 의미합니다.

십일조를 드리게 되면 하나님을 인정하고 하나님을 경외하며 하나님께 감사 드리는 신앙 행위가 됩니다.

지금도 마찬가지로 믿지 않을 때는 십일조를 드리지 않습니다.

그러나 하나님을 인정하고 믿게 되면 십일조를 드리게 되어 있는 것입니다.

무엇을 시험해 보라 하십니까?

십일조를 드려 하나님 경외하는 일을 잘 하면 하나님께서 복을 내리시지 않겠느냐는 것입니다. 하늘 문을 열고 복을 쌓을 곳이 없도록 부어 주시지 않겠느냐는 것입니다.

하나님께서는 하나님을 섬기고 경외하는 자들을 축복하시고 십일조를 드려 하나님을 섬기는 사람들을 반드시 복을 주리라고 확증하시는 것입니다.

다른 어디서도 하나님을 시험해 보라고 하시지 않았습니다.

그런데 십일조 드려서 하나님을 섬겨 보라, 시험해 보라, 반드시 축복하신다고 하십니다.

한번 시험해 보십시오.

십일조를 드려 하나님을 경외하는 삶을 살아 보십시오.

얼마나 하나님께서 복을 주시는지 알게 되겠지요.

`적용 질문` 적용 질문을 통하여 십일조 생활을 결단하게 합니다.

6. 고후 9:7 헌금하는 태도가 어떠해야 합니까?

고후 9:7, 각각 그 마음에 정한 대로 할 것이요 인색함으로나 억지로 하지 말지니 하나님은 즐겨 내는 자를 사랑하시느니라

헌금은 억지로 하는 것이 아닙니다.

인색함으로 하는 것도 아닙니다.

감사해서 기쁨으로 즐거워하는 마음으로 하나님 섬기는 즐거움으로 헌금하는 것입니다.

`적용 질문` 적용 질문을 통하여 즐거운 헌금생활을 격려 합니다.

7. 출36:3-5 하나님의 백성들이 헌물 하는 모습이 어떻습니까?

출 36:3, 그들이 이스라엘 자손의 성소의 모든 것을 만들기 위하여 가져 온 예물을 모세에게서 받으니라 그러나 백성이 아침마다 자원하는 예물을 연하여 가져오는고로
4, 성소의 모든 일을 하는 지혜로운 자들이 각기 하는 일을 정지하고 와서
5, 모세에게 고하여 가로되 백성이 너무 많이 가져오므로 여호와의 명하신 일에 쓰기에 남음이 있나이다

이스라엘 백성들은 물건을 하나님께 바치는 일을 즐거워하면서 드렸습니다.
옛날에는 돈이 아닌 물건이 통용되던 시대니까 헌물이라 합니다.
지금은 헌금이라 할 수 있지요.
연일 가져왔고 넘치도록 가져 왔습니다.
성막을 짓는 일에 쓰고 남았습니다.
그만 가져 오게 하라고 할 정도였습니다.
그러니 우리도 이스라엘 백성들이 자원하여 즐거워하며 넘치도록 헌물 한 것처럼 헌금을 하게 된다면 하나님께서 기뻐 받으시겠지요.

적용 질문 적용 질문을 통하여 헌금을 즐거움으로 하나님 섬기는 일을 기뻐하므로 헌금생활 특히 십일조를 비롯한 예배 헌금에 참여하는 일이 즐거운 일이 되도록 인도합니다.

CHAPTER 8

찬양

1. 엡1:3-14 하나님을 찬양할 이유가 무엇입니까?

엡 1:3, 찬송하리로다 하나님 곧 우리 주 예수 그리스도의 아버지께서 그리스도 안에서 하늘에 속한 모든 신령한 복으로 우리에게 복 주시되

4, 곧 창세 전에 그리스도 안에서 우리를 택하사 우리로 사랑 안에서 그 앞에 거룩하고 흠이 없게 하시려고

5, 그 기쁘신 뜻대로 우리를 예정하사 예수 그리스도로 말미암아 자기의 아들들이 되게 하셨으니

6, 이는 그의 사랑하시는 자 안에서 우리에게 거저 주시는 바 그의 은혜의 영광을 찬미하게 하려는 것이라

7, 우리가 그리스도 안에서 그의 은혜의 풍성함을 따라 그의 피로 말미암아 구속 곧 죄 사함을 받았으니

8, 이는 그가 모든 지혜와 총명으로 우리에게 넘치게 하사

9, 그 뜻의 비밀을 우리에게 알리셨으니 곧 그 기쁘심을 따라 그리스도 안에서 때가 찬 경륜을 위하여 예정하신 것이니

10, 하늘에 있는 것이나 땅에 있는 것이 다 그리스도 안에서 통일되게 하려 하심이라

11, 모든 일을 그 마음의 원대로 역사하시는 자의 뜻을 따라 우리가 예정을 입어 그 안에서 기업이 되었으니
12, 이는 그리스도 안에서 전부터 바라던 우리로 그의 영광의 찬송이 되게 하려 하심이라
13, 그 안에서 너희도 진리의 말씀 곧 너희의 구원의 복음을 듣고 그 안에서 또한 믿어 약속의 성령으로 인치심을 받았으니
14, 이는 우리의 기업에 보증이 되사 그 얻으신 것을 구속하시고 그의 영광을 찬미하게 하려 하심이라

3절에 하나님께서 하늘에 속한 모든 신령한 복을 주셨으므로 찬송하라고 하십니다.
4-6절은 그 신령한 복이 무엇인지를 설명함에 있어서 특히 성부 하나님께서 우리를 위해서 하신 일을 설명합니다.
우리를 택하시고 자녀 삼으시려고 예수 그리스도를 구주로 주시기로 작정 하셨다는 것입니다. 이렇게 구원하여 자녀 삼으시기를 작정하시고 계획하신 하나님의 은혜로 구원 받은 우리는 당연히 그 하나님의 은혜의 영광을 찬미하여야 한다는 것입니다.
7-12은 하나님의 계획을 따라 성자 예수님께서 구원을 성취하셨다는 것입니다.
첫째는 구속하여 우리 죄를 대신 지시고 보혈을 흘리셨고
둘째는 하나님의 비밀을 알게 하시는 은혜
셋째는 하늘에 있는 것이나 땅에 있는 것이나 통일 되게 즉 하나 되게

하나님과 인간이 화해할 수 있게 하신 은혜요

넷째는 우리를 하나님의 기업으로 삼았다는 것입니다.

우리를 하나님 나라의 시민이 되게 하신 것이지요.

하나님께서 계획하신 구원을 예수님은 성취하였습니다.

그러므로 우리로 영광의 찬송이 되게 하신 다는 것이니 우리는 당연히 찬송하는 사람들이 되어야 마땅한 것이지요.

13-14절은 성령께서 우리의 구원을 인치시고 기업에 보증이 되신다는 것입니다.

성령께서 우리가 구원 받아 하나님의 자녀 된 것을 확증하시고 믿음을 주시고 하늘 나라에 대한 보증이 되사 확신케 하신 다는 것입니다.

이도 하나님의 영광을 찬미하게 하려는 것이랍니다.

구원을 위하여 하나님이 계획하시고 예수님이 십자가에서 이루시고 성령이 우리에게 오셔서 인쳐 주시고 믿음을 주시는 역사를 이루어 우리의 구원을 온전히 이루시니 모두 찬양 받으시기에 합당하다는 것입니다.

적용 질문   적용 질문을 통하여 하나님을 찬양할 이유를 찾아 보게 하고 더욱 찬양하는 삶을 살도록 격려 합니다.

2.계4-5장 천상의 찬양 모습을 정리해 보세요.

계 4:8, 네 생물이 각각 여섯 날개가 있고 그 안과 주위에 눈이 가득하더라 그들이 밤낮 쉬지 않고 이르기를 거룩하다 거룩하다 거룩하다 주 하나

님 곧 전능하신 이여 전에도 계셨고 이제도 계시고 장차 오실 자라 하고

계 4:10, 이십사 장로들이 보좌에 앉으신 이 앞에 엎드려 세세토록 사시는 이에게 경배하고 자기의 면류관을 보좌 앞에 던지며 가로되

11, 우리 주 하나님이여 영광과 존귀와 능력을 받으시는 것이 합당하오니 주께서 만물을 지으신지라 만물이 주의 뜻대로 있었고 또 지으심을 받았나이다 하더라

계 5:8, 책을 취하시매 네 생물과 이십사 장로들이 어린 양 앞에 엎드려 각각 거문고와 향이 가득한 금대접을 가졌으니 이 향은 성도의 기도들이라

9, 새 노래를 노래하여 가로되 책을 가지시고 그 인봉을 떼기에 합당하시도다 일찍 죽임을 당하사 각 족속과 방언과 백성과 나라 가운데서 사람들을 피로 사서 하나님께 드리시고

계 5:11, 내가 또 보고 들으매 보좌와 생물들과 장로들을 둘러선 많은 천사의 음성이 있으니 그 수가 만만이요 천천이라

12, 큰 음성으로 가로되 죽임을 당하신 어린 양이 능력과 부와 지혜와 힘과 존귀와 영광과 찬송을 받으시기에 합당하도다 하더라

13, 내가 또 들으니 하늘 위에와 땅 위에와 땅 아래와 바다 위에와 또 그 가운데 모든 만물이 가로되 보좌에 앉으신 이와 어린 양에게 찬송과 존귀와 영광과 능력을 세세토록 돌릴지어다 하니

계 7:9, 이 일 후에 내가 보니 각 나라와 족속과 백성과 방언에서 아무라도 능히 셀 수 없는 큰 무리가 흰 옷을 입고 손에 종려가지를 들고 보좌 앞과 어린 양 앞에 서서

10, 큰 소리로 외쳐 가로되 구원하심이 보좌에 앉으신 우리 하나님과 어린 양에게 있도다 하니

	누가	누구를	어떠함을
4:8	네 생물/천사장들이라고 이해함	하나님	거룩, 전능, 영원하신 하나님
4:10-11	이십 사 장로/ 구약 12지파 신약 12사도/ 성도의 대표로 이해함	하나님	만물을 지으신 창조주 하나님으로 영광과 존귀와 능력을 받으시는 것이 합당하심
5:8-9	네 생물과 이십사 장로가 합창	어린양 예수	죽임을 당하사 만민을 구속하신 예수님이 역사의 주인 되심이 마땅하다
5:11-12	천사들	어린양 예수	대속의 죽음을 죽으신 예수님이 능력, 부, 지혜, 힘, 존귀, 영광, 찬송 받으시기에 합당하다
5:13	만물들	보좌에 앉으신 하나님과 어린양	찬송 존귀 영광 능력을 돌리라
7:9-10	흰옷 입은 성도들	보좌에 앉으신 이와 어린양	구원하심을 찬양함

적용 질문 적용 질문을 통하여 찬양 하는 중에 하나님이 임재 하시는 것을 믿게 하고 경험을 나누므로 다른 사람들도 믿게 합니다.

3. 시 103:1-5은 어떤 일로 하나님을 찬양하라 촉구 합니까?

시 103:1, 내 영혼아 여호와를 송축하라 내 속에 있는 것들아 다 그 성호

를 송축하라
2, 내 영혼아 여호와를 송축하며 그 모든 은택을 잊지 말지어다
3, 저가 네 모든 죄악을 사하시며 네 모든 병을 고치시며
4, 네 생명을 파멸에서 구속하시고 인자와 긍휼로 관을 씌우시며
5, 좋은 것으로 네 소원을 만족케 하사 네 청춘으로 독수리같이 새롭게 하시는도다

1) 모든 죄악을 사하신 것을
2) 모든 병을 고쳐 주시는 것을
3) 생명을 구속하시므로 영생 주신 것을
4) 인자와 긍휼로 관을 씌우시는 것 인자와 긍휼로 영광스럽게 하시는 것을
5) 좋은 것으로 소원을 들어 주시고 만족케 하시는 것을
6) 독수리 같이 새 힘을 주시는 것을 인하여 찬양하라고 하십니다.

적용 질문 적용 질문을 통하여 찬양할 이유와 제목을 나누게 함으로 찬양할 제목이 많음을 깨닫고 감사와 찬양을 하게 합니다.

4. 시149:1-9 찬양의 형태에 대하여 무어라고 가르칩니까?

시 149:1, 할렐루야 새 노래로 여호와께 노래하며 성도의 회중에서 찬양할지어다
2, 이스라엘은 자기를 지으신 자로 인하여 즐거워하며 시온의 자민은 저희의 왕으로 인하여 즐거워할지어다

3, 춤추며 그의 이름을 찬양하며 소고와 수금으로 그를 찬양할지어다
4, 여호와께서는 자기 백성을 기뻐하시며 겸손한 자를 구원으로 아름답게 하심이로다
5, 성도들은 영광 중에 즐거워하며 저희 침상에서 기쁨으로 노래할지어다
6, 그 입에는 하나님의 존영이요 그 수중에는 두 날 가진 칼이로다
7, 이것으로 열방에 보수하며 민족들을 벌하며
8, 저희 왕들은 사슬로, 저희 귀인은 철고랑으로 결박하고
9, 기록한 판단대로 저희에게 시행할지로다 이런 영광은 그 모든 성도에게 있도다
할렐루야

성도의 회중에서 즉 예배하며 성도들이 모여서 찬양하는 형태가 있는가 하면 침상에서 기쁨으로 노래하는 개인적인 찬양이 있습니다.

우리는 예배 찬양도 열심히 개인 찬양생활도 열심히 해야겠습니다..

찬양하는 모습은

1) 즐거워하는 모습입니다.
2) 또 춤추며 찬양하기도 합니다.
3) 소고와 수금 즉 악기를 동원하여 찬양하기도 합니다.

찬양에는 능력과 권세가 있다고 합니다.

우리가 찬양할 때 하나님이 존영 즉 존귀와 영광을 받으시게 될 뿐 아니라 두 날 가진 칼을 든 것이 된다는 것입니다.

그 칼은 열방을 다스리고 통치하는 권세와 능력이 된다는 것입니다.

이는 영적 권세와 능력이 있다는 것을 표현하는 것이지요.

말하자면 마귀 권세를 제압하는 권세와 능력이 있어 세상 신인 마귀를 다스림으로 세상을 다스리게 되는 효과가 되는 것이지요.

쉽게 말하면 찬양하면 마귀가 물러 간다고 생각하면 됩니다.

적용 질문 적용 질문을 통하여 교회에서의 예배 중에 찬송뿐 아니라 날마다 개인적으로도 찬양하며 사는 생활을 권장합니다.

5. 엡5:18-20 성도의 삶의 모습이 어떤 것입니까?

엡 5:18, 술 취하지 말라 이는 방탕한 것이니 오직 성령의 충만을 받으라
19, 시와 찬미와 신령한 노래들로 서로 화답하며 너희의 마음으로 주께 노래하며 찬송하며
20, 범사에 우리 주 예수 그리스도의 이름으로 항상 아버지 하나님께 감사하며

성도의 삶의 모습은
1) 성령 충만한 모습
2) 시가 있는 삶
3) 찬미가 있는 삶
4) 신령한 노래
5) 노래
6) 찬송

7) 감사가 있는 삶의 모습입니다.

`적용 질문`　　적용 질문을 통하여 각자의 삶이 노래와 찬송과 감사의 삶인지 점검하여 나누게 하며 찬송하며 기뻐하며 감사하는 삶이 그리스도인의 삶임을 확인하고 그렇게 살아가도록 격려합니다.

PART 2
함께 세워가기

"함께 세워가기"는 신자의 공동체적 삶의 기본을 만드는 과정입니다. 친교의 삶으로 시작하여 교제 공동체의 구성원으로 살아가는 기본적 진리, 용서와 사랑과 화평의 삶과 교회에서의 봉사의 삶과 덕스러운 삶 그리고 섬기는 삶을 훈련 하는데 목적이 있습니다. 여덟 과를 공부하는 동안 세 권의 책을 필독서로 읽도록 되어 있습니다. 두 주에 한 권씩 읽도록 합니다. 초반에 다 읽도록 하는 것이 도움이 됩니다. 읽고 소감문을 써 오도록 합니다. 노인들의 경우가 아니라면 책을 읽고 반드시 소감문을 써 오도록 해야 합니다. 첫 시간에 이러한 사항을 미리 알려 주고 보고서 받는 날을 예시합니다. 보고서는 두 주에 한 번씩 받아 두십시오. 그리고 소감문 보고서를 다 읽고 격려하여 되돌려 줍니다. 교재를 공부할 때 성경 지식이 목적이 아니고 말씀대로 변화되고 살아가는 것이 중요합니다. 이를 위하여 모이면 먼저 찬양하고 Q.T 한 것을 나누고 공부합니다. 교재 공부가 끝나면 기도하는 시간을 가져야 합니다. 말씀에 반응하여 결단하거나 고백하는 기도와 중보기도 훈련을 하면서 기도하는 제자훈련 그룹또는 학교를 만들어 가야 합니다. 기도 없이는 제자훈련이 공허하게 됩니다. 말씀과 기도로 성령 체험을 함께 하는 학습이 되게 해야 합니다.

"함께 세워가기"는 신자의 공동체적 삶의 기본을 만드는 과정입니다.

친교의 삶으로 시작하여 교제 공동체의 구성원으로 살아가는 기본적 진리, 용서와 사랑과 화평의 삶과 교회에서의 봉사의 삶과 덕스러운 삶 그리고 섬기는 삶을 훈련 하는데 목적이 있습니다.

여덟 과를 공부하는 동안 세 권의 책을 필독서로 읽도록 되어 있습니다.

두 주에 한 권씩 읽도록 합니다.

초반에 다 읽도록 하는 것이 도움이 됩니다.

읽고 소감문을 써 오도록 합니다.

노인들의 경우가 아니라면 책을 읽고 반드시 소감문을 써 오도록 해야 합니다.

첫 시간에 이러한 사항을 미리 알려 주고 보고서 받는 날을 예시합니다.

보고서는 두 주에 한 번씩 받아 두십시오.

그리고 소감문 보고서를 다 읽고 격려하여 되돌려 줍니다.

교재를 공부할 때 성경지식이 목적이 아니고 말씀대로 변화되고 살아가는 것이 중요합니다.

이를 위하여 모이면 먼저 찬양하고 Q.T 한 것을 나누고 공부합니다.

교재 공부가 끝나면 기도하는 시간을 가져야 합니다.

말씀에 반응하여 결단하거나 고백하는 기도와 중보기도 훈련을 하면서 기도하는 제자훈련 그룹또는 학교를 만들어 가야 합니다.

기도 없이는 제자훈련이 공허하게 됩니다.

말씀과 기도로 성령 체험을 함께 하는 학습이 되게 해야 합니다.

CHAPTER 1

교제

1. 마18:20, 요일1:3 그리스도인의 교제의 성격은 어떤 것입니까?

> 마 18:20, 두 세 사람이 내 이름으로 모인 곳에는 나도 그들 중에 있느니라
> 요일 1:3, 우리가 보고 들은 바를 너희에게도 전함은 너희로 우리와 사귐이 있게 하려 함이니 우리의 사귐은 아버지와 그 아들 예수 그리스도와 함께 함이라

그리스도인의 교제에는 수평적인 차원과 수직적인 차원 두 차원의 교제가 있습니다.

수평적인 차원이란 우리 믿는 자들이 함께 모이는 모임과 사귐입니다. 그러나 우리끼리 모인다고 또 교제 한다고 완성되는 것이 아닙니다.

수직적인 차원 즉 하나님이 우리 모임 가운데 오시고 우리 교제 속에 함께 하셔야 합니다.

두 세 사람이 기도하러 모인 곳에 주님이 임재 하신다고 하였습니다.

이것이 온전한 교제입니다. 우리의 사귐은 우리와 더불어 아버지와 예수 그리스도와 함께 하는 사귐이라 하였습니다.

믿는 사람들과 하나님과 함께 하는 교제 그것이 그리스도인의 온전한 교제입니다.

> **적용 질문**   적용 질문을 통하여 우리의 모임과 교제가 성령 안에서 주님과 함께 하는 경험이 일어나기를 사모하도록 이끕니다. 제자훈련도 온전한 교제, 모여서 말씀을 나누고 기도하다가 성령님의 임재를 경험하는 공동체적 경험, 온전한 교제의 경험이 영적으로 일어나야 합니다.

2. 엡2:19 성도의 교제는 어떤 신분에서의 교제입니까?

> 엡 2:19, 그러므로 이제부터 너희가 외인도 아니요 손도 아니요 오직 성도들과 동일한 시민이요 하나님의 권속이라

성도의 교제는 하나님의 권속 즉 하나님의 가족으로서 함께 사는 차원의 교제입니다.

하나님 나라의 시민으로서 하나님의 가족으로서 서로 신뢰하고 마음 열고 서로 사랑하는 교제 그리고 하나님을 모시고 살아가는 하나된 교제입니다.

> **적용 질문**   적용 질문을 통하여 하나님의 가족으로서 서로 사랑하고 신뢰하는 참된 교제의 일원이 되도록 이끌어 줍니다.

3. 고전12:12 그리스도의 몸이 하나 되는 것은 어떤 원리와 같습니까?

고전 12:12, 몸은 하나인데 많은 지체가 있고 몸의 지체가 많으나 한 몸임과 같이 그리스도도 그러하니라

몸의 원리입니다.

몸은 하나이지만 많은 지체 즉 손, 발, 귀, 입, 코 등등 많은 지체가 있고 많은 지체가 있으나 한 몸으로 살아가는 것처럼 그리스도인들은 각기 개성을 가진 개체이면서도 그리스도를 머리로 하는 한 몸처럼 유기적으로 관계를 갖고 살아가는 것입니다.

한 몸에서는 한 지체가 아프면 같이 아프고 한 지체가 즐거우면 같이 즐거운 것이지요.

교회와 성도의 교제는 한 몸의 원리에 입각한 교제입니다.

하나된 마음의 교제여야 하지요.

적용 질문 적용 질문을 통하여 교회공동체에 긍정적이고 덕이 되고 유익하게 살아가도록 이끌어 줍니다.

4. 행2:42-47 어떤 종류의 교제가 있었습니까?

행 2:42, 저희가 사도의 가르침을 받아 서로 교제하며 떡을 떼며 기도하기를 전혀 힘쓰니라 43, 사람마다 두려워하는데 사도들로 인하여 기사와 표적이 많이 나타나니

44, 믿는 사람이 다 함께 있어 모든 물건을 서로 통용하고

45, 또 재산과 소유를 팔아 각 사람의 필요를 따라 나눠 주고
46, 날마다 마음을 같이 하여 성전에 모이기를 힘쓰고 집에서 떡을 떼며 기쁨과 순전한 마음으로 음식을 먹고
47, 하나님을 찬미하며 또 온 백성에게 칭송을 받으니 주께서 구원 받는 사람을 날마다 더하게 하시니라

1) 가르침을 함께 받는 말씀 공유의 교제

2) 떡을 함께 나누는 식탁 공유의 교제

3) 기도를 함께 하는 기도 공유의 교제

4) 기사와 표적도 공유하는 교제

5) 물건을 통용하는 교제

6) 재산과 소유를 나누어 쓰는 재산 공유의 교제

7) 함께 찬미하는 찬미 공유의 교제가 초대 교회에서는 일어 났습니다.

이 아름다운 교제의 열매로 나타난 것은

1) 온 백성, 모든 사람들에게 칭송을 받게 되었습니다.

2) 그리고 구원 받는 사람이 날마다 더하게 되는 많은 사람이 주께 돌아오는 전도의 효과가 나타났습니다.

> **적용 질문** 적용 질문을 통하여 우리 교회나 제자훈련 그룹의 교제에서 더 성숙할 부분에 대하여 나누고 그 방향으로 더 성숙하기 위한 노력을 하도록 이끌어 갑니다.

5. 다음 성구들에서 알 수 있는 교제의 자세는 어떤 것들입니까?

롬 12:10, 형제를 사랑하여 서로 우애하고 존경하기를 서로 먼저 하며

형제를 사랑하는 태도, 서로 우애하는 자세, 존경하기를 먼저 하는 겸손한 자세로 서로 사랑하고 존경해야 좋은 교제 공동체를 이루어 가게 됩니다.

롬 12:18, 할 수 있거든 너희로서는 모든 사람으로 더불어 평화하라

더불어 평화 하는 것입니다. 다투지 않고 화목하게 지내는 것이지요.

롬 15:7, 이러므로 그리스도께서 우리를 받아 하나님께 영광을 돌리심과 같이 너희도 서로 받으라

서로 받는 자세입니다.

서로 상대방을 있는 그대로 받아 주는 넓은 아량에서 교제는 아름다워 집니다.

갈 5:13, 형제들아 너희가 자유를 위하여 부르심을 입었으나 그러나 그 자유로 육체의 기회를 삼지 말고 오직 사랑으로 서로 종 노릇 하라

서로 종 노릇 하는 섬기는 자세로 사람들을 대하면 좋은 교제 공동체를 만드는데 축복이 됩니다.

갈 6:2 ,너희가 짐을 서로 지라 그리하여 그리스도의 법을 성취하라

서로의 짐을 함께 지는 마음으로 서로 사랑하고 형제 자매의 짐을 나누어 지는 것이 교제의 아름다움이지요.

엡 5:21, 그리스도를 경외함으로 피차 복종하라

피차 복종하는 자세로 서로를 위해 주고 높여 주고 합니다.

서로 남을 자기 뜻대로 움직이려고 하는 것이 아니라 내가 먼저 따르고 복종하는 자세가 중요하지요.

벧전 4:8, 무엇보다도 열심으로 서로 사랑할지니 사랑은 허다한 죄를 덮느니라

결국은 서로 사랑하는 것입니다.

죄를 덮어 주며 모자람을 채워 주며 짐을 져 주며 서로 사랑하는 그러한 교제는 아름답고 생산적인 교제가 되지요.

적용 질문 적용 질문을 통하여 이러한 말씀에 비추어 자신의 모자람을 보고 교정하고 성숙하도록 이끌어 줍니다.

CHAPTER 2

용서

1. 창8:21-22, 9:12-17 인간과 역사의 존속이 가능한 이유는 무엇입니까?

> 창 8:21, 여호와께서 그 향기를 흠향하시고 그 중심에 이르시되 내가 다시는 사람으로 인하여 땅을 저주하지 아니하리니 이는 사람의 마음의 계획하는 바가 어려서부터 악함이라 내가 전에 행한 것같이 모든 생물을 멸하지 아니하리니
> 22, 땅이 있을 동안에는 심음과 거둠과 추위와 더위와 여름과 겨울과 낮과 밤이 쉬지 아니하리라
> 창 9:12, 하나님이 가라사대 내가 나와 너희와 및 너희와 함께 하는 모든 생물 사이에 영세까지 세우는 언약의 증거는 이것이라
> 13, 내가 내 무지개를 구름 속에 두었나니 이것이 나의 세상과의 언약의 증거니라
> 14, 내가 구름으로 땅을 덮을 때에 무지개가 구름 속에 나타나면
> 15, 내가 나와 너희와 및 혈기 있는 모든 생물 사이의 내 언약을 기억하리니 다시는 물이 모든 혈기 있는 자를 멸하는 홍수가 되지 아니할지라
> 16, 무지개가 구름 사이에 있으리니 내가 보고 나 하나님과 땅의 무릇 혈

기 있는 모든 생물 사이에 된 영원한 언약을 기억하리라
17, 하나님이 노아에게 또 이르시되 내가 나와 땅에 있는 모든 생물 사이에 세운 언약의 증거가 이것이라 하셨더라

노아 홍수 후에 노아의 제사를 받으시면서 약속하신 것이 다시는 물로 사람들을 쓸어 버리는 것 같은 심판을 하시지 않겠다는 것입니다.
땅이 있을 동안에는 즉 마지막 대 심판이 오기 전까지는 인류의 역사를 존속시키고 잘 살라고 하셨습니다.
여기서 충격적인 것은 사람이 선해서가 아니라 사람의 마음의 계획하는 바가 어려서부터 악하기 때문에 심판을 하시지 않겠다는 것입니다.
악한 자들을 심판하기로 하면 하나도 남을 자 없으므로 악하지만 악한 줄 알면서도 악한 것도 인정하면서 잘 살라고 하시는 것입니다.
그러므로 이 세상에서는 악해도 잘 삽니다.
하나님께서 묵인하시고 잘 살라고 하였기 때문입니다.
기본적으로 악해도 하나님은 용서하시고 용납하시고 축복하신 것입니다.
이 하나님의 용납하심의 은총을 인하여 인류 역사가 존속합니다.
그리고 이 언약의 증거로 무지개를 띄우셨습니다.
이는 상징적으로 무지개를 띄워 놓고 아름답게 보신다는 것이겠지요.
더러운 죄인도 무지개 빛으로 보시면 용납하고 은총을 베푸시게 되는 것입니다.

우리 인간은 근본적으로 용서와 용납 하심으로 존재하고 살아갑니다. 서로 용납할 줄 아는 사람이 되어야겠지요.

적용 질문   적용질문을 통하여 용서 없이 존재할 수 없음을 깨닫고 용서의 사람이 되도록 이끌어 줍니다.

2. 롬3:23-24, 우리의 구원의 근거는 무엇입니까?

롬 3:23, 모든 사람이 죄를 범하였으매 하나님의 영광에 이르지 못하더니
24, 그리스도 예수 안에 있는 구속으로 말미암아 하나님의 은혜로 값없이 의롭다 하심을 얻은 자 되었느니라

그리스도 예수 안에 있는 구속 즉 대신 심판 받고 죄 사하심으로 구원 받게 됩니다.

세상 사람들은 한 번 용서 받고 은총 받고 이 땅에서 잘 살지만 그리스도인들은 두 번 용서 받고 은혜 받고 구원 받아 하나님의 자녀 되고 영생천국을 얻습니다.

무지개 은총은 일반 은총이라 부르고 십자가의 은총은 특별 은총이라 부릅니다.

세상 사람들도 일반 은총을 받아 하나님의 용서 아래 살고 그리스도인들은 특별은총까지 받아 영생 천국을 누리는 것이지요.

그러니 용서 없이야 살지도 못하고 천국도 없는 것이지요.

용서, 그것은 우리의 삶과 구원의 바탕입니다.

`적용 질문`   적용 질문을 통하여는 우리도 용서의 사람이 되어야 함을 깊이 생각하고 용서하는 삶을 살도록 이끌어 줍니다.

3. 골3:13-15 주님을 본 받는 일의 내용은 무엇입니까?

골 3:13, 누가 뉘게 혐의가 있거든 서로 용납하여 피차 용서하되 주께서 너희를 용서하신 것과 같이 너희도 그리하고
14, 이 모든 것 위에 사랑을 더하라 이는 온전하게 매는 띠니라
15, 그리스도의 평강이 너희 마음을 주장하게 하라 평강을 위하여 너희가 한 몸으로 부르심을 받았나니 또한 너희는 감사하는 자가 되라

1) 용서입니다.
주님이 용서하신 것같이 우리도 용서하여야 합니다.
2) 사랑입니다.
주께서 우리를 사랑하심 같이 서로 사랑하여야 합니다.
3) 평강 즉 여기서는 서로 화목한 관계의 평강을 말합니다.

`적용 질문`   적용 질문을 통하여 용서하고 사랑하고 화목한 관계를 점검하고 안 된 부분은 결단하고 용서하게 사랑하게 화목하게 하도록 도와 줍니다.

4. 마18:21-35 형제의 죄를 몇 번까지 용서해야 합니까?

마 18:21, 그 때에 베드로가 나아와 가로되 주여 형제가 내게 죄를 범하면 몇 번이나 용서하여 주리이까 일곱 번까지 하오리이까

22, 예수께서 가라사대 네게 이르노니 일곱 번뿐 아니라 일흔 번씩 일곱 번이라도 할지니라

23, 이러므로 천국은 그 종들과 회계하려 하던 어떤 임금과 같으니

24, 회계할 때에 일만 달란트 빚진 자 하나를 데려오매

25, 갚을 것이 없는지라 주인이 명하여 그 몸과 처와 자식들과 모든 소유를 다 팔아 갚게 하라 한대

26, 그 종이 엎드리어 절하며 가로되 내게 참으소서 다 갚으리이다 하거늘

27, 그 종의 주인이 불쌍히 여겨 놓아 보내며 그 빚을 탕감하여 주었더니

28, 그 종이 나가서 제게 백 데나리온 빚진 동관 하나를 만나 붙들어 목을 잡고 가로되 빚을 갚으라 하매

29, 그 동관이 엎드리어 간구하여 가로되 나를 참아 주소서 갚으리이다 하되

30, 허락하지 아니하고 이에 가서 저가 빚을 갚도록 옥에 가두거늘

31, 그 동관들이 그것을 보고 심히 민망하여 주인에게 가서 그 일을 다 고하니

32, 이에 주인이 저를 불러다가 말하되 악한 종아 네가 빌기에 내가 네 빚을 전부 탕감하여 주었거늘

33, 내가 너를 불쌍히 여김과 같이 너도 네 동관을 불쌍히 여김이 마땅치 아니하냐 하고

34, 주인이 노하여 그 빚을 다 갚도록 저를 옥졸들에게 붙이니라

35, 너희가 각각 중심으로 형제를 용서하지 아니하면 내 천부께서도 너희에게 이와 같이 하시리라

베드로는 사람이 잘못을 범했을 때 몇 번까지 용서하는 아량을 베풀어야 하는가를 예수님께 여쭈어 보았습니다.

한 일곱 번까지 하면 되겠느냐고 물었습니다.

베드로 생각에는 그만하면 충분하다고 생각한 셈이지요.

그러나 예수님은 일흔 번씩 일곱 번이라도 용서하라고 하십니다.

70X7=490 번 용서하라는 문자적 의미 보다는 얼마든지 끝 없이 용서하라는 것이지요.

앞에서 본대로 하나님의 용서 없이는 사람이 존재할 수도 없고 하나님의 용서 없이는 구원 받지도 못하는 우리로서 용서가 삶의 근거요 영생의 근거가 된 우리로서는 끝 없는 용서의 삶이 되어야 함을 가르칩니다.

여기 일만 달란트 빚진 자가 탕감 받았습니다.

그런데 일백 데나리온 빚진 친구를 탕감해 주지 않고 목을 누르며 감옥에 가뒀다는 이야기를 통하여 예수님은 우리가 일만 달란트 빚진 자처럼 많은 죄를 용서 받은 사람으로 형제들을 용서하지 않는다는 것은 말도 안 된다는 것을 가르칩니다.

1 데나리온은 노동자의 하루 품삯쯤 되는데 1 달란트는 6,000 데나리온 입니다.

그러니까 문자적으로 계산해 보면 10,000 달란트는 60,000,000 데나리온 입니다.

60,000,000 : 100 이니까 600,000 : 1입니다.

60,000,000 데나리온 용서 받은 자가 100 데나리온 받을 사람 용서하지 못한 다는 것이 말이 되겠습니까?

이는 하나님의 용서를 받아 살며 구원 받은 사람들이 형제의 작은 잘못을 용서하지 못한다는 것은 말이 안 된다는 것을 가르쳐 주는 비유입니다.

형제를 용서하지 않으면 용서와 사랑으로 우리를 살게 하시고 구원하신 하나님이 분노한다고 가르칩니다.

도로 다 갚으라고 명령하듯이 우리가 형제를 용서하지 않으면 이후로 하나님이 우리도 용서하지 않는다고 경고하십니다.

우리가 형제를 용서하지 않으면 지옥불의 심판을 받게 될 것입니다.

하나님의 용서와 은혜를 아는 사람은 서로 용서하며 살아야 한다는 것입니다.

적용 질문 적용 질문을 통하여 용서하지 못한 경우의 사람은 용서하도록 이끌어 줍니다. 공부가 끝나고 기도하는 시간에 하나님 앞에 용서하지 못한 것을 고백하고 용서를 빌고 용서하기를 결단하도록 이끌어 줍니다.

5. 마6:12 우리의 죄사함의 기도를 위한 전제는 무엇입니까?

마 6:12, 우리가 우리에게 죄 지은 자를 사하여 준 것같이 우리 죄를 사하여 주옵시고 우리도 남을 용서하라는 것입니다.

우리가 용서하여 준 것같이 우리 죄를 용서하여 달라고 기도하라고 하였습니다.

우리도 용서하면서 우리가 용서 받기를 기도하여야 합니다.

`적용 질문` 적용 질문을 통하여 이렇게 주기도문의 기도를 드리기에 거리낌이 없도록 다 용서하도록 격려합니다.

6. 시109편처럼 기도할 수 있는 것은 어떤 경우입니까?22절 시51:17 용서와는 어떤 관계가 있습니까?

> 시 109:1, 나의 찬송하는 하나님이여 잠잠하지 마옵소서
> 2, 대저 저희가 악한 입과 궤사한 입을 열어 나를 치며 거짓된 혀로 내게 말하며
> 3, 또 미워하는 말로 나를 두르고 무고히 나를 공격하였나이다
> 4, 나는 사랑하나 저희는 도리어 나를 대적하니 나는 기도할 뿐이라
> 5, 저희가 악으로 나의 선을 갚으며 미워함으로 나의 사랑을 갚았사오니
> 6, 악인으로 저를 제어하게 하시며 대적으로 그 오른편에 서게 하소서
> 7, 저가 판단을 받을 때에 죄를 지고 나오게 하시며 그 기도가 죄로 변케 하시며
> 8, 그 연수를 단촉케 하시며 그 직분을 타인이 취하게 하시며
> 9, 그 자녀는 고아가 되고 그 아내는 과부가 되며
> 10, 그 자녀가 유리 구걸하며 그 황폐한 집을 떠나 빌어먹게 하소서
> 11, 고리대금하는 자로 저의 소유를 다 취하게 하시며 저의 수고한 것을 외

인이 탈취하게 하시며
12, 저에게 은혜를 계속할 자가 없게 하시며 그 고아를 연휼할 자도 없게 하시며
13, 그 후사가 끊어지게 하시며 후대에 저희 이름이 도말 되게 하소서
14, 여호와는 그 열조의 죄악을 기억하시며 그 어미의 죄를 도말하지 마시고
15, 그 죄악을 항상 여호와 앞에 있게 하사 저희 기념을 땅에서 끊으소서
16, 저가 긍휼히 여길 일을 생각지 아니하고 가난하고 궁핍한 자와 마음이 상한 자를 핍박하여 죽이려한 연고니이다
17, 또 저주하기를 좋아하더니 그것이 자기에게 임하고 축복하기를 기뻐 아니하더니 복이 저를 멀리 떠났으며
18, 또 저주하기를 옷 입듯 하더니 저주가 물같이 그 내부에 들어가며 기름같이 그 뼈에 들어갔나이다
19, 저주가 그 입는 옷 같고 항상 띠는 띠와 같게 하소서
20, 이는 대적 곧 내 영혼을 대적하여 악담하는 자가 여호와께 받는 보응이니이다
21, 주 여호와여 주의 이름을 인하여 나를 선대하시며 주의 인자하심이 선함을 인하여 나를 건지소서
22, 나는 가난하고 궁핍하여 중심이 상함이니이다
23, 나의 가는 것은 석양 그림자 같고 또 메뚜기같이 불려 가오며
24, 금식함을 인하여 내 무릎은 약하고 내 육체는 수척하오며
25, 나는 또 저희의 훼방거리라 저희가 나를 본즉 머리를 흔드나이다
26, 여호와 나의 하나님이여 나를 도우시며 주의 인자하심을 좇아 나를 구원하소서
27, 이것이 주의 손인 줄을 저희로 알게 하소서 여호와께서 이를 행하셨나

이다

28, 저희는 저주하여도 주는 내게 복을 주소서 저희는 일어날 때에 수치를 당할지라도 주의 종은 즐거워하리이다
29, 나의 대적으로 욕을 옷 입듯 하게 하시며 자기 수치를 겉옷같이 입게 하소서
30, 내가 입으로 여호와께 크게 감사하며 무리 중에서 찬송하리니
31, 저가 궁핍한 자의 우편에 서사 그 영혼을 판단하려 하는 자에게 구원하실 것임이로다
시 51:17, 하나님의 구하시는 제사는 상한 심령이라 하나님이여 상하고 통회하는 마음을 주께서 멸시치 아니하시리이다

이 기도는 어떤 형제를 망하게 해 달라는 기도입니다.

그런데 성경에 이러한 기도를 기록해 놓은 것은 형제를 저주하기를 권장하는 목적이 아닙니다. 이러한 기도를 할 수 있다고 하나님이 받아 주시는 것입니다.

이러한 기도는 어떤 경우입니까?

사람에게 너무 상처를 받아서 도저히 용서할 수 없고 저주하고 싶거나 죽이고 싶은 감당할 수 없는 상처를 받은 경우 그 사람을 사실은 저주하거나 죽이는 것이 아니라 하나님 앞에 나아와 죽이고 싶다는 심정을 그대로 꾸밈 없이 토로하라는 것입니다.

하나님 앞에는 용서하는 것처럼 기도하고 실제로는 미워하고 저주하는 마음을 품고 사는 것이 아니라 하나님 앞에 나와서 솔직하게 죽이고

싶다고 토로하는 것입니다.

하나님은 그러한 경우 즉 상처가 너무 커서 감당할 수 없어서 토로하는 마음을 받아 주시겠다는 것입니다.

얼마나 넓은 하나님의 품입니까?

원통하고 감당할 수 없어 하나님 앞에 솔직히 토로하고 마음을 내어 놓으면 하나님이 받으시고 우리의 마음을 위로해 주시므로 우리가 오히려 용서할 수 있는 마음의 치유와 능력을 주시는 것입니다.

아주 상처가 커서 감당할 수 없는 예외적인 경우에 하나님이 받아 주시는 넓은 사랑을 보여주는 말씀입니다.

용서할 수 없는 마음인 경우는 그대로 솔직하게 하나님께 말씀 드리며 그분 앞에 마음을 토로하십시오.

> **적용 질문** 적용 질문을 통하여 지체 중에 도저히 용서할 수 없는 깊은 상처를 가지고 있는 경우 당장 통성 기도하는 동안에라도 또는 오늘밤이라도 홀로 하나님께 나아가 울면서 호소하여 마음을 다 털어놓을 것을 격려합니다.

7. 창3:21, 9:23에서 용서하는 삶의 원리를 찾아 보세요.

창 3:21, 여호와 하나님이 아담과 그 아내를 위하여 가죽옷을 지어 입히시니라

창 9:23, 셈과 야벳이 옷을 취하여 자기들의 어깨에 메고 뒷걸음쳐 들어

가서 아비의 하체에 덮었으며 그들이 얼굴을 돌이키고 그 아비의 하체를 보지 아니하였더라

인간이 죄를 범한 후 부끄러워 무화과 나무 잎으로 옷을 해 입었습니다. 그러나 무화과 나무 잎이 얼마나 우리를 가려 주겠습니까?

하나님이 가죽 옷을 지어 입혀 가려 주셨습니다. 가죽 옷을 짓기 위하여는 양이 죽어야 했습니다. 대신 죽고 죄 사함의 은혜가 임하고 하나님의 용서의 사랑이 계시 되었습니다.

하나님께서는 가죽옷을 지어 입혀 주시는, 우리의 허물을 덮어 주시는 하나님 이십니다. 노아가 포도 농사를 짓고 포도를 거두어 들이고 포도를 보관한 것이 발효되어 포도주가 되었습니다. 노아는 포도주에 취하여 벌거벗고 눕는 실수를 하였습니다. 이 때 함은 이 모습을 보고 나아가 다른 형제에게까지 떠들어 댔습니다. 그러나 셈과 야벳은 이 사실을 들었을 때 아버지의 부끄러운 모습을 보지 않으려고 뒷걸음쳐 들어가서 아버지의 벗은 몸을 덮어 주었습니다.

덮어 주는 사랑 그것이 진정 사랑입니다.

용서는 덮어 주는 사랑으로 되는 것이지요.

사랑은 허다한 죄를 덮는다고 말씀 하십니다. 벧전4:8

적용 질문 적용 질문을 통하여 덮어 주는 사랑의 자세를 갖도록 격려합니다.

CHAPTER 3

사랑

1. 막12:28-31 첫째가는 계명과 둘째 가는 계명은 각각 무엇입니까?

막 12:28, 서기관 중 한 사람이 저희의 변론하는 것을 듣고 예수께서 대답 잘하신 줄을 알고 나아와 묻되 모든 계명 중에 첫째가 무엇이니이까
29, 예수께서 대답하시되 첫째는 이것이니 이스라엘아 들으라 주 곧 우리 하나님은 유일한 주시라
30, 네 마음을 다하고 목숨을 다하고 뜻을 다하고 힘을 다하여 주 너의 하나님을 사랑하라 하신 것이요
31, 둘째는 이것이니 네 이웃을 네 몸과 같이 사랑하라 하신 것이라 이에서 더 큰 계명이 없느니라

첫째가는 계명은 하나님을 사랑하라는 것입니다.
신6:4-9절에 하나님을 사랑하는 것이 무엇인지 가르쳐 주고 있습니다.

신 6:4, 이스라엘아 들으라 우리 하나님 여호와는 오직 하나인 여호와시니
5, 너는 마음을 다하고 성품을 다하고 힘을 다하여 네 하나님 여호와를 사랑하라

6, 오늘날 내가 네게 명하는 이 말씀을 너는 마음에 새기고

7, 네 자녀에게 부지런히 가르치며 집에 앉았을 때에든지 길에 행할 때에 든지 누웠을 때에든지 일어날 때에든지 이 말씀을 강론할 것이며

8, 너는 또 그것을 네 손목에 매어 기호를 삼으며 네 미간에 붙여 표를 삼고

9, 또 네 집 문설주와 바깥 문에 기록할지니라

이 말씀에 보면 하나님을 사랑하는 것은 하나님의 말씀을 사모하고 그 말씀 따라 사는 것으로 표현 됩니다.

그렇지요, 하나님을 사랑하는 것이 무엇이겠습니까?

하나님의 말씀에 귀 기울이고 말씀 중심으로 사는 것이지요.

하나님을 얼마나 사랑하라고 하십니까?

마음을 다하고 성품을 다하고 힘을 다하여 하나님을 사랑하라 하십니다. 온 마음과 성품과 힘을 다하여 하나님의 말씀을 묵상하고 따르고 순종하는 것입니다.

둘째는 이웃을 사랑하는 것입니다.

레19:9-18절에서 배울 수 있습니다.

레 19:9, 너희 땅의 곡물을 벨 때에 너는 밭 모퉁이까지 다 거두지 말고 너의 떨어진 이삭도 줍지 말며

10, 너의 포도원의 열매를 다 따지 말며 너의 포도원에 떨어진 열매도 줍지 말고 가난한 사람과 타국인을 위하여 버려 두라 나는 너희 하나님 여호와니라

11, 너희는 도적질하지 말며 속이지 말며 서로 거짓말하지 말며

12, 너희는 내 이름으로 거짓 맹세함으로 네 하나님의 이름을 욕되게 하지 말라 나는 여호와니라

13, 너는 네 이웃을 압제하지 말며 늑탈하지 말며 품꾼의 삯을 아침까지 밤새도록 네게 두지 말며

14, 너는 귀먹은 자를 저주하지 말며 소경 앞에 장애물을 놓지 말고 네 하나님을 경외하라 나는 여호와니라

15, 너희는 재판할 때에 불의를 행치 말며 가난한 자의 편을 들지 말며 세력있는 자라고 두호하지 말고 공의로 사람을 재판할지며

16, 너는 네 백성 중으로 돌아다니며 사람을 논단하지 말며 네 이웃을 대적하여 죽을 지경에 이르게 하지 말라 나는 여호와니라

17, 너는 네 형제를 마음으로 미워하지 말며 이웃을 인하여 죄를 당치 않도록 그를 반드시 책선하라

18, 원수를 갚지 말며 동포를 원망하지 말며 이웃 사랑하기를 네 몸과 같이 하라 나는 여호와니라

이웃 사랑을 구체적으로 표현하여 가난한 이웃과는 나누며 사는 것(이삭을 남기는 일)

도적질이나 거짓을 행하지 말고 정직하고 진실하게 대하는 것

이웃을 해치지 말 것(압제나 늑탈하지 말고 저주 하거나 장애물을 설치하지 말고)

정의와 공의로 사람을 대하고 대적하지 말고 미워하지 말고 원수도 갚지 말고 동포를 원망하지 말고 사랑하는 것입니다.

이웃을 사랑하되 자신의 몸을 사랑하듯 즉 자신을 사랑하는 만큼 사

랑하라 하십니다. 남을 자신과 동일시하는 사랑입니다.

> **적용 질문** 적용질문을 통하여 하나님을 얼마나 사랑하고 이웃을 사랑하는 삶을 살고 있는지 점검하고 사랑의 삶을 살아가도록 이끌어 줍니다.

2. 요13:34-35 새 계명이 무엇입니까? "서로"라는 말의 의미가 무엇일까요?

> 요 13:34, 새 계명을 너희에게 주노니 서로 사랑하라 내가 너희를 사랑한 것같이 너희도 서로 사랑하라
> 35, 너희가 서로 사랑하면 이로써 모든 사람이 너희가 내 제자인 줄 알리라

새 계명은 서로 사랑하라는 것입니다.

서로라는 말에는 사랑이 단순히 일방적으로 주는 것만이 아닌 상호 반응하는 교제로서의 사랑을 강조하는 것입니다.

한 사람은 사랑을 베풀기만 하고 한 사람은 사랑을 받기만 하는 그런 사랑이 아니라 서로 사랑하여 하나되고 함께 기뻐하는 그런 사랑을 말합니다.

주님은 서로 사랑하여 사랑하는 교제의 공동체를 말씀하고 있습니다.

우리는 대체로 내리 사랑은 잘 합니다.

나보다 어린 사람에게 사랑을 주는 일, 나보다 어려운 사람을 돕고 사

랑하는 일 등은 어느 정도 합니다.

그러나 대등한 사람끼리 서로 사랑하고 사랑 받는 일을 잘 못합니다.

이 역시 교만 때문일 것입니다.

서로 사랑은 높낮이 없이 서로 주고 받고 하는 사랑으로 하나된 공동체를 이루는 사랑입니다.

어떤 사랑으로 사랑하라고 하십니까?

예수님께서 우리를 사랑하신 것 같은 그런 사랑으로 사랑하라는 것입니다. 앞에서 본 구약의 계명도 사랑이었지만 네 몸과 같이 사랑하라고 하여 기준이 자신이었습니다. 그러나 새 계명은 예수님이 우리를 사랑한 것 같이 사랑하라 하여 기준이 예수님입니다.

예수님이 우리를 위하여 십자가에 자신을 내어 주던 그 사랑이 기준입니다. 그러한 사랑으로 서로 사랑하라는 것이지요.

이것 즉 서로 사랑하면 이로써 우리가 예수님의 제자인줄 알 것이라고 합니다. 즉 예수님의 제자라면 예수님 사랑으로 서로 사랑한다는 것이지요. 서로 사랑하는 것이 예수 제자의 증표입니다.

적용 질문 적용 질문을 통하여 보다 구체적으로 서로 사랑하고 돕고 나누며 격려하는 연습을 어떻게 할까를 토론하고 찾아내어 함께 실천하도록 합니다. 제자훈련 그룹 안에서 사랑 나누는 일과 함께 이웃을 사랑하는 일을 어떻게 연습할까를 토론해 보십시오. 그리고 할 수 있는 것을 실천하도록 합니다.

3. 요일3:14-19 생명에 들어간 표는 무엇입니까?

요일 3:14, 우리가 형제를 사랑함으로 사망에서 옮겨 생명으로 들어간 줄을 알거니와 사랑치 아니하는 자는 사망에 거하느니라
15, 그 형제를 미워하는 자마다 살인하는 자니 살인하는 자마다 영생이 그 속에 거하지 아니하는 것을 너희가 아는 바라
16, 그가 우리를 위하여 목숨을 버리셨으니 우리가 이로써 사랑을 알고 우리도 형제들을 위하여 목숨을 버리는 것이 마땅하니라
17, 누가 이 세상 재물을 가지고 형제의 궁핍함을 보고도 도와 줄 마음을 막으면 하나님의 사랑이 어찌 그 속에 거할까 보냐
18, 자녀들아 우리가 말과 혀로만 사랑하지 말고 오직 행함과 진실함으로 하자
19, 이로써 우리가 진리에 속한 줄을 알고 또 우리 마음을 주 앞에서 굳세게 하리로다

사망에서 생명으로 옮긴 사람이라는 표는 형제를 사랑하는 것이라고 말씀 하십니다. 구원 받은 사람은 사랑하게 되어있다는 것이지요.

미움은 살인죄에 해당 됩니다. 예수님 사랑은 우리를 위하여 자신의 목숨을 버리는 사랑입니다. 우리도 서로 사랑해야 하는데 사랑을 말로만 하는 것이 아니라 행함과 진실함으로 사랑해야 하고 특히 재물을 가지고 형제의 궁핍을 도와주는 일은 구체적인 사랑의 표현입니다. 서로 나누며 도와 주며 살아가는 것입니다.

적용 질문 적용질문을 통하여 미워하는 사람 있으면 회개하고 용서하

고, 용서 받도록 인도하고 구체적인 사랑을 표현해야 할 사람이 생각나면 사랑을 실천하여 보도록 이끌어 줍니다. 한 주간 동안에 누구에게든 꼭 사랑을 표현하고 나누는 일을 하도록 연습 시키기 바랍니다.

4. 마5:43-48 누구까지 사랑하라고 하십니까?

마 5:43, 또 네 이웃을 사랑하고 네 원수를 미워하라 하였다는 것을 너희가 들었으나
44, 나는 너희에게 이르노니 너희 원수를 사랑하며 너희를 핍박하는 자를 위하여 기도하라
45, 이같이 한즉 하늘에 계신 너희 아버지의 아들이 되리니 이는 하나님이 그 해를 악인과 선인에게 비취게 하시며 비를 의로운 자와 불의한 자에게 내리우심이니라
46, 너희가 너희를 사랑하는 자를 사랑하면 무슨 상이 있으리요 세리도 이같이 아니하느냐
47, 또 너희가 너희 형제에게만 문안하면 남보다 더하는 것이 무엇이냐 이방인들도 이같이 아니하느냐
48, 그러므로 하늘에 계신 너희 아버지의 온전하심과 같이 너희도 온전하라

원수까지라도 사랑하라 하십니다.
핍박하는 자도 사랑하라 하십니다.
세리나 이방인도 자기를 사랑하는 자는 사랑하며 삽니다.
그리스도인이 믿지 않는 사람들과 다른 것은 나를 사랑하는 사람뿐 아

니라 나를 미워하는 사람이나 핍박하는 사람까지 사랑한다는 것입니다. 이것이 예수님의 십자가 사랑의 본보기 입니다.

> 적용 질문   적용 질문을 통하여 자신을 미워하는 사람이나 어렵게 하는 사람까지도 사랑할 마음을 품게 하고 그러한 은혜를 구하게 합니다.

5. 고전13:4-7 당신은 이 사랑의 범주 안에 사십니까?

고전 13:4, 사랑은 오래 참고 사랑은 온유하며 투기하는 자가 되지 아니하며 사랑은 자랑하지 아니하며 교만하지 아니하며
5, 무례히 행치 아니하며 자기의 유익을 구치 아니하며 성내지 아니하며 악한 것을 생각지 아니하며
6, 불의를 기뻐하지 아니하며 진리와 함께 기뻐하고
7, 모든 것을 참으며 모든 것을 믿으며 모든 것을 바라며 모든 것을 견디느니라

여기 사랑의 여러 가지 속성을 표현하고 있습니다.

이 부분에서는 한 마디 한 마디 우리가 서로를 향하여 이러한 사랑을 지니고 있는지 그렇지 못한지를 체크 해 나가도록 합니다.

> 적용 질문   적용 질문을 통하여 체크 해 본 결과 모자란 것이 무엇인지 깨달아 보고 그 부분을 보완해 나가도록 사랑의 속성을 살아가는 연습을 하도록 권장합니다.

CHAPTER 4

화평

1. 롬14:19, 골3:15, 살전5:13, 약3:18 성도의 부름 받음은 어떤 삶을 위한 것입니까?

> 롬 14:19, 이러므로 우리가 화평의 일과 서로 덕을 세우는 일을 힘쓰나니
> 골 3:15, 그리스도의 평강이 너희 마음을 주장하게 하라 평강을 위하여 너희가 한 몸으로 부르심을 받았나니 또한 너희는 감사하는 자가 되라
> 살전 5:13, 저의 역사로 말미암아 사랑 안에서 가장 귀히 여기며 너희끼리 화목하라
> 약 3:18, 화평케 하는 자들은 화평으로 심어 의의 열매를 거두느니라

여기 화평, 평강, 화목 이란 말은 원래 헬라어 원어로는 같은 단어인데 다르게 번역이 나와 있답니다.

화평, 평강, 화목이란 말은 서로 막힌 데 없이 사이가 좋다는 뜻입니다. 그러니까 서로 원수처럼 살지 아니하고 화목하게 평화롭게 살아간다는 말이지요.

이 화평을 위하여 우리는 부름 받았다는 것입니다.

물론 먼저는 하나님과 우리 사이가 좋은 화평이며 다음은 우리 서로 간에 사이 좋은 화평입니다.

> **적용 질문**   적용 질문을 통하여 우리가 속한 교회나 직장이나 사회에서 화평의 주인공으로 살아가도록 이끌어 줍니다.

2. 마5:9 하나님의 아들의 특징은 무엇입니까?

> 마 5:9, 화평케 하는 자는 복이 있나니 저희가 하나님의 아들이라 일컬음을 받을 것임이요

화평케 하는 자 즉 피스 메이커는 하나님의 아들이라 일컬음을 받으리라 하였습니다. 그러니까 하나님의 자녀는 화평케 하는 자 즉 피스 메이커라는 뜻입니다.

하나님의 자녀는 가정이나 교회나 직장이나 어느 공동체 어느 사회에서나 화평케 하는 자 즉 피스 메이커로 살아가는 것입니다.

> **적용 질문**   적용 질문을 통하여 평화의 도구로 살아가도록 결단하게 합니다. 분란을 일으키는 존재가 되지 않게 격려 합니다.

3. 창3:9-19 어떻게 사람은 화평한 관계를 잃어버립니까? 어떤 종류의 화평을 잃고 있습니까?

> 창 3:9, 여호와 하나님이 아담을 부르시며 그에게 이르시되 네가 어디 있

느냐

10, 가로되 내가 동산에서 하나님의 소리를 듣고 내가 벗었으므로 두려워하여 숨었나이다

11, 가라사대 누가 너의 벗었음을 네게 고하였느냐 내가 너더러 먹지 말라 명한 그 나무 실과를 네가 먹었느냐

12, 아담이 가로되 하나님이 주셔서 나와 함께 하게 하신 여자 그가 그 나무 실과를 내게 주므로 내가 먹었나이다

13, 여호와 하나님이 여자에게 이르시되 네가 어찌하여 이렇게 하였느냐 여자가 가로되 뱀이 나를 꾀므로 내가 먹었나이다

14, 여호와 하나님이 뱀에게 이르시되 네가 이렇게 하였으니 네가 모든 육축과 들의 모든 짐승보다 더욱 저주를 받아 배로 다니고 종신토록 흙을 먹을지니라

15, 내가 너로 여자와 원수가 되게 하고 너의 후손도 여자의 후손과 원수가 되게 하리니 여자의 후손은 네 머리를 상하게 할 것이요 너는 그의 발꿈치를 상하게 할 것이니라 하시고

16, 또 여자에게 이르시되 내가 네게 잉태하는 고통을 크게 더하리니 네가 수고하고 자식을 낳을 것이며 너는 남편을 사모하고 남편은 너를 다스릴 것이니라 하시고

17, 아담에게 이르시되 네가 네 아내의 말을 듣고 내가 너더러 먹지 말라 한 나무 실과를 먹었은즉 땅은 너로 인하여 저주를 받고 너는 종신토록 수고하여야 그 소산을 먹으리라

18, 땅이 네게 가시덤불과 엉겅퀴를 낼 것이라 너의 먹을 것은 밭의 채소인즉

19, 네가 얼굴에 땀이 흘러야 식물을 먹고 필경은 흙으로 돌아가리니 그

속에서 네가 취함을 입었음이라 너는 흙이니 흙으로 돌아갈 것이니라 하시니라

9-10절은 하나님을 두려워하며 숨는 관계 즉 하나님과의 화평을 잃어버리고 있습니다.

인간의 타락은 먼저 하나님과 멀어지는 결과를 가져 옵니다.

11-12절은 이제 사람과 사람 간의 관계에서 화평이 깨어집니다.

아담은 자기와 한 몸인 하와에게 죄의 책임을 전가하며 "여자 그가"라고 제3자 취급을 합니다. 극단적인 이기주의를 보여 줍니다.

자기의 죄까지 자기 아내에게 다 떠 넘기며 제3자 취급을 하는 죄로 인하여 인간 관계가 무너집니다.

14-15절은 뱀의 후손과 전쟁 중에 살아 갑니다.

즉 영적 대적인 마귀의 세력과 영적 전쟁을 치르며 살아가게 될 것입니다.

17-19절은 인간의 타락으로 땅이 저주를 받았습니다.

인간과 자연의 관계도 화평이 깨지고 적대 관계처럼 되었습니다. 그러니 하나님의 말씀을 불신하고 타락한 이후 하나님과의 관계도 불편하게 되었고 인간 관계도 깨어지는 것을 경험하고 영적 대적과는 적대관계를 유지해야 하는 것은 물론 자연과의 화평도 깨어지고 말았습니다.

죄에는 파괴적인 힘이 있습니다.

4. 고후5:17-21 어떻게 다시 화평을 찾게 되고 화평을 이루게 됩니까?

고후 5:17, 그런즉 누구든지 그리스도 안에 있으면 새로운 피조물이라 이전 것은 지나갔으니 보라 새 것이 되었도다
18, 모든 것이 하나님께로 났나니 저가 그리스도로 말미암아 우리를 자기와 화목하게 하시고 또 우리에게 화목하게 하는 직책을 주셨으니
19, 이는 하나님께서 그리스도 안에 계시사 세상을 자기와 화목하게 하시며 저희의 죄를 저희에게 돌리지 아니하시고 화목하게 하는 말씀을 우리에게 부탁하셨느니라
20, 이러므로 우리가 그리스도를 대신하여 사신이 되어 하나님이 우리로 너희를 권면하시는 것같이 그리스도를 대신하여 간구하노니 너희는 하나님과 화목하라
21, 하나님이 죄를 알지도 못하신 자로 우리를 대신하여 죄를 삼으신 것은 우리로 하여금 저의 안에서 하나님의 의가 되게 하려 하심이니라

예수 그리스도의 구속으로 말미암아 우리가 하나님과 화목하게 되는 길을 얻었으며 화목하게 하라는 말씀을 부탁 받았습니다.
하나님과 화목하게 되면 사람과도 화목하고 되고 회복된 화평을 누리게 됩니다.

5. 시133편, 화평한 공동체의 아름다움과 축복은 무엇입니까?

시 133:1, 형제가 연합하여 동거함이 어찌 그리 선하고 아름다운고
2, 머리에 있는 보배로운 기름이 수염 곧 아론의 수염에 흘러서 그 옷깃까

지 내림 같고
3. 헐몬의 이슬이 시온의 산들에 내림 같도다 거기서 여호와께서 복을 명하셨나니 곧 영생이로다

1) 화평한 공동체는 선하고 아름답습니다.
2) 제사장의 머리에 부은 보배로운 기름이 옷깃까지 내림 같습니다.
제사장에게 거룩과 성령의 임재의 상징으로 기름을 부어 제사장으로 세웠는데 우리 가정과 교회가 하나되어 주님을 섬기면 성령으로 충만하고 기쁨으로 충만한 가정과 교회가 될 것입니다.
3) 헐몬의 이슬이 시온의 산들에 내림 같다고 합니다.
이스라엘은 헐몬 산에 기류가 부딪치면서 그 아래 땅에 이슬을 내리게 하여 광야 같은 땅에 초목이 자라고 농사나 축산이 가능하게 합니다.
이 또한 생명과 기쁨, 풍요와 축복을 상징하여 하는 말입니다.
그리하여 화목한 공동체의 축복은 영생을 누리는 것입니다.
영생을 기뻐하는 공동체가 됩니다.
영생은 믿음의 선물인데 결국 영생을 얻은 사람들의 모습은 화평한 사랑의 공동체라는 뜻이겠지요.

> **적용 질문** 적용 질문을 통하여 가정과 구역과 교회가 화평한지 점검하고 화평을 위한 삶을 살도록 격려합니다.

6. 막9:50, 골3:15 화평을 이루는 비결은 무엇입니까?

막 9:50, 소금은 좋은 것이로되 만일 소금이 그 맛을 잃으면 무엇으로 이를 짜게 하리요 너희 속에 소금을 두고 서로 화목하라 하시니라

골 3:15, 그리스도의 평강이 너희 마음을 주장하게 하라 평강을 위하여 너희가 한 몸으로 부르심을 받았나니 또한 너희는 감사하는 자가 되라

1) 소금을 두고 서로 화목 하라 하십니다.

소금은 자신이 녹아 들어가 맛을 내고 조화를 이루게 합니다.

자신을 녹이는 사랑과 희생만 있으면 화평한 공동체를 이루는 사람이 됩니다.

2) 그리스도의 평강이 우리 마음을 주장하게 하라고 하십니다.

여기서 말하는 그리스도의 평강이란 평강이란 말보다는 화평, 평화라는 말로 번역함이 더 이해하기 좋습니다.

그리스도의 화평이 우리 마음을 주장하게 하라는 것인데 그리스도의 화평이란 자신을 십자가에 죽게 하여 하나님과 사람을 사람과 사람을 화평케 하는 화목하게 하는 것처럼 자신을 죽여 공동체의 평화를 가져오는 그러한 마음을 품으라는 것입니다.

적용 질문 적용질문을 통하여 화평을 위한 일이라면 자신이 손해 보고 희생할 수 있는 그리스도의 정신을 실천하여 살게 합니다.

7. 엡2:14-18 화평의 근거는 무엇입니까? 예수님의 십자가는 누구와 누구를 화해 시킵니까?

> 엡 2:14, 그는 우리의 화평이신지라 둘로 하나를 만드사 중간에 막힌 담을 허시고
> 15, 원수 된 것 곧 의문에 속한 계명의 율법을 자기 육체로 폐하셨으니 이는 이 둘로 자기의 안에서 한 새 사람을 지어 화평하게 하시고
> 16, 또 십자가로 이 둘을 한 몸으로 하나님과 화목하게 하려 하심이라 원수 된 것을 십자가로 소멸하시고
> 17, 또 오서서 먼 데 있는 너희에게 평안을 전하고 가까운 데 있는 자들에게 평안을 전하셨으니
> 18, 이는 저로 말미암아 우리 둘이 한 성령 안에서 아버지께 나아감을 얻게 하려 하심이라

화평할 수 있는 근거, 깨어진 관계가 다시 회복 될 수 있는 것은 예수님의 십자가 입니다.

예수님의 십자가는

1) 하나님과 인간을 화목케 하시고

2) 사람과 사람을 화목하게 한다는 것입니다.

십자가를 믿는 우리 그리스도인들은 그러므로 하나님과 화목하여 살고 서로간에 화목하게 살아가는 사람들입니다.

적용 질문   적용 질문을 통하여 예수님 중심으로 살아 화해의 사람 화평케 하는 사람으로 살도록 격려합니다.

CHAPTER 5
봉사

1. 엡4:12, 16 성도의 교회의 봉사의 궁극적 목적은 무엇입니까? 각 지체로서의 성도의 사명은 무엇입니까?

> 엡 4:12, 이는 성도를 온전케 하며 봉사의 일을 하게 하며 그리스도의 몸을 세우려 하심이라
>
> 16, 그에게서 온 몸이 각 마디를 통하여 도움을 입음으로 연락하고 상합하여 각 지체의 분량대로 역사하여 그 몸을 자라게 하며 사랑 안에서 스스로 세우느니라

성도의 교회에서의 봉사의 궁극적 목적은 그리스도의 몸 즉 교회를 세워 나가고 자라게, 성장하게 하는 것입니다.

성도는 교회가 세워지고 성장하게 하는 일을 위하여 봉사할 사명이 있는 것입니다.

`적용 질문` 적용질문을 통하여 교회에 봉사하는 성도로 살아가도록 격려합니다.

2. 엡4:29, 5:4에서 암시된 지체로서의 봉사는 무엇입니까?

> 엡 4:29, 무릇 더러운 말은 너희 입 밖에도 내지 말고 오직 덕을 세우는 데 소용되는 대로 선한 말을 하여 듣는 자들에게 은혜를 끼치게 하라
> 5:4, 누추함과 어리석은 말이나 희롱의 말이 마땅치 아니하니 돌이켜 감사하는 말을 하라

말로 덕을 세우고 은혜를 끼칠 수 있습니다.
우리는 봉사를 굉장한 데서만 생각하는데 말로서도 봉사할 수 있습니다. 말의 봉사, 그것은 사람들을 격려하여 봉사하는 사람들이 더욱 즐거움으로 할 수 있게 하는 일입니다.
격려의 봉사라고 할 수 있지요.

`적용 질문` 적용 질문을 통하여 사람들을 격려하는 봉사를 할 수 있게 격려해 줍니다. 말로만 어떻게 봉사하느냐 생각하지만 말을 덕스럽게 하고 또 격려의 말을 하게 되면 그것도 봉사가 됩니다.

3. 갈6:6에서 볼 수 있는 봉사는 어떤 것일까요?

> 갈 6:6, 가르침을 받는 자는 말씀을 가르치는 자와 모든 좋은 것을 함께 하라

말씀을 가르치는 분, 우리로서는 일반적으로 목사님이 되겠지요. 그리고 구역이나 제자훈련 그룹에서는 그룹 리더가 되겠습니다.

목사님을 섬기는 일이 교회에서는 큰 봉사가 됩니다.
목사님을 격려하고 섬기는 일은 교회 전체에게 축복이 되는 일이지요.

적용 질문 적용 질문을 통하여 목사님이나 교회의 지도자들을 섬기는 일에 적극성을 갖도록 이끌어 줍니다.

4. 눅2:37, 고후1:11에서 성도가 어떤 봉사를 할 수 있겠습니까?

눅 2:37, 과부 된 지 팔십사 년이라 이 사람이 성전을 떠나지 아니하고 주야에 금식하며 기도함으로 섬기더니
고후 1:11, 너희도 우리를 위하여 간구함으로 도우라 이는 우리가 많은 사람의 기도로 얻은 은사를 인하여 많은 사람도 우리를 위하여 감사하게 하려 함이라

기도로 하나님을 섬기고 교회를 섬기고 성도들을 섬길 수 있습니다. 하나님의 영광을 위하여 기도하고 교회의 부흥을 위하여 기도하고 중보기도자가 되어 섬기는 일이 훌륭한 영적 봉사가 됩니다.

적용 질문 적용 질문을 통하여 중보자로서의 봉사의 직무를 자원하고 헌신하게 합니다. 교회에서 중보기도 팀이 있을 경우에는 충원도 합니다.

5. 행9:36-39, 롬12:13, 고후9:12, 엡4:28에서 볼 수 있는 성도의 봉사는 무엇입니까?

행 9:36, 욥바에 다비다라 하는 여제자가 있으니 그 이름을 번역하면 도르가라 선행과 구제하는 일이 심히 많더니

37, 그 때에 병들어 죽으매 시체를 씻어 다락에 뉘우니라

38, 룻다가 욥바에 가까운지라 제자들이 베드로가 거기 있음을 듣고 두 사람을 보내어 지체 말고 오라고 간청하니

39, 베드로가 일어나 저희와 함께 가서 이르매 저희가 데리고 다락에 올라가니 모든 과부가 베드로의 곁에 서서 울며 도르가가 저희와 함께 있을 때에 지은 속옷과 겉옷을 다 내어 보이거늘

롬 12:13, 성도들의 쓸 것을 공급하며 손 대접하기를 힘쓰라

고후 9:12, 이 봉사의 직무가 성도들의 부족한 것만 보충할 뿐 아니라 사람들의 하나님께 드리는 많은 감사를 인하여 넘쳤느니라

엡 4:28, 도적질하는 자는 다시 도적질하지 말고 돌이켜 빈궁한 자에게 구제할 것이 있기 위하여 제 손으로 수고하여 선한 일을 하라

성도들은 물질로 봉사하는 일도 기꺼이 많이 할 수 있어야 합니다. 물질을 내서 어려운 성도를 돕고 이웃을 돕는 봉사가 귀한 것입니다. 다비다처럼 어려운 이웃을 도우므로 전도의 문을 열기도 하고 성도들의 쓸 것을 공급하고 대접하고 부족한 것을 채우는 봉사, 구제 등의 봉사를 해야 합니다.

교회 내에서 서로 어려운 자를 돕는 일과 가난한 이웃에게 함께 봉사하는 일을 할 수 있지요.

적용 질문 적용 질문을 통하여 물질적 봉사를 장려합니다.

6. 고전12:25-26, 갈6:2 성도의 지체를 위해 어떻게 봉사할 수 있을까요?

> 고전 12:25, 몸 가운데서 분쟁이 없고 오직 여러 지체가 서로 같이하여 돌아보게 하셨으니 26, 만일 한 지체가 고통을 받으면 모든 지체도 함께 고통을 받고 한 지체가 영광을 얻으면 모든 지체도 함께 즐거워하나니
> 갈 6:2, 너희가 짐을 서로 지라 그리하여 그리스도의 법을 성취하라

물질적인 것을 포함하여 서로를 돌아보는 봉사를 할 수 있습니다.

어려울 때는 같이 위로해 주고 기도해 주고 궁핍할 때는 도와 주고 시험에 들 때는 그 짐을 같이 지고 마음을 쓰며 기도해 주는 동고동락의 경험을 이루게 합니다.

관심을 가져 주고 기도해 주고 위로와 격려를 해 주고 어려움에 동참하는 봉사야 말로 큰 봉사입니다.

> **적용 질문** 적용 질문을 통하여 서로의 어려움에 동참하는 삶을 이끌어 냅니다.

7. 행1:25, 행21:19의 봉사는 어떤 봉사라고 생각합니까?

> 행 1:25, 봉사와 및 사도의 직무를 대신할 자를 보이시옵소서 유다는 이를 버리옵고 제 곳으로 갔나이다 하고
> 행 21:19, 바울이 문안하고 하나님이 자기의 봉사로 말미암아 이방 가운데서 하신 일을 낱낱이 고하니

여기에서의 봉사는 좀 큰 봉사인데 말씀의 봉사, 전도의 봉사, 선교의 봉사 등 영적 봉사를 의미합니다.

우리 성도는 작든 크든 다 이 영적 말씀의 봉사 즉 전도, 선교, 교육의 봉사의 직무를 감당해야 합니다.

`적용 질문` 적용 질문을 통하여 복음을 위하여 전도하고 선교하고 가르치는 일을 하게 하고 어린 신자는 성장하고 준비하게 합니다.

8. 빌3:3, 벧전4:10 어떤 봉사를 해야 하겠습니까? 봉사의 능력이 무엇입니까?

빌 3:3, 하나님의 성령으로 봉사하며 그리스도 예수로 자랑하고 육체를 신뢰하지 아니하는 우리가 곧 할례당이라

벧전 4:10, 각각 은사를 받은 대로 하나님의 각양 은혜를 맡은 선한 청지기같이 서로 봉사하라

단순한 인간의 의지나 지혜로만 봉사하는 것이 아니라 성령으로 봉사하는 것입니다.

성령 충만해서 즐거움으로 경우에 합당하게 협력하며 봉사하는 것입니다. 또 성령의 은사를 따라 성령의 능력으로 봉사하는 것입니다.

`적용 질문` 적용 질문을 통하여 성령의 은혜 중에 봉사하며 성령의 은사로 봉사하기를 사모하도록 기도하도록 격려합니다.

CHAPTER 6

덕성

1. 고전10:23-24, 롬15:2, 덕으로 산다는 것이 무엇일까요?

고전 10:23, 모든 것이 가하나 모든 것이 유익한 것이 아니요 모든 것이 가하나 모든 것이 덕을 세우는 것이 아니니
24, 누구든지 자기의 유익을 구치 말고 남의 유익을 구하라
롬 15:2, 우리 각 사람이 이웃을 기쁘게 하되 선을 이루고 덕을 세우도록 할지니라

덕이란 남을 배려하는 마음 자세입니다.
 모든 것이 가하지만 내 생각대로 내 기분대로 내 좋은 대로 말하거나 행동하지 아니하고 다른 사람을 생각하고 배려해서 말하고 행동하는 것을 덕이라 합니다.
 누구든지 자기 유익을 구하지 아니하고 남의 유익을 구하는 태도, 이웃을 기쁘게 하려는 태도로 살아가는 것이 덕이라는 말이지요.

> **적용 질문** 적용질문을 통하여 덕스러운 삶을 살고자 하는 열망과 결단을 갖도록 도와 줍니다.

2. 골3:12-17, 그리스도인의 덕스러움은 어떠한 것들입니까?

골 3:12, 그러므로 너희는 하나님의 택하신 거룩하고 사랑하신 자처럼 긍휼과 자비와 겸손과 온유와 오래 참음을 옷 입고
13, 누가 뉘게 혐의가 있거든 서로 용납하여 피차 용서하되 주께서 너희를 용서하신 것과 같이 너희도 그리하고
14, 이 모든 것 위에 사랑을 더하라 이는 온전하게 매는 띠니라
15, 그리스도의 평강이 너희 마음을 주장하게 하라 평강을 위하여 너희가 한 몸으로 부르심을 받았나니 또한 너희는 감사하는 자가 되라
16, 그리스도의 말씀이 너희 속에 풍성히 거하여 모든 지혜로 피차 가르치며 권면하고 시와 찬미와 신령한 노래를 부르며 마음에 감사함으로 하나님을 찬양하고
17, 또 무엇을 하든지 말에나 일에나 다 주 예수의 이름으로 하고 그를 힘입어 하나님 아버지께 감사하라

1) 12절은 긍휼(사람의 죄나 모자람에 대하여 불쌍히 여기는 마음)

자비(사람의 결핍이나 장애에 대하여 불쌍히 여기는 마음)

겸손(하나님 앞에서나 사람 앞에서 잘 난 체 하지 아니하고 자기의 부족을 느끼며 낮아지는 마음)

온유(하나님과 사람에게 부드럽게 접근하는 마음)

오래 참음

2) 13-15절은 용납과 용서(있는 그대로 받아 주고 용서하는 것)

사랑(서로의 유익과 선을 위하여 적극적으로 기여하고자 하는 것)

평강 즉 화평, 화목(서로 사랑과 이해로 사이 좋게 지내는 것)

3) 16-17절은 말씀이 풍성히 거하게 하여 말씀 중심으로 산다

시와 찬미와 신령한 노래로 찬양하는 삶

감사와 찬양의 하나님 중심의 삶

말에나 일에나 예수 이름으로 하고 하나님의 영광을 구하는 삶

적용 질문 적용 질문을 통하여 자신이 모자람을 깨닫고 하나님과 사람에게 선하고 덕스러운 삶을 살도록 격려합니다.

3. **약3:13-18, 위로부터 온 것과 아래로부터 난 것을 비교해 보세요**

   약 3:13, 너희 중에 지혜와 총명이 있는 자가 누구뇨 그는 선행으로 말미암아 지혜의 온유함으로 그 행함을 보일지니라

   14, 그러나 너희 마음 속에 독한 시기와 다툼이 있으면 자랑하지 말라 진리를 거스려 거짓하지 말라

   15, 이러한 지혜는 위로부터 내려온 것이 아니요 세상적이요 정욕적이요 마귀적이니

   16, 시기와 다툼이 있는 곳에는 요란과 모든 악한 일이 있음이니라

   17, 오직 위로부터 난 지혜는 첫째 성결하고 다음에 화평하고 관용하고 양순하며 긍휼과 선한 열매가 가득하고 편벽과 거짓이 없나니

   18, 화평케 하는 자들은 화평으로 심어 의의 열매를 거두느니라

위로부터 온 것		아래에서 난 것
성결	선한 열매	독한 시기
화평	편벽되지 않은	다툼
관용	거짓없음	거짓
양순	의	요란
긍휼		악한 일

위의 단어들은 상식 선에서 설명하고 중요한 것은 위로부터 온 삶을 살아야 한다는 것을 강조합니다.

적용 질문 적용 질문을 통하여 위로부터 온 삶을 격려 합니다.

4. 갈5:16-26, 성령의 열매와 타락한 본성의 육체적 삶의 열매를 비교해 보십시오

갈 5:16, 내가 이르노니 너희는 성령을 좇아 행하라 그리하면 육체의 욕심을 이루지 아니하리라

17, 육체의 소욕은 성령을 거스리고 성령의 소욕은 육체를 거스리나니 이 둘이 서로 대적함으로 너희의 원하는 것을 하지 못하게 하려 함이니라

18, 너희가 만일 성령의 인도하시는 바가 되면 율법 아래 있지 아니하리라

19, 육체의 일은 현저하니 곧 음행과 더러운 것과 호색과

20, 우상 숭배와 술수와 원수를 맺는 것과 분쟁과 시기와 분냄과 당짓는 것과 분리함과 이단과

21, 투기와 술 취함과 방탕함과 또 그와 같은 것들이라 전에 너희에게 경

계한 것같이 경계하노니 이런 일을 하는 자들은 하나님의 나라를 유업으로 받지 못할 것이요

22, 오직 성령의 열매는 사랑과 희락과 화평과 오래 참음과 자비와 양선과 충성과

23, 온유와 절제니 이같은 것을 금지할 법이 없느니라

24, 그리스도 예수의 사람들은 육체와 함께 그 정과 욕심을 십자가에 못 박았느니라

25, 만일 우리가 성령으로 살면 또한 성령으로 행할지니

26, 헛된 영광을 구하여 서로 격동하고 서로 투기하지 말지니라

성령의 열매		육체의 열매		
사랑	영손	음행	원수 맺음	분리함
희락	충성	더러운 것	분쟁	이단
화평	온유	호색	시기	투기
오래 참음	절제	우상숭배	분냄	술 취함
자비		술수	당 짓는 일	방탕

적용 질문 적용질문을 통하여 성령의 사람으로 살고 있는지 육체의 사람으로 살고 있는지 점검하고 성령으로 살기를 사모하고 기도하도록 격려합니다.

5. 고전9:19-22, 서로 다른 사람들에게 맞추어 주는 덕은 어떤 동기에

서 행해졌습니까?

> 고전 9:19, 내가 모든 사람에게 자유하였으나 스스로 모든 사람에게 종이 된 것은 더 많은 사람을 얻고자 함이라
> 20, 유대인들에게는 내가 유대인과 같이 된 것은 유대인들을 얻고자 함이요 율법 아래 있는 자들에게는 내가 율법 아래 있지 아니하나 율법 아래 있는 자같이 된 것은 율법 아래 있는 자들을 얻고자 함이요
> 21, 율법 없는 자에게는 내가 하나님께는 율법 없는 자가 아니요 도리어 그리스도의 율법 아래 있는 자나 율법 없는 자와 같이 된 것은 율법 없는 자들을 얻고자 함이요
> 22, 약한 자들에게는 내가 약한 자와 같이 된 것은 약한 자들을 얻고자 함이요 여러 사람에게 내가 여러 모양이 된 것은 아무쪼록 몇몇 사람들을 구원코자 함이니

바울 사도는 복음으로 저들을 구원하기 위하여 유대인에게는 유대인처럼 행하고 이방인에게는 이방인 같이 행하였다고 고백합니다.

또한 약한 자에게는 약한 모습으로 다가가 동정하고 여러 사람의 입장을 이해하고 공감하고 맞추는 노력은 위대한 것입니다.

이러한 것이 바로 덕스러운 모습이고 사람의 마음을 얻는 것입니다.

6. 엡4:13-15, 우리의 성숙의 목표는 누구입니까?

> 엡 4:13, 우리가 다 하나님의 아들을 믿는 것과 아는 일에 하나가 되어 온 전한 사람을 이루어 그리스도의 장성한 분량이 충만한 데까지 이르리니

14. 이는 우리가 이제부터 어린아이가 되지 아니하여 사람의 궤술과 간사한 유혹에 빠져 모든 교훈의 풍조에 밀려 요동치 않게 하려 함이라
15. 오직 사랑 안에서 참된 것을 하여 범사에 그에게까지 자랄지라 그는 머리니 곧 그리스도라

예수 그리스도의 분량에까지 성장해야 합니다.

미숙한 상태는 여전히 사람의 궤술 즉 사람의 꾀로 살아가는 일이 많고 간사한 유혹에 빠지기 쉽습니다.

그리고 이런 저런 교훈에 밀려 요동하고 흔들립니다.

성숙한 신앙이 되면 확신 가운데 있게 되지요.

적용 질문 적용 질문을 통하여 우리가 끊임 없이 그리스도의 분량까지 영적으로 자라가야 할 것을 다짐하고 말씀과 성령으로 자신을 성장시키는 노력을 하도록 격려합니다.

CHAPTER 7

섬김

1. 시10:17,잠11:2, 사29:19, 약4:6, 겸손한 사람이 얻는 축복이 무엇입니까?

> 시 10:17, 여호와여 주는 겸손한 자의 소원을 들으셨으니 저희 마음을 예비하시며 귀를 기울여 들으시고
> 잠 11:2, 교만이 오면 욕도 오거니와 겸손한 자에게는 지혜가 있느니라
> 사 29:19, 겸손한 자가 여호와를 인하여 기쁨이 더하겠고 사람 중 빈핍한 자가 이스라엘의 거룩하신 자를 인하여 즐거워하리니
> 약 4:6, 그러나 더욱 큰 은혜를 주시나니 그러므로 일렀으되 하나님이 교만한 자를 물리치시고 겸손한 자에게 은혜를 주신다 하였느니라

1) 겸손한 자의 소원과 기도를 들어 응답하십니다
2) 겸손한 자에게는 지혜가 주어집니다.
3) 겸손한 자는 하나님을 인하여 기쁨을 얻습니다
4) 겸손한 자에게 은혜를 주십니다.

> **적용 질문** 적용질문을 통하여 겸손할 때 얻게 된 축복 경험을 나누므로 서로 겸손을 장려합니다.

2. 겸손한 사람은 자신과 다른이를 어떻게 생각합니까?

롬 12:3, 내게 주신 은혜로 말미암아 너희 중 각 사람에게 말하노니 마땅히 생각할 그 이상의 생각을 품지 말고 오직 하나님께서 각 사람에게 나눠 주신 믿음의 분량대로 지혜롭게 생각하라

겸손한 사람은 자기의 분량을 알고 분량에 지나치는 생각을 하거나 잘난 체 하지 않습니다.

롬 12:10, 형제를 사랑하여 서로 우애하고 존경하기를 서로 먼저 하며

겸손한 사람은 다른 이를 먼저 존경합니다.

롬 12:16, 서로 마음을 같이 하며 높은 데 마음을 두지 말고 도리어 낮은 데 처하며 스스로 지혜 있는 체 말라

겸손한 사람은 마음을 낮은데 두고 지혜 있는 척, 잘난 체 하지 않습니다.

빌 2:3, 아무 일에든지 다툼이나 허영으로 하지 말고 오직 겸손한 마음으로 각각 자기보다 남을 낫게 여기고
4, 각각 자기 일을 돌아볼 뿐더러 또한 각각 다른 사람들의 일을 돌아보아 나의 기쁨을 충만케 하라

겸손한 사람은 자기보다 남을 낮게 즉 훌륭하게 여깁니다.

그래서 자기만이 할 수 있는 것처럼 설쳐대지 아니하고 자기가 할 수 있는 일을 하고 다른 사람의 일을 돌아보아 협력합니다.

> `적용 질문` 적용 질문을 통하여 자신이 겸손한지 교만한지 점검하여 보고 겸손을 다짐 할 수 있게 합니다.

3. 벧전5:5-6 교만과 겸손의 결과는 각각 어떤 것입니까?

벧전 5:5, 젊은 자들아 이와 같이 장로들에게 순복하고 다 서로 겸손으로 허리를 동이라 하나님이 교만한 자를 대적하시되 겸손한 자들에게는 은혜를 주시느니라
6, 그러므로 하나님의 능하신 손 아래서 겸손하라 때가 되면 너희를 높이시리라

교만한 자는 하나님이 대적합니다.
하나님의 대적이 된다는 것은 얼마나 무서운 일입니까?
겸손한 자는 하나님이 은혜를 주십니다.
하나님의 대적이 되지 아니하고 은혜를 받고 살려면 겸손해야 합니다.

> `적용 질문` 적용 질문을 통하여 교만은 하나님의 대적임을 다시 깨닫게 하고 하나님의 대적이 된 경험 이야기를 나누어 하나님의 대적이 되지 않도록 겸손을 권장합니다.

4. 빌2:1-8바울 사도가 권면하는 공동체적 태도는 무엇입니까?

빌 2:1, 그러므로 그리스도 안에 무슨 권면이나 사랑에 무슨 위로나 성령의 무슨 교제나 긍휼이나 자비가 있거든
2, 마음을 같이하여 같은 사랑을 가지고 뜻을 합하며 한 마음을 품어
3, 아무 일에든지 다툼이나 허영으로 하지 말고 오직 겸손한 마음으로 각각 자기보다 남을 낫게 여기고
4, 각각 자기 일을 돌아볼 뿐더러 또한 각각 다른 사람들의 일을 돌아보아 나의 기쁨을 충만케 하라
5, 너희 안에 이 마음을 품으라 곧 그리스도 예수의 마음이니
6, 그는 근본 하나님의 본체시나 하나님과 동등됨을 취할 것으로 여기지 아니하시고
7, 오히려 자기를 비어 종의 형체를 가져 사람들과 같이 되었고
8, 사람의 모양으로 나타나셨으매 자기를 낮추시고 죽기까지 복종하셨으니 곧 십자가에 죽으심이라

1) 긍휼과 자비를 전제로 하여
2) 마음을 같이 하여 한 마음을 품고
3) 사랑을 가지고 뜻을 합하며
4) 다툼이나 허영으로 하지 말고
5) 겸손한 마음으로 남을 낫게 여기고
6) 남의 일도 돌아보아 협력하는 마음입니다

예수님은

1) 종의 형체를 지니시고

2) 사람의 모양으로 낮아 내려 오시고

3) 십자가에 죽기까지 복종하는 모습으로 낮아지셨습니다.

우리도 낮아짐을 통하여 하나님의 뜻을 이루어 나가는 것입니다.

적용 질문　적용 질문을 통하여 낮아지는 것이 제자의 도리임을 확인하고 낮아지는 연습을 장려합니다.

5. 요13:1-17 예수님이 보여주신 겸손과 섬김의 모본은 어떤 것입니까?

요 13:1, 유월절 전에 예수께서 자기가 세상을 떠나 아버지께로 돌아가실 때가 이른 줄 아시고 세상에 있는 자기 사람들을 사랑하시되 끝까지 사랑하시니라

2, 마귀가 벌써 시몬의 아들 가룟 유다의 마음에 예수를 팔려는 생각을 넣었더니

3, 저녁 먹는 중 예수는 아버지께서 모든 것을 자기 손에 맡기신 것과 또 자기가 하나님께로부터 오셨다가 하나님께로 돌아가실 것을 아시고

4, 저녁 잡수시던 자리에서 일어나 겉옷을 벗고 수건을 가져다가 허리에 두르시고

5, 이에 대야에 물을 담아 제자들의 발을 씻기시고 그 두르신 수건으로 씻기기를 시작하여

6, 시몬 베드로에게 이르시니 가로되 주여 주께서 내 발을 씻기시나이까

7, 예수께서 대답하여 가라사대 나의 하는 것을 네가 이제는 알지 못하나 이후에는 알리라

8, 베드로가 가로되 내 발을 절대로 씻기지 못하시리이다 예수께서 대답하시되 내가 너를 씻기지 아니하면 네가 나와 상관이 없느니라

9, 시몬 베드로가 가로되 주여 내 발뿐 아니라 손과 머리도 씻겨 주옵소서

10, 예수께서 가라사대 이미 목욕한 자는 발밖에 씻을 필요가 없느니라 온 몸이 깨끗하니라 너희가 깨끗하나 다는 아니니라 하시니

11, 이는 자기를 팔 자가 누구인지 아심이라 그러므로 다는 깨끗지 아니하다 하시니라

12, 저희 발을 씻기신 후에 옷을 입으시고 다시 앉아 저희에게 이르시되 내가 너희에게 행한 것을 너희가 아느냐

13, 너희가 나를 선생이라 또는 주라 하니 너희 말이 옳도다 내가 그러하다

14, 내가 주와 또는 선생이 되어 너희 발을 씻겼으니 너희도 서로 발을 씻기는 것이 옳으니라

15, 내가 너희에게 행한 것같이 너희도 행하게 하려 하여 본을 보였노라

16, 내가 진실로 진실로 너희에게 이르노니 종이 상전보다 크지 못하고 보냄을 받은 자가 보낸 자보다 크지 못하니

17, 너희가 이것을 알고 행하면 복이 있으리라

예수님은 자신이 물을 준비하고 엎드려 제자들의 발을 씻겨 주시므로 서로 겸손하게 섬기는 자의 자리에 서도록 가르치셨습니다.

예수님의 제자들은 예수님의 섬김의 도를 따르는 사람들입니다.

예수님은 너희도 서로 발을 씻기라 하였습니다.

낮아지고 섬기는 삶을 살라는 것입니다.

> `적용 질문` 적용 질문을 통하여 겸손히 섬기는 자의 삶을 살아가도록 다짐합니다.

6. 마20:26-28, 막10:43-45, 눅22:27 어떤 사람이 위대한 사람입니까?

   마 20:26, 너희 중에는 그렇지 아니하니 너희 중에 누구든지 크고자 하는 자는 너희를 섬기는 자가 되고
   27, 너희 중에 누구든지 으뜸이 되고자 하는 자는 너희 종이 되어야 하리라
   28, 인자가 온 것은 섬김을 받으려 함이 아니라 도리어 섬기려 하고 자기 목숨을 많은 사람의 대속물로 주려 함이니라
   막 10:43, 너희 중에는 그렇지 아니하니 너희 중에 누구든지 크고자 하는 자는 너희를 섬기는 자가 되고
   44, 너희 중에 누구든지 으뜸이 되고자 하는 자는 모든 사람의 종이 되어야 하리라
   45, 인자의 온 것은 섬김을 받으려 함이 아니라 도리어 섬기려 하고 자기 목숨을 많은 사람의 대속물로 주려 함이니라
   눅 22:27, 앉아서 먹는 자가 크냐 섬기는 자가 크냐 앉아 먹는 자가 아니냐 그러나 나는 섬기는 자로 너희 중에 있노라

섬기는 자가 가장 위대하다고 가르치십니다.

사람은 큰 체 하고 섬김을 받으려 합니다.

그러나 섬기는 자가 가장 위대한 자라고 예수님은 제자도를 그렇게 섬기는 자의 삶으로 가르칩니다.

> `적용 질문` 적용 질문을 통하여 섬김을 받는 태도에서 섬기는 자의 태도로 바꾸도록 격려합니다.

7. 롬7:6, 12:6-7, 고후8:4 섬김의 능력은 무엇입니까?

> 롬 7:6, 이제는 우리가 얽매였던 것에 대하여 죽었으므로 율법에서 벗어 났으니 이러므로 우리가 영의 새로운 것으로 섬길 것이요 의문의 묵은 것으로 아니할지니라
> 롬 12:6, 우리에게 주신 은혜대로 받은 은사가 각각 다르니 혹 예언이면 믿음의 분수대로
> 7, 혹 섬기는 일이면 섬기는 일로, 혹 가르치는 자면 가르치는 일로
> 고후 8:4, 이 은혜와 성도 섬기는 일에 참여함에 대하여 우리에게 간절히 구하니

우리는 성령을 받을 때, 성령이 충만할 때 성령의 은혜로, 성령의 은사로 섬기는 마음과 섬기는 자세가 자연스럽게 되고 섬기고자 하는 자원하는 마음과 능력을 얻게 됩니다.

성령의 사람은 섬기는 사람이 될 수 있습니다.

> `적용 질문` 적용 질문을 통하여 성령 받아 섬기는 자로 살도록 기도하게 합니다. 섬김의 성령을 받도록 말입니다.

CHAPTER 8

언어

1. 잠13:2, 언어의 중요성을 어떻게 말합니까?

잠 13:2, 사람은 입의 열매로 인하여 복록을 누리거니와 마음이 궤사한 자는 강포를 당하느니라

사람은 입술의 열매로 복을 누린다고 합니다. 우리가 언어를 사용 할 때 참 복된 언어, 긍정적인 언어, 믿음의 언어를 사용해야 할 것입니다.

2. 민14:28-30, 언어의 중대성을 깨달아보고 어떤 배경에서 나온 말씀인지를 살펴 보며 어떤 말을 생활화 해야 할 것인지를 생각해 보세요.

민 14:28, 그들에게 이르기를 여호와의 말씀에 나의 삶을 가리켜 맹세하노라 너희 말이 내 귀에 들린 대로 내가 너희에게 행하리니

29, 너희 시체가 이 광야에 엎드러질 것이라 너희 이십 세 이상으로 계수함을 받은 자 곧 나를 원망한 자의 전부가

30, 여분네의 아들 갈렙과 눈의 아들 여호수아 외에는 내가 맹세하여 너희로 거하게 하리라 한 땅에 결단코 들어가지 못하리라

광야에서 열 두 명의 정탐들이 보고 할 때 열 명과 두 명이 아주 다른 분위기로 말합니다. 열 명은 부정적인 말로, 불신앙의 말로, 원망하는 태도로 말합니다. 가나안 땅은 황무지요, 사람을 삼키는 땅이며, 그곳 사람들은 크고 장대하며 힘이 세어 자신들은 메뚜기 같아 보이며 전쟁하면 질 수 밖에 없다고 불신앙의 말을 합니다.

　이 말을 들은 이스라엘 사람들은 모두 불평합니다. 그러나 여호수아와 갈렙은 그 땅이 아름다운 땅이요, 젖과 꿀이 흐르는 땅이라고 긍정적인 면을 부각시켜서 말합니다. 그리고 그 사람들이 크고 힘이 센 것은 사실이나 하나님이 우리와 함께 하시므로 우리가 이길 수 있으며 그들은 우리의 밥이라고 말합니다.

　이스라엘 무리는 부정적인 말, 불신앙의 말을 듣고 공동체적으로 불평합니다. 공동체적인 불평은 이스라엘 공동체를 와해시킵니다. 이때 하나님께서 진노하시면서 그들이 말한 대로 그들의 말이 하나님 귀에 들린 대로 이루어지게 하겠다고 하십니다. 그 결과 이스라엘은 40년 간 광야를 떠돌며 20세 이상의 사람들은 다 죽고, 당시 20세 미만의 새 세대와 긍정적으로 말하고 신앙적으로 말했던 여호수아와 갈렙 만이 가나안에 들어가게 됩니다.

　이로 보건대 첫째, 우리는 긍정적인 말을 해야겠습니다. 긍정적인 생각은 긍정적인 인생을 낳고 긍정적인 말은 긍정적인 역사를 만듭니다.

　둘째, 믿음의 말을 해야겠습니다.

믿음으로 말하면 하나님이 그 믿음의 말을 응답합니다.

셋째, 원망의 말이 아닌 감사의 말을 해야겠습니다.

적용 질문   적용질문을 통하여 믿음으로 감사하는 말을 하도록 결단하게 합니다.

3. 다음 성경구절을 보고 해서는 안 될 말과 권장할만한 말을 찾아 보세요.

잠 12:25, 근심이 사람의 마음에 있으면 그것으로 번뇌케 하나 선한 말은 그것을 즐겁게 하느니라

잠 15:1, 유순한 대답은 분노를 쉬게 하여도 과격한 말은 노를 격동하느니라

잠 15:23, 사람은 그 입의 대답으로 말미암아 기쁨을 얻나니 때에 맞은 말이 얼마나 아름다운고

엡 4:29, 무릇 더러운 말은 너희 입 밖에도 내지 말고 오직 덕을 세우는 데 소용되는 대로 선한 말을 하여 듣는 자들에게 은혜를 끼치게 하라

엡 5:4, 누추함과 어리석은 말이나 희롱의 말이 마땅치 아니하니 돌이켜 감사하는 말을 하라

골 4:6, 너희 말을 항상 은혜 가운데서 소금으로 고루게 함같이 하라 그리하면 각 사람에게 마땅히 대답할 것을 알리라

살전 2:5, 너희도 알거니와 우리가 아무 때에도 아첨의 말이나 탐심의 탈을 쓰지 아니한 것을 하나님이 증거하시느니라

살전 4:18, 그러므로 이 여러 말로 서로 위로하라

약 3:1, 내 형제들아 너희는 선생 된 우리가 더 큰 심판 받을 줄을 알고 많이 선생이 되지 말라

2, 우리가 다 실수가 많으니 만일 말에 실수가 없는 자면 곧 온전한 사람이

라 능히 온 몸도 굴레 씌우리라

3, 우리가 말을 순종케 하려고 그 입에 재갈 먹여 온 몸을 어거하며
4, 또 배를 보라 그렇게 크고 광풍에 밀려가는 것들을 지극히 작은 키로 사공의 뜻대로 운전하나니
5, 이와 같이 혀도 작은 지체로되 큰 것을 자랑하도다 보라 어떻게 작은 불이 어떻게 많은 나무를 태우는가
6, 혀는 곧 불이요 불의의 세계라 혀는 우리 지체 중에서 온 몸을 더럽히고 생의 바퀴를 불사르나니 그 사르는 것이 지옥 불에서 나느니라
7, 여러 종류의 짐승과 새며 벌레와 해물은 다 길들므로 사람에게 길들었거니와
8, 혀는 능히 길들일 사람이 없나니 쉬지 아니하는 악이요 죽이는 독이 가득한 것이라
9, 이것으로 우리가 주 아버지를 찬송하고 또 이것으로 하나님의 형상대로 지음을 받은 사람을 저주하나니
10, 한 입으로 찬송과 저주가 나는도다 내 형제들아 이것이 마땅치 아니하니라
11, 샘이 한 구멍으로 어찌 단 물과 쓴 물을 내겠느뇨
12, 내 형제들아 어찌 무화과나무가 감람 열매를, 포도나무가 무화과를 맺겠느뇨 이와 같이 짠 물이 단 물을 내지 못하느니라

	해서는 안될말	권장할 말
잠12:25		선한 말
잠15:1	과격한 말	유순한 말
잠15:23		때에 맞는 말
엡4:29	더러운 말	덕을 세우는 말, 선한 말

	해서는 안될말	권장할 말
엡5:4	누추한 말, 어리석은 말, 희롱의 말	감사하는 말
골4:6		소금으로 고르게 한 말
살전2:5	아첨의 말	
살전4:18		위로의 말
약3:1-12	저주하는 말	찬송하는 말

적용 질문 적용 질문을 통하여 긍정적이며 성경적 언어생활을 하도록 격려 합니다.

4. 사6:6-7 어떻게 해야 언어생활이 거룩해 질 수 있을까요?

사 6:6, 때에 그 스랍의 하나가 화저로 단에서 취한 바 핀 숯을 손에 가지고 내게로 날아와서
7, 그것을 내 입에 대며 가로되 보라 이것이 네 입에 닿았으니 네 악이 제하여졌고 네 죄가 사하여졌느니라 하더라

불로 입을 태우므로 거룩한 입이 되게 하셨습니다.
성령의 불을 받아 성령의 은혜로 언어생활이 거룩해 져야 합니다.

적용 질문 적용 질문을 통하여 거룩한 언어생활도 중요한 기도제목임을 깨닫고 성령 받아 성령의 열매로 언어가 거룩해 지기를 사모하고 기도하게 합니다.

PART 3
더불어 살아가기

"더불어 살아가기"는 성도의 사회생활의 기본을 만드는 과정입니다. 가정생활을 시작으로 사회 모든 분야에서 그리스도인의 가치관을 가지고 인간 관계를 형성하며 도덕적 삶을 추구하게 합니다. 가정, 경제, 정치적 시민생활 환경 문제와 라이프스타일을 다루게 됩니다. 여덟 과를 공부하는 동안 세 권의 책을 필독서로 읽도록 되어 있습니다. 두 주에 한 권씩 읽도록 합니다. 초반에 다 읽도록 하는 것이 도움이 됩니다. 읽고 소감문을 써 오도록 합니다. 노인들의 경우가 아니라면 책을 읽고 반드시 소감문을 써 오도록 해야 합니다. 첫 시간에 이러한 사항을 미리 알려 주고 보고서 받는 날을 예시합니다. 보고서는 두 주에 한 번씩 받아 두십시오. 그리고 소감문 보고서를 다 읽고 격려하여 되돌려 줍니다. 교재를 공부할 때 성경지식이 목적이 아니고 말씀대로 변화되고 살아가는 것이 중요합니다. 이를 위하여 모이면 먼저 찬양하고 Q.T 한 것을 나누고 공부합니다. 교재 공부가 끝나면 기도하는 시간을 가져야 합니다. 말씀에 반응하여 결단하거나 고백하는 기도와 중보기도 훈련을 하면서 기도하는 제자훈련 그룹을 또는 학교를 만들어 가야 합니다. 기도 없이는 제자훈련이 공허하게 됩니다. 말씀과 기도로 성령 체험을 함께 하는 학습이 되게 해야 합니다

"더불어 살아가기"는 성도의 사회생활의 기본을 만드는 과정입니다.

가정생활을 시작으로 사회 모든 분야에서 그리스도인의 가치관을 가지고 인간관계를 형성하며 도덕적 삶을 추구하게 합니다.

가정, 경제, 정치적 시민생활 환경 문제와 라이프스타일을 다루게 됩니다.

여덟 과를 공부하는 동안 세 권의 책을 필독서로 읽도록 되어 있습니다.

두 주에 한 권씩 읽도록 합니다.

초반에 다 읽도록 하는 것이 도움이 됩니다.

읽고 소감문을 써 오도록 합니다.

노인들의 경우가 아니라면 책을 읽고 반드시 소감문을 써 오도록 해야 합니다.

첫 시간에 이러한 사항을 미리 알려 주고 보고서 받는 날을 예시합니다.

보고서는 두 주에 한 번씩 받아 두십시오.

그리고 소감문 보고서를 다 읽고 격려하여 되돌려 줍니다.

교재를 공부할 때 성경지식이 목적이 아니고 말씀대로 변화되고 살아가는 것이 중요합니다.

이를 위하여 모이면 먼저 찬양하고 Q.T 한 것을 나누고 공부합니다.

교재 공부가 끝나면 기도하는 시간을 가져야 합니다.

말씀에 반응하여 결단하거나 고백하는 기도와 중보기도 훈련을 하면서 기도하는 제자훈련 그룹을 또는 학교를 만들어 가야 합니다.

기도 없이는 제자훈련이 공허하게 됩니다.

말씀과 기도로 성령 체험을 함께 하는 학습이 되게 해야 합니다

CHAPTER 1
가정

1. 잠15:16-17 복된 가정의 두 가지 기본 요건은 무엇입니까?

잠 15:16, 가산이 적어도 여호와를 경외하는 것이 크게 부하고 번뇌하는 것보다 나으니라
17, 여간 채소를 먹으며 서로 사랑하는 것이 살진 소를 먹으며 서로 미워하는 것보다 나으니라

첫째는 여호와를 경외하는 일입니다.
가정에 하나님을 모시고 하나님을 섬기며 하나님 뜻대로 살아가는 것입니다.
하나님께서 가정을 온전케 하십니다.
둘째는 서로 사랑하는 것입니다.
사랑의 원리가 늘 앞서는 것입니다.
"돈 못 벌어 오니까 밉지." 이런 말은 안됩니다.
돈이 앞서는 원리가 되면 안됩니다.
사랑이 지배하고 사랑이 이끄는 가정이 되어야 합니다.

하나님의 사랑에 근거한 서로 사랑하는 가정이 복된 가정의 절대 조건이 되는 것입니다.

적용 질문 적용 질문을 통하여 가정의 절대 조건이 세워지고 있는지 점검하고 그렇게 살도록 이끌어 줍니다.

2. 창2:20-25, 부부관계의 원리는 무엇입니까?

창 2:20, 아담이 모든 육축과 공중의 새와 들의 모든 짐승에게 이름을 주니라 아담이 돕는 배필이 없으므로
21, 여호와 하나님이 아담을 깊이 잠들게 하시니 잠들매 그가 그 갈빗대 하나를 취하고 살로 대신 채우시고
22, 여호와 하나님이 아담에게서 취하신 그 갈빗대로 여자를 만드시고 그를 아담에게로 이끌어 오시니
23, 아담이 가로되 이는 내 뼈 중의 뼈요 살 중의 살이라 이것을 남자에게서 취하였은즉 여자라 칭하리라 하니라
24, 이러므로 남자가 부모를 떠나 그 아내와 연합하여 둘이 한 몸을 이룰지로다
25, 아담과 그 아내 두 사람이 벌거벗었으나 부끄러워 아니하니라

부부관계의 원리는 무엇보다도 한 몸의 원리 입니다.

둘이 아니고 한 몸으로 살아간다는 것입니다.

한 몸으로 살아가는 원리에 충실하면 상대방을 탓하고 책임 전가하는 일은 없고 더불어 책임지고 서로 아끼는 사이가 됩니다.

하와는 아담의 갈빗대로 만들어졌습니다.

그러므로 한 몸임을 나타내기도 하거니와 높낮이도 생각할 필요가 없습니다.

한 몸일 뿐입니다.

부모를 떠나서 한 몸을 이룬다는 것은 부모로부터의 독립성과 자립성을 나타낼 뿐 아니라 부모보다 우선하는 한 몸의 관계가 됨을 의미합니다.

부모를 버리라는 부정적 의미이기 보다는 부모에게 매여 있지 말고 둘이 더욱 하나 되라는 긍정적 의미가 중요하지요.

우리 촌수에도 부모와 자식간에는 1촌이 존재하지만 부부 사이에는 촌수가 없이 무촌 즉 한 몸입니다.

부부가 하나가 되어서 부모를 함께 섬기는 것이 아름다운 것이지요.

적용 질문 적용질문을 통하여 부부관계에 온전한 하나 됨을 이루는지 점검하고 그렇게 살아가도록 격려합니다.

3. 엡5:22-25 부부관계의 질서는 무엇입니까?

엡 5:22, 아내들이여 자기 남편에게 복종하기를 주께 하듯 하라
23, 이는 남편이 아내의 머리 됨이 그리스도께서 교회의 머리 됨과 같음이니 그가 친히 몸의 구주시니라
24, 그러나 교회가 그리스도에게 하듯 아내들도 범사에 그 남편에게 복종할지니라
25, 남편들아 아내 사랑하기를 그리스도께서 교회를 사랑하시고 위하여

자신을 주심같이 하라

부부는 함 몸의 원리로 살아갑니다.
그러나 문자적으로는 하나가 아니고 둘이 분명합니다.
둘인데 하나로 살아가는 것입니다.
그래서 한 몸 된 원리로 살지만 둘이 하나되는 공동체이기에 둘 중에 대표를 세우게 됩니다. 그런데 하나님은 인간이 서로 대표가 되려는 싸움으로 인생을 소진하고 가정이 파괴될 것을 우려하셨는지 가정의 대표는 남편 또는 아버지가 되도록 섭리하였습니다.
남편을 대표로 하여 하나되도록 하신 것이지요.
그래서 그만큼 남편의 책임은 커지므로 남편이 대표로 서도록 질서를 세워주고 아내는 남편의 대표로서의 위상을 세워주는 지혜로 살아가면 가정이 평안하고 복된 모습으로 만들어져 갑니다. 그러나 이것은 어디까지나 가정의 평안과 행복을 위한 섭리이지 남편 우월주의나 남존여비의 근거가 될 수 없습니다.
아내는 남편에게 복종하기를 주님께 하듯 하라 하였습니다.
우리가 주님을 경외하고 그 분의 뜻에 복종하듯이 주님께서 세우신 섭리에 복종하여 남편을 대표로 세워 주라는 것입니다.
남편은 주께서 우리를 사랑하신 것처럼 목숨 걸고 아내를 사랑하라 합니다.

가족을 위하여 목숨을 버리는 사랑이 가장의 책임인 것이지요.

적용 질문   적용질문을 통하여 하나님의 섭리를 따라 서로 복종하고 사랑하는 하나님이 세우신 질서를 좇아 건강한 가정 만들기를 힘쓰도록 격려합니다.

4. 잠23:22-26 부모에 대한 참 효도는 어떻게 이루어집니까?

잠 23:22, 너 낳은 아비에게 청종하고 네 늙은 어미를 경히 여기지 말지니라
23, 진리를 사고서 팔지 말며 지혜와 훈계와 명철도 그리할지니라
24, 의인의 아비는 크게 즐거울 것이요 지혜로운 자식을 낳은 자는 그를 인하여 즐거울 것이니라
25, 네 부모를 즐겁게 하며 너 낳은 어미를 기쁘게 하라
26, 내 아들아 네 마음을 내게 주며 네 눈으로 내 길을 즐거워할지어다

부모를 청종하고 존중하며 특히 부모의 마음을 알아 기쁘게 하는 것입니다. 무엇보다 부모를 소중히 여기는 태도와 부모의 마음을 즐겁게 하는 것이 진정한 효도라 하겠지요.

적용 질문   적용질문을 통하여 부모의 마음을 기쁘게 해 드리는 효도의 마음을 품게 합니다.

5. 잠22:6, 23:13-14, 자녀를 어떻게 교육해야 합니까?

잠 22:6, 마땅히 행할 길을 아이에게 가르치라 그리하면 늙어도 그것을 떠나지 아니하리라

잠 23:13, 아이를 훈계하지 아니치 말라 채찍으로 그를 때릴지라도 죽지 아니하리라

14, 그를 채찍으로 때리면 그 영혼을 음부에서 구원하리라

마땅히 행할 길을 가르치되 훈계, 훈련하고 징계하는 교육을 하라고 합니다. 두들겨 패라는 것이 아니라 매를 대더라도 분명히 가르치고 훈련하라는 것입니다. 과잉 보호, 과잉 사랑이 아니라 진정한 사랑의 매는 깊은 교육을 하게 됩니다.

적용 질문 적용질문을 통하여 자녀들을 과잉보호 하여 이기적인 아이로 양육하지는 않은지 또는 그 반대로 너무 자주 때리고 경멸하여 상처를 주고 있지는 않은지 점검하고 적절한 사랑과 훈계로 자녀를 양육하는 지혜를 얻도록 도와 줍니다.

6. 엡6:1-4, 부모와 자식간의 관계는 어떠해야 합니까?

엡 6:1, 자녀들아 너희 부모를 주 안에서 순종하라 이것이 옳으니라

2, 네 아버지와 어머니를 공경하라 이것이 약속 있는 첫 계명이니

3, 이는 네가 잘 되고 땅에서 장수하리라

4, 또 아비들아 너희 자녀를 노엽게 하지 말고 오직 주의 교양과 훈계로 양육하라

자녀가 부모에게

1) 주안에서 순종하는 것입니다.

순종이란 부모의 말에 귀를 기울이고 그의 마음을 읽고 알아차리고 따르는 것을 말합니다. 그렇다고 맹목적으로 복종하여 악한 것도 순종하라는 것은 아니며 주 안에서 순종하라는 것은 주님을 섬기는 마음으로 순종하라는 뜻입니다.

진리가 아닌 것은 문자적 순종이 아닌 마음의 진실로 순종하라는 것을 의미합니다.

2) 부모를 공경하라 하십니다.

공경은 받들고 존경하고 돌보아 드리는 것입니다.

일단 부모에 대하여는 존경하는 태도를 가져야 합니다.

그리고 부모님의 인생과 가르침을 인정하고 존중하여야 합니다.

부모가 자녀에게

1) 태도: 자녀를 노엽게 하지 말아야 합니다.

자녀가 어리더라도 인격체로 존중하고 사랑하는 가운데 교육하는 태도를 말합니다.

2) 내용: 주의 교양으로 양육하라 하십니다.

주님이 가르친 것들을 가르쳐야 합니다.

기독교의 영적 가치관, 제자도, 경건생활 등을 가르치라는 것입니다.

3) 방법: 훈계로 가르치라 합니다.

훈계는 훈련과 징계입니다.

훈련, 스스로 좋은 습관과 경건생활과 성실하게 사는 훈련을 어려서부터 해 나가고 징계, 때로는 사랑과 매가 공존하는 분명한 교육을 하라는 것입니다.

방치해 두어도 안되고 과잉보호도 안 좋습니다.

사랑이 전달되는 교육을 하되 사랑은 바르게 하는 것이어야 합니다.

(자세한 것은 이강천 지음; 우리가정은 천국일까? 참조)

적용 질문 적용질문을 통하여 성경 말씀과 자신들을 비교해 보고 깨달은 바를 적용하게 이끌어 줍니다.

7. 수24:15, 행16:31 신앙의 어떤 성격이 강조 되어 있습니까?

- 수 24:15, 만일 여호와를 섬기는 것이 너희에게 좋지 않게 보이거든 너희 열조가 강 저편에서 섬기던 신이든지 혹 너희의 거하는 땅 아모리 사람의 신이든지 너희 섬길 자를 오늘날 택하라 오직 나와 내 집은 여호와를 섬기겠노라
- 행 16:31, 가로되 주 예수를 믿으라 그리하면 너와 네 집이 구원을 얻으리라 하고

여호수아는 말하기를 나와 내 집은 여호와를 섬기겠노라고 선포합니다.
사도행전은 예수를 믿으면 너와 네 집이 구원을 얻으리라고 하십니다.

나와 내 집 너와 네 집, 이는 신앙은 개인적일 뿐 아니라 가정적이어야 함을 강조 합니다.

온 가족이 예수를 믿을 뿐 아니라 가정적으로 하나님을 예배해야 합니다. 온 가족이 신앙생활을 한다고 자동적으로 가정적 신앙이 되는 것이 아닙니다. 가정적으로 하나님을 예배하고 섬겨야 합니다.

이를 위하여는 가정예배가 중요합니다.

적용 질문 적용 질문을 통하여 가정적으로 하나님을 섬기는 가정예배를 드리도록 이끌어 줍니다.

CHAPTER 2

직업

1. 창2:15, 3:17-19을 비교해 볼 때 성서적 노동관은 무엇이겠습니까?

   창 2:15, 여호와 하나님이 그 사람을 이끌어 에덴 동산에 두사 그것을 다 스리며 지키게 하시고

   창 3:17, 아담에게 이르시되 네가 네 아내의 말을 듣고 내가 너더러 먹지 말라 한 나무 실과를 먹었은즉 땅은 너로 인하여 저주를 받고 너는 종신토록 수고하여야 그 소산을 먹으리라

   18, 땅이 네게 가시덤불과 엉겅퀴를 낼 것이라 너의 먹을 것은 밭의 채소인즉

   19, 네가 얼굴에 땀이 흘러야 식물을 먹고 필경은 흙으로 돌아가리니 그 속에서 네가 취함을 입었음이라 너는 흙이니 흙으로 돌아갈 것이니라 하시니라

   노동은 하나님의 축복이었습니다.

   노동은 창조시의 소명이었습니다.

   하나님은 지구를 만드시고 또 에덴 동산을 조성하시고 지구의 모든 일들을 사람에게 맡기시고 또 에덴 동산을 지키고 가꾸고 보전하는 일

을 사람에게 맡기셨습니다.

그래서 사람은 타락하기 이전부터 노동을 하게 되어 있었습니다.

그 노동은 아름다운 환경을 가꾸고 지키고 보전하는 즐거운 행위였지요. 그런데 인간이 타락한 이후에는 얼굴에 땀이 흘러야 먹는 그래서 먹고 살기 위한 투쟁으로서 노동이 힘들고 고통스러운 것이 되었습니다.

노동이 저주가 된 셈이지요.

오늘 우리는 좌우간 노동을 하지 않으면 생산 활동을 하지 않으면 살 수가 없습니다.

그러나 그리스도인은 노동을 하지 않으면 살 수 없다는 현실적 차원에서도 일을 하지만 사실은 타락 이전의 축복으로서의 노동을 생각하고 즐거운 마음으로 생산활동에 참여하여 노동을 즐거워하는 마음으로 살아가야 합니다.

적용 질문 적용 질문을 통하여 직업을 소명으로 축복으로 인식하고 성실하도록 이끌어 줍니다.

2. 엡6:5-8, 당신이 고용된 직장인이라면 어떤 태도로 일해야 합니까?

엡 6:5, 종들아 두려워하고 떨며 성실한 마음으로 육체의 상전에게 순종하기를 그리스도께 하듯 하여

6, 눈가림만 하여 사람을 기쁘게 하는 자처럼 하지 말고 그리스도의 종들처럼 마음으로 하나님의 뜻을 행하여

7, 단 마음으로 섬기기를 주께 하듯 하고 사람들에게 하듯 하지 말라

8, 이는 각 사람이 무슨 선을 행하든지 종이나 자유하는 자나 주에게 그대로 받을 줄을 앎이니라

성실한 마음으로 일해야 합니다.

눈가림만 하는 식으로 일하는 것이 아니라 하나님 앞에서 성실해야 합니다.

주님을 섬기는 마음으로 해야 합니다.

적용 질문 적용 질문을 통하여 직장생활의 성실성을 다짐하게 합니다.

3. 다음 성경구절에서 당신이 다른 사람을 고용하고 있다면 취해야 할 자세가 무엇입니까?

레 19:13, 너는 네 이웃을 압제하지 말며 늑탈하지 말며 품꾼의 삯을 아침까지 밤새도록 네게 두지 말며

적절한 봉급을 제때에 주는 것을 말씀합니다.

근로자를 적절히 대우해 주어야 합니다.

노동착취가 되어서는 안되지요.

말 3:5, 내가 심판하러 너희에게 임할 것이라 술수하는 자에게와 간음하는 자에게와 거짓 맹세하는 자에게와 품꾼의 삯에 대하여 억울케 하며 과부와 고아를 압제하며 나그네를 억울케 하며 나를 경외치 아니하는 자들에게 속히 증거하리라 만군의 여호와가 말하였느니라

여러 가지 말씀 중에 품꾼의 삶에 대하여 억울하게 하는 자는 심판을 받으리라고 하십니다.

위에서 말한 것과 같지요. 적절한 임금을 주고 대우하여 노동이 즐거운 것이 되도록 해 주는 배려가 필요합니다.

그리스도인 고용주는 고용인의 행복을 책임지고 있다고 생각하며 그들을 대우해야 합니다.

> 엡 6:9, 상전들아 너희도 저희에게 이와 같이 하고 공갈을 그치라 이는 저희와 너희의 상전이 하늘에 계시고 그에게는 외모로 사람을 취하는 일이 없는 줄 너희가 앎이니라

고용주도 고용인에게 성실한 자세로 하나님 앞에서 살아가는 자세로 하고 공갈 즉 약자를 위협하는 자세로 대하지 말고 형제처럼 대하라는 것입니다.

> 약 5:4, 보라 너희 밭에 추수한 품꾼에게 주지 아니한 삯이 소리지르며 추수한 자의 우는 소리가 만군의 주의 귀에 들렸느니라

이 역시 품삯에 대하여 임금에 대하여 말하고 있습니다.

근로자를 대할 때 일을 시켜 이윤을 남길까 하는 데만 신경 쓰는 것이 아니라 근로자를 어떻게 복되게 할까 생각하며 더불어 복을 누리도록 해야 합니다.

적용 질문 적용 질문을 통하여 고용된 사람들에게 선하게 대우하는

그리스도인 사업가가 되게 지도합니다.

4. 전9:10 우리의 일하는 근본적인 태도는 어떠해야 합니까?

전 9:10, 무릇 네 손이 일을 당하는 대로 힘을 다하여 할지어다 네가 장차 들어갈 음부에는 일도 없고 계획도 없고 지식도 없고 지혜도 없음이니라

힘을 다하여 열심히 일하는 것입니다.

할 수 없이 밥 먹고 살기 위하여 어쩔 수 없이 하는 그런 태도로 일하는 것은 불행합니다.

하나님은 일을 할 때 열심을 다하여 하라고 합니다.

과로할 지경으로 할 수야 없지만 열심으로 즐거움으로 일하는 것이 중요합니다.

일 자체를 즐겨야 합니다.

적용 질문 적용 질문을 통하여 일을 즐기는 직장생활을 하도록 이끌어 줍니다.

5. 고전 10:31-33, 빌1:20-21의 말씀을 직업현장에서 적용해 볼 때 당신의 직업 현장에서 무엇을 이루고자 하여야 합니까?

고전 10:31, 그런즉 너희가 먹든지 마시든지 무엇을 하든지 다 하나님의 영광을 위하여 하라 32, 유대인에게나 헬라인에게나 하나님의 교회에나 거치는 자가 되지 말고

33, 나와 같이 모든 일에 모든 사람을 기쁘게 하여 나의 유익을 구치 아니하고 많은 사람의 유익을 구하여 저희로 구원을 얻게 하라

빌 1:20, 나의 간절한 기대와 소망을 따라 아무 일에든지 부끄럽지 아니하고 오직 전과 같이 이제도 온전히 담대하여 살든지 죽든지 내 몸에서 그리스도가 존귀히 되게 하려 하나니

21, 이는 내게 사는 것이 그리스도니 죽는 것도 유익함이니라

직업 현장에서도 우리 그리스도인들은 주님의 영광을 위하여 일해야 합니다.

그리스도가 존귀히 여김을 받게 해야 합니다.

직장에서 일하거나 사업을 할 때도 주님의 영광을 위하여 한다는 마음을 품고 해야 합니다.

돈 많이 벌어서 헌금 많이 해서 주님께 영광을 돌린다는 생각도 가능한 것이지만 더 중요한 것은 돈 버는 것보다도 직장 생활이나 사업하는 모습 자체를 통하여 주님의 영광을 나타내는 것이 더 중요합니다.

돈에 매달리는 직장생활이나 사업 태도는 오히려 주님의 영광을 가립니다.

적용 질문 적용 질문을 통하여 단순히 돈 버는 데 신경 쓰는 것이 아니라 성실과 덕으로 남의 유익을 도모하므로 주님의 영광을 나타내야 합니다.

6. 잠 16:8 엡4:28의 말씀을 직업 현장에 적용한다면 직업을 통하여 이루고자 하는 일이 무엇이 되겠습니까?

잠 16:8, 적은 소득이 의를 겸하면 많은 소득이 불의를 겸한 것보다 나으니라

엡 4:28, 도적질하는 자는 다시 도적질하지 말고 돌이켜 빈궁한 자에게 구제할 것이 있기 위하여 제 손으로 수고하여 선한 일을 하라

많은 소득이나 이윤 추구가 우선이 아니고 의롭게 정직하게 덕스럽게 사업을 한다는 것이 중요합니다.

아무리 산업 현장이 살벌한 생존경쟁 지대라 하여도 그리스도인은 의롭고 정직하게 해야 합니다. 부정한 방법이나 불의한 방법, 거짓으로 돈 벌려 하면 안됩니다.

선하게 진실되게 해야 합니다.

<mark>적용 질문</mark> 적용 질문을 통하여 사회에 공헌하는 사업가와 직장인이 되는 삶을 추구하게 합니다.

7. 마5:13-16, 우리의 세속적 직업현장에서 명심해야 할 일이 무엇입니까?

마 5:13, 너희는 세상의 소금이니 소금이 만일 그 맛을 잃으면 무엇으로 짜게 하리요 후에는 아무 쓸데 없어 다만 밖에 버리워 사람에게 밟힐 뿐이니라

14, 너희는 세상의 빛이라 산 위에 있는 동네가 숨기우지 못할 것이요
15, 사람이 등불을 켜서 말 아래 두지 아니하고 등경 위에 두나니 이러므로 집안 모든 사람에게 비취느니라
16, 이같이 너희 빛을 사람 앞에 비취게 하여 저희로 너희 착한 행실을 보고 하늘에 계신 너희 아버지께 영광을 돌리게 하라

세상의 소금으로 빛으로 살아가야 합니다.

소금으로 산다는 것은 무엇보다도 공동체를 평화롭게 만들어 가는 지체로서의 삶입니다.

서로 용서하고 사랑하고 화목하게 살아가도록 해야 합니다.

그러한 역할을 위하여 자신을 희생하여 화목하고 사랑스런 공동체를 이루는 사회인이 되어야 한다는 것이지요.

막 9:50, 소금은 좋은 것이로되 만일 소금이 그 맛을 잃으면 무엇으로 이를 짜게 하리요 너희 속에 소금을 두고 서로 화목하라 하시니라

골 4:6, 너희 말을 항상 은혜 가운데서 소금으로 고루게 함같이 하라 그리하면 각 사람에게 마땅히

골 3:2, 그러므로 너희는 하나님의 택하신 거룩하고 사랑하신 자처럼 긍휼과 자비와 겸손과 온유와 오래 참음을 옷 입고

13, 누가 뉘게 혐의가 있거든 서로 용납하여 피차 용서하되 주께서 너희를 용서하신 것과 같이 너희도 그리하고

14, 이 모든 것 위에 사랑을 더하라 이는 온전하게 매는 띠니라

15 그리스도의 평강이 너희 마음을 주장하게 하라 평강을 위하여 너희가

한 몸으로 부르심을 받았나니 또한 너희는 감사하는 자가 되라

빛으로 산다는 것은 착하게 살고 의롭게 살고 진실하게 살아서 불의, 부정, 거짓 등의 어두움을 밝히는 삶을 살아야 한다는 것입니다.

엡 5:9, 빛의 열매는 모든 착함과 의로움과 진실함에 있느니라

하나님께 영광을 돌리려면 소금과 같이 빛과 같이 살아 하나님 사람다움을 드러내는 것입니다.

적용 질문 적용 질문을 통하여 직업 현장에서도 소금과 빛 된 삶을 살기로 다짐합니다.

CHAPTER 3

분배

1. 출16:13-20, 하나님의 분배의 원칙은 무엇이었습니까?

> 출 16:13, 저녁에는 메추라기가 와서 진에 덮이고 아침에는 이슬이 진 사면에 있더니
> 14, 그 이슬이 마른 후에 광야 지면에 작고 둥글며 서리같이 세미한 것이 있는지라
> 15, 이스라엘 자손이 보고 그것이 무엇인지 알지 못하여 서로 이르되 이것이 무엇이냐 하니 모세가 그들에게 이르되 이는 여호와께서 너희에게 주어 먹게 하신 양식이라
> 16, 여호와께서 이같이 명하시기를 너희 각 사람의 식량대로 이것을 거둘지니 곧 너희 인수대로 매명에 한 오멜씩 취하되 각 사람이 그 장막에 있는 자들을 위하여 취할지니라 하셨느니라
> 17, 이스라엘 자손이 그같이 하였더니 그 거둔 것이 많기도 하고 적기도 하나
> 18, 오멜로 되어 본즉 많이 거둔 자도 남음이 없고 적게 거둔 자도 부족함이 없이 각기 식량대로 거두었더라
> 19, 모세가 그들에게 이르기를 아무든지 아침까지 그것을 남겨 두지 말라

하였으나
20. 그들이 모세의 말을 청종치 아니하고 더러는 아침까지 두었더니 벌레가 생기고 냄새가 난지라 모세가 그들에게 노하니라

하나님이 직접 분배 하시던 만나 분배 시에는 인수에 따라 균등히 분배 하셨습니다. 즉 가족 수가 많으면 많이 거두게 하시고 가족 수가 적으면 적게 거두게 하였습니다. 그래서 많이 거둔 자도 오멜(되)로 되어 보니 남지 아니하고 적게 거둔 자도 모자라지 아니하였습니다. 많이 거둔 자의 경우는 가족 수가 많아 많이 거두게 하시고 적게 거둔 자는 가족 수가 적으니 적게 거두게 섭리 하였다는 것입니다.

만나가 내린 것도 기적이지만 이렇게 가족 수를 따라 거두게 하신 것도 하나님께서 행하신 기적입니다. 그러니 하나님께서 분배하실 때는 균등 분배가 이루어진 것입니다.

둘째로 하나님께서는 일용할 양식만 주셨습니다.

매일 그 날 그 날 일용할 양식으로 공급하셨다는 것입니다. 어떤 사람들은 하나님의 말씀을 믿지 않고 옛 방식대로 만나를 모아 쌓아 두려고 다음날까지 남겨 두었으나 썩어 버렸습니다.

하나님의 공급은 일용할 양식입니다.

쌓아 놓고 사는 일은 하나님을 의지하고 사는 데에는 필요치 않은 일입니다. 하나님께서 직접 공급하시고 분배하실 때는 일용할 양식으로 족합니다.

이 두 가지 원리는 지금도 우리가 묵상하고 적용해야 할 원리입니다.

우리에게 많이 주시는 것은 일용할 양식 이상으로 주시는 것은 그러므로 다른 사람의 몫이 아닌가 하고 기도해 보고 나누는 삶을 살아야 합니다.

> **적용 질문** 적용 질문을 통하여 간접 분배가 된 즉 하나님의 직접 분배가 아닌 인간 사회 분배가 된 오늘에도 이 원리를 적용하여 일용할 양식으로 감사하고 여유분을 나누는 삶을 살아가게 인도합니다.

2. 레25:10 희년이 자유의 해라면 누구에게 어떤 자유의 해입니까?

레 25:10, 제 오십 년을 거룩하게 하여 전국 거민에게 자유를 공포하라 이 해는 너희에게 희년이니 너희는 각각 그 기업으로 돌아가며 각각 그 가족에게로 돌아갈지며

이스라엘 민족 공동체는 50년마다 한 번씩 희년이라 이름하여 자유의 해를 선포하라 하였습니다.

가나안 땅에 들어가 최초의 토지 분배 시에는 균등하게 가족 수를 따라 분배할 것이나 이후로 서로의 능력에 따라 토지를 감당 못하고 파는 사람, 나중에는 노예가 되는 사람까지 나올 것을 예상하신 하나님이 적어도 50년마다 한 번은 모두 제자리로 원 위치하여 새로 출발하도록 하였습니다.

50년마다 한 번씩 자유의 해를 선포하므로 매매 되었던 토지는 원 주인에게로 돌려 보내고 팔렸던 노예도 해방하여 각기 자유로운 신분으로 돌아가게 하라는 것입니다.

사회의 불균형을 50년마다 한 번씩 원래의 자리로 돌아가게 한 것입니다.

사들였던 토지를 조건 없이 원래의 주인에게 돌려 주고 노예를 해방하여 다시 출발하게 하는 것입니다.

하나님께서는 이러한 균등과 균형의 사회를 원하십니다.

적용 질문 적용질문을 통하여 이러한 하나님의 뜻이 오늘날 반영되고 적용 되기 위하여 스스로 가난하게 되는 즉 내 것을 나누는 그래서 더불어 살려는 사회를 만드는 사람으로 살도록 이끌어 주고 이러한 원리를 사회에 적용해 보는 토론을 이끌어 봅니다.

3. 신15:1, 12-14, 각각 무엇의 안식년을 명했습니까?

신 15:1, 매 칠 년 끝에 면제하라

신 15:12, 네 동족 히브리 남자나 히브리 여자가 네게 팔렸다 하자 만일 육 년을 너를 섬겼거든 제 칠 년에 너는 그를 놓아 자유하게 할 것이요

13, 그를 놓아 자유하게 할 때에는 공수로 가게 하지 말고

14, 네 양 무리 중에서와 타작 마당에서와 포도주 틀에서 그에게 후히 줄지니 곧 네 하나님 여호와께서 네게 복을 주신 대로 그에게 줄지니라

신15: 1에는 빚진 자의 안식년을 명하였습니다.

가난하거나 재정적으로 어려워 빚진 사람이 7년 동안 갚아도 갚지 못하였을 경우는 빚 놓은 자가 아예 빚을 면제해 주라는 것입니다.

빚지고 허덕이는 삶을 오래 두지 말고 면제하여 자유케 하라는 것입니다.

빚 놓은 자는 여유가 있는 자이므로 7년간 노력해도 갚지 못하는 부분에 대하여는 면제하라는 것입니다.

하나님은 가난에 시달리는 사람이 평생 그렇게 사는 것을 원치 아니하십니다.

신15:12-14에는 노예의 안식년을 명하였습니다.

노예가 6년간 봉사하였으면 7년째에는 자유케 하라는 것입니다.

아무도 노예생활을 6년 이상 하게 하지는 말라는 것이지요.

개인의 노예는 6년만 봉사하면 더 이상 노예가 아닙니다.

자유를 주고 자유로운 의사로 종이 되겠다면 계속하지만 구속된 노예는 6년 이상 할 수는 없습니다.

그러니까 아무리 어려워 노예로 팔리는 사람이 있다 할지라도 6년 이상 노예 생활을 하게 하지 말라는 것입니다.

하나님은 할 수 있는 대로 높낮이 없이 균등히 사는 것을 원하신다는 것입니다.

> 적용 질문   적용 질문을 통하여 오늘날 이러한 원리가 어떻게 적용되어야 할까를 토론하고 개인적으로 할 수 있는 삶의 원리와 사회적으로 적용할 일들을 토론하고 실천할 수 있는 것을 찾아 실천해 가게 합니다.

4. 신14:28-29, 매 삼 년 끝의 십일조의 용도가 무엇입니까?

> 신 14:28, 매 삼 년 끝에 그 해 소산의 십분 일을 다 내어 네 성읍에 저축하여
> 29, 너희 중에 분깃이나 기업이 없는 레위인과 네 성 중에 우거하는 객과 및 고아와 과부들로 와서 먹어 배부르게 하라 그리하면 네 하나님 여호와께서 너의 손으로 하는 범사에 네게 복을 주시리라

이스라엘 백성은 하나님을 섬기는 예로 그리고 하나님의 성전 봉사에 전념하는 레위인들의 분깃으로 십일조를 바치게 하였습니다.

그러나 삼 년마다 한 번은 십일조를 또 한 번 떼게 하여 레위인에게 보너스를 주고 나그네와 고아와 과부를 먹이는 일에 쓰게 하였습니다.

구제의 십일조인 셈이지요.

하나님은 하나님의 백성이 자기 혼자 잘 사는 것으로 만족하지 않고 이렇게 가난한 자를 돌보게 하셨습니다.

우리는 이 원리를 적용하여 또 다른 십일조 운동을 하면 좋겠습니다. 최초의 십일조는 하나님께 예배헌금으로 바치고 또 한 번 십일조를

떼어서 어려운 이웃을 돕는 일에 사용하는 것입니다.

이것을 규칙적으로 연습하면 나누는 삶이 잘 될 것입니다.

> 적용 질문 적용질문을 통하여 나누는 삶을 위하여 또 다른 십일조를 결심하게 합니다.

5. 레19:9-10 왜 이삭을 남겨 두라 하십니까?

레 19:9, 너희 땅의 곡물을 벨 때에 너는 밭 모퉁이까지 다 거두지 말고 너의 떨어진 이삭도 줍지 말며

10, 너의 포도원의 열매를 다 따지 말며 너의 포도원에 떨어진 열매도 줍지 말고 가난한 사람과 타국인을 위하여 버려 두라 나는 너희 하나님 여호와니라

하나님은 하나님의 백성들에게 곡식을 거둘 때에 흘린 이삭은 줍지 말뿐더러 모퉁이에 남겨 두라 하였습니다.

그 목적은 가난한 사람과 나그네를 위하여 그들이 주어다 먹고 살 수 있도록 하라는 것입니다. 그 크신 하나님이 이 작은 일을 부탁하고 있는 것을 묵상해 보십시오. 가난한 자를 생각하시는 하나님의 마음을 느낄 수 있지 않습니까?

> 적용 질문 적용 질문을 통하여 가난한 이웃과 나누는 삶을 권장합니다.

6. 마25:31-46, 예수님은 누구와 자기를 동일시 합니까?

마 25:31, 인자가 자기 영광으로 모든 천사와 함께 올 때에 자기 영광의 보좌에 앉으리니

32, 모든 민족을 그 앞에 모으고 각각 분별하기를 목자가 양과 염소를 분별하는 것같이 하여

33, 양은 그 오른편에, 염소는 왼편에 두리라

34, 그 때에 임금이 그 오른편에 있는 자들에게 이르시되 내 아버지께 복받을 자들이여 나아와 창세로부터 너희를 위하여 예비된 나라를 상속하라

35, 내가 주릴 때에 너희가 먹을 것을 주었고 목마를 때에 마시게 하였고 나그네 되었을 때에 영접하였고

36, 벗었을 때에 옷을 입혔고 병들었을 때에 돌아보았고 옥에 갇혔을 때에 와서 보았느니라

37, 이에 의인들이 대답하여 가로되 주여 우리가 어느 때에 주의 주리신 것을 보고 공궤하였으며 목마르신 것을 보고 마시게 하였나이까

38, 어느 때에 나그네 되신 것을 보고 영접하였으며 벗으신 것을 보고 옷 입혔나이까

39, 어느 때에 병드신 것이나 옥에 갇히신 것을 보고 가서 뵈었나이까 하리니

40, 임금이 대답하여 가라사대 내가 진실로 너희에게 이르노니 너희가 여기 내 형제 중에 지극히 작은 자 하나에게 한 것이 곧 내게 한 것이니라 하시고

41, 또 왼편에 있는 자들에게 이르시되 저주를 받은 자들아 나를 떠나 마귀와 그 사자들을 위하여 예비된 영영한 불에 들어가라

42, 내가 주릴 때에 너희가 먹을 것을 주지 아니하였고 목마를 때에 마시게 하지 아니하였고

43, 나그네 되었을 때에 영접하지 아니하였고 벗었을 때에 옷 입히지 아니하였고 병들었을 때와 옥에 갇혔을 때에 돌아보지 아니하였느니라 하시니

44, 저희도 대답하여 가로되 주여 우리가 어느 때에 주의 주리신 것이나 목마르신 것이나 나그네 되신 것이나 벗으신 것이나 병드신 것이나 옥에 갇히신 것을 보고 공양치 아니하더이까

45, 이에 임금이 대답하여 가라사대 내가 진실로 너희에게 이르노니 이 지극히 작은 자 하나에게 하지 아니한 것이 곧 내게 하지 아니한 것이니라 하시리니

46, 저희는 영벌에, 의인들은 영생에 들어가리라 하시니라

종말의 날에, 예수님 재림의 날에 사람들을 구별하고 심판하는데 양과 염소를 구분하듯이 한다 하였습니다.

양이라고 구분된 사람들은 굶주린 자를 먹이고 헐벗은 자를 입히고 목마른 자에게 물을 주고 나그네를 영접하고 병든 자 문병하고 갇힌 자 돌아보는 사랑의 실천자를 의미 합니다.

염소는 그 반대로 굶주림을 보고 먹이지 아니하고 헐벗음을 보고 입히지 아니하고 목 마른 자를 마시게 하지 아니하고 나그네를 영접하지 아니하고 병든 자를 외면 하고 갇힌 자를 돌아보지 아니하고 무정하게 지낸 자를 말합니다.

주님은 가난하고 어려운 자와 자신을 동일시하며 이런 자를 돌본 것이 주님을 대접한 것이라고 하십니다.

> 적용 질문 적용 질문을 통하여 주님을 대접하는 마음으로 가난하고 어려운 이웃을 돌보고 장애자들을 돌보는 일을 하게 하고 그룹으로도 이런 사람들 찾아 돌보는 일을 결심하게 합니다.

7. 고후 8:1-15, 더불어 사는 원리가 무엇입니까?

고후 8:1, 형제들아 하나님께서 마게도냐 교회들에게 주신 은혜를 우리가 너희에게 알게 하노니
2, 환난의 많은 시련 가운데서 저희 넘치는 기쁨과 극한 가난이 저희로 풍성한 연보를 넘치도록 하게 하였느니라
3, 내가 증거하노니 저희가 힘대로 할 뿐 아니라 힘에 지나도록 자원하여
4, 이 은혜와 성도 섬기는 일에 참여함에 대하여 우리에게 간절히 구하니
5, 우리의 바라던 것뿐 아니라 저희가 먼저 자신을 주께 드리고 또 하나님 뜻을 좇아 우리에게 주었도다
6, 이러므로 우리가 디도를 권하여 너희 가운데서 시작하였은즉 이 은혜를 그대로 성취케 하라 하였노라
7, 오직 너희는 믿음과 말과 지식과 모든 간절함과 우리를 사랑하는 이 모든 일에 풍성한 것같이 이 은혜에도 풍성하게 할지니라
8, 내가 명령으로 하는 말이 아니요 오직 다른 이들의 간절함을 가지고 너희의 사랑의 진실함을 증명코자 함이로라
9, 우리 주 예수 그리스도의 은혜를 너희가 알거니와 부요하신 자로서 너희를 위하여 가난하게 되심은 그의 가난함을 인하여 너희로 부요케 하려 하심이니라
10, 이 일에 내가 뜻만 보이노니 이것은 너희에게 유익함이라 너희가 일

년 전에 행하기를 먼저 시작할 뿐 아니라 원하기도 하였은즉
11. 이제는 행하기를 성취할지니 마음에 원하던 것과 같이 성취하되 있는 대로 하라
12. 할 마음만 있으면 있는 대로 받으실 터이요 없는 것을 받지 아니하시리라
13. 이는 다른 사람들은 평안하게 하고 너희는 곤고하게 하려는 것이 아니요 평균케 하려 함이니
14. 이제 너희의 유여한 것으로 저희 부족한 것을 보충함은 후에 저희 유여한 것으로 너희 부족한 것을 보충하여 평균하게 하려 함이라
15. 기록한 것같이 많이 거둔 자도 남지 아니하였고 적게 거둔 자도 모자라지 아니하였느니라

14-15절의 원리는 이미 공부한 대로 만나의 분배를 통하여 본 원리 즉 균등 분배의 원리입니다. 하나님은 골고루 잘 살기를 원하십니다.

하나님은 그것을 만나 분배의 사건을 통하여 보여 주셨습니다.

9절의 모범은 하나님이 원리를 가르치시고 명하셨지만 하나님의 백성이 잘 따르지 못하므로 예수님이 오셔서 모범을 보이셨습니다.

예수님은 부자이나 스스로 가난하게 되심으로 우리를 부요케 하셨습니다.

예수님은 하늘에서 내려 오시고 마구간에 천하게 태어나시고 가난한 목수의 아들로 자라시고 머리 둘 곳 없는 나그네로 사시다가 십자가의 비참한 죽음으로 자신을 가난하게 하신 것인데 이로써 우리가 하늘의

사람이 되고 구원 받아 축복을 누리는 사람이 되게 하였습니다.

이와 같이 예수의 제자들도 주님을 본 받아 남을 부요케 하기 위하여 스스로 가난해 질 수 있는 삶을 살아야 한다고 보여 주셨습니다.

우리가 누구에게 1만원을 도와 주려면 내가 1만원만큼 가난해 지는 셈이나 내가 가난해 져서 내가 덜 쓰고라도 남을 도울 수 있어야 한다는 것입니다.

1-2절의 능력은 이렇게 하나님이 원리를 가르치시고 예수님이 모범을 보이셔도 우리는 따라 하지 못하는 경우가 많습니다. 그래서 하나님께서는 이러한 사랑을 행할 수 있는 능력을 우리에게 주십니다.

그것이 성령의 은혜 입니다.

은혜로 살면 베푸는 은혜도 나온다는 것입니다.

마게도냐 교회는 은혜로 말미암아 많은 환난 중에 기뻐하고 극한 가난 중에 풍성한 구제 헌금을 하였습니다.

우리가 성령으로 은혜 생활 하면 하나님께서 가르치신 원리, 예수님이 보여 주신 모범을 따라 나누는 삶을 살 수 있게 됩니다.

성령 받아 사랑하는, 나누는 삶을 삽시다.

적용 질문 적용 질문을 통하여 나누는 삶을 살아갈 능력으로서 사랑의 능력으로서 성령의 은혜를 받기를 사모하고 기도하면서 성령의 감동을 따라 나누는 삶을 실천해 나가자고 다짐합니다.

CHAPTER 4

소비

1. 눅12:15-33, 소유와 그 사용에 관한 교훈은 무엇입니까?

눅 12:15, 저희에게 이르시되 삼가 모든 탐심을 물리치라 사람의 생명이 그 소유의 넉넉한 데 있지 아니하니라 하시고

16, 또 비유로 저희에게 일러 가라사대 한 부자가 그 밭에 소출이 풍성하매

17, 심중에 생각하여 가로되 내가 곡식 쌓아 둘 곳이 없으니 어찌할꼬 하고

18, 또 가로되 내가 이렇게 하리라 내 곡간을 헐고 더 크게 짓고 내 모든 곡식과 물건을 거기 쌓아 두리라

19, 또 내가 내 영혼에게 이르되 영혼아 여러 해 쓸 물건을 많이 쌓아 두었으니 평안히 쉬고 먹고 마시고 즐거워하자 하리라 하되

20, 하나님은 이르시되 어리석은 자여 오늘 밤에 네 영혼을 도로 찾으리니 그러면 네 예비한 것이 뉘 것이 되겠느냐 하셨으니

21, 자기를 위하여 재물을 쌓아 두고 하나님께 대하여 부요치 못한 자가 이와 같으니라

22, 또 제자들에게 이르시되 그러므로 내가 너희에게 이르노니 너희 목숨을 위하여 무엇을 먹을까 몸을 위하여 무엇을 입을까 염려하지 말라

23, 목숨이 음식보다 중하고 몸이 의복보다 중하니라

24, 까마귀를 생각하라 심지도 아니하고 거두지도 아니하며 골방도 없고 창고도 없으되 하나님이 기르시나니 너희는 새보다 얼마나 더 귀하냐
25, 또 너희 중에 누가 염려함으로 그 키를 한 자나 더할 수 있느냐
26, 그런즉 지극히 작은 것이라도 능치 못하거든 어찌 그 다른 것을 염려하느냐
27, 백합화를 생각하여 보아라 실도 만들지 않고 짜지도 아니하느니라 그러나 내가 너희에게 말하노니 솔로몬의 모든 영광으로도 입은 것이 이 꽃 하나만 같지 못하였느니라
28, 오늘 있다가 내일 아궁이에 던지우는 들풀도 하나님이 이렇게 입히시거든 하물며 너희 일까 보냐 믿음이 적은 자들아
29, 너희는 무엇을 먹을까 무엇을 마실까 하여 구하지 말며 근심하지도 말라
30, 이 모든 것은 세상 백성들이 구하는 것이라 너희 아버지께서 이런 것이 너희에게 있어야 될 줄을 아시느니라
31, 오직 너희는 그의 나라를 구하라 그리하면 이런 것을 너희에게 더하시리라
32, 적은 무리여 무서워 말라 너희 아버지께서 그 나라를 너희에게 주시기를 기뻐하시느니 라
33, 너희 소유를 팔아 구제하여 낡아지지 아니하는 주머니를 만들라 곧 하늘에 둔 바 다함이 없는 보물이니 거기는 도적도 가까이하는 일이 없고 좀도 먹는 일이 없느니라

재물의 소유는 필요한 것이나 소유가 생명을 대신하는 것은 아닙니다. 소유가 넉넉해야 영생하는 것은 더욱 아닙니다. 그러니 소유는 영원

한 것과 상관이 없고 잠시 필요한 것입니다.

　소유를 절대화해서는 안되며 영생과 영원한 가치와 혼동해서도 안됩니다. 어리석은 부자는 재산이 많다는 것만 믿고 자기 원대로 편안히 살 것이라고 착각했습니다. 하나님이 그 목숨을 거두면 많은 재산이 소용없다는 것을 깨닫지 못한 것입니다.

　소유를 의지하지 말고 하나님을 의지하고 살아야 합니다.

　소유를 가지고 하나님을 섬겨야 합니다.

　그러므로 하나님의 사람들은 의식주 문제보다 하나님의 나라와 의를 먼저 생각하고 구하는 삶을 살아야 합니다.

　하나님의 뜻을 이루고 하나님의 영광을 먼저 생각하는 삶 말입니다.

　하늘에 보물을 쌓아두는 삶을 살아야 합니다.

　하나님의 나라에 봉사하는데 재물을 사용하고 이웃을 위하여 나누고 구제하는 데 사용해야 합니다.

　적용 질문 적용 질문을 통하여 우리의 재물로 하나님을 섬기고 어려운 이웃을 돌보는 일을 하며 살도록 이끌어 줍니다.

2. 잠23:4-5, 잠30:8-9 딤전6:6-10 얼마나 소유해야 합니까?

　잠 23:4, 부자 되기에 애쓰지 말고 네 사사로운 지혜를 버릴지어다
　5, 네가 어찌 허무한 것에 주목하겠느냐 정녕히 재물은 날개를 내어 하늘에 나는 독수리처럼 날아가리라

잠 30:8, 곧 허탄과 거짓말을 내게서 멀리 하옵시며 나로 가난하게도 마옵시고 부하게도 마옵시고 오직 필요한 양식으로 내게 먹이시옵소서
9, 혹 내가 배불러서 하나님을 모른다 여호와가 누구냐 할까 하오며 혹 내가 가난하여 도적질하고 내 하나님의 이름을 욕되게 할까 두려워함이니이다
딤전 6:6, 그러나 자족하는 마음이 있으면 경건이 큰 이익이 되느니라
7, 우리가 세상에 아무것도 가지고 온 것이 없으매 또한 아무것도 가지고 가지 못하리니
8, 우리가 먹을 것과 입을 것이 있은즉 족한 줄로 알 것이니라
9, 부하려 하는 자들은 시험과 올무와 여러 가지 어리석고 해로운 정욕에 떨어지나니 곧 사람으로 침륜과 멸망에 빠지게 하는 것이라
10, 돈을 사랑함이 일만 악의 뿌리가 되나니 이것을 사모하는 자들이 미혹을 받아 믿음에서 떠나 많은 근심으로써 자기를 찔렀도다

부자 되기에 애쓰지 말라고 합니다.
부자가 되려고 하면 오히려 시험에 들고 타락하게 된다는 것입니다.
먹을 것과 입을 것 즉 의식주가 기본적으로 해결되는 정도이면 감사함으로 살아가고 소박하게 살아가는 것입니다.
너무 가난해도 시험에 들지만 너무 부하여도 교만해 지는 시험에 들기 쉽다는 것이지요.
그래서 우리는 의식주 기본 생활을 주시면 감사하며 살고 더 주시는 것은 주를 위해 이웃을 위해 쓰면서 일용할 양식으로 감사하며 검소하

게 소박하게 허영에서 자유한 삶을 사는 것이 더 중요합니다.

적용 질문 적용 질문을 통하여 일용할 양식으로 감사하고 물질적 소유욕으로부터 자유한 삶을 누리게 인도 합니다.

3. 전5:10-15 폐단 되는 소유가 어떤 것입니까?

전 5:10, 은을 사랑하는 자는 은으로 만족함이 없고 풍부를 사랑하는 자는 소득으로 만족함이 없나니 이것도 헛되도다
11, 재산이 더하면 먹는 자도 더하나니 그 소유주가 눈으로 보는 외에 무엇이 유익하랴 12, 노동자는 먹는 것이 많든지 적든지 잠을 달게 자거니와 부자는 배부름으로 자지 못 하느니라
13, 내가 해 아래서 큰 폐단 되는 것을 보았나니 곧 소유주가 재물을 자기에게 해 되도록 지키는 것이라
14, 그 재물이 재난을 인하여 패하나니 비록 아들은 낳았으나 그 손에 아무것도 없느니라
15, 저가 모태에서 벌거벗고 나왔은즉 그 나온 대로 돌아가고 수고하여 얻은 것을 아무것도 손에 가지고 가지 못하리니

재산과 소유로는 만족함이 없다는 것이 인생의 진리입니다.

죽을 때 가지고 갈 재물이 없다는 것도 진리입니다.

그런데도 사람들은 재물에 인생을 걸고 재물에 매달리는 삶을 사는 경우가 많습니다.

심지어 어떤 사람은 재물을 해가 될 만큼 움켜쥐기만 하는 사람도 있

습니다.

재물은 살기 위하여 필요하나 과도히 가질 필요는 없으며 재물로 인생의 최고 가치를 삼을 필요도 없습니다.

재물로부터 자유 하여 필요한 만큼 벌고 쓰고 누리는 것이 더 가치 있고 아름답지요.

작은 소유로도 감사하고 나누며 사는 것이 가장 아름다운 삶입니다.

적용 질문   적용 질문을 통하여 끝없는 소유욕을 버리도록 인도합니다.

4. 잠3:9-10 재물 사용의 최우선 순위는 무엇입니까?

잠 3:9, 네 재물과 네 소산물의 처음 익은 열매로 여호와를 공경하라
10, 그리하면 네 창고가 가득히 차고 네 즙틀에 새 포도즙이 넘치리라

우리가 재물을 가지고 하나님을 섬기는 일에 우선하는 것이 가장 가치 있는 일이요 진실한 신앙입니다. 재물로 주님을 섬기면 주님이 또한 더욱 부어 주시는 복으로 상 주신다는 약속입니다.

적용 질문   적용 질문을 통하여 주님을 위하여 주의 일에 헌금하는데 힘쓰는 삶이 되도록 이끌어 줍니다.

5. 딤전 6:17-19 부의 사용에 관한 교훈은 무엇입니까?

딤전 6:17, 네가 이 세대에 부한 자들을 명하여 마음을 높이지 말고 정함

이 없는 재물에 소망을 두지 말고 오직 우리에게 모든 것을 후히 주사 누리게 하시는 하나님께 두며

18, 선한 일을 행하고 선한 사업에 부하고 나눠 주기를 좋아하며 동정하는 자가 되게 하라

19, 이것이 장래에 자기를 위하여 좋은 터를 쌓아 참된 생명을 취하는 것이니라

1) 정함이 없는 재물에 소망을 두지 말고 하나님께 두라.

재물에 인생을 걸면 안됩니다.

하나님께 인생을 걸고 하나님의 은혜로 살아가는 삶이 바탕이 되도록 하고 재물은 하나님께서 주시는 만큼 감사함으로 사용하여 살아간다는 기본적 삶을 유지해야 합니다.

2) 재물을 가지고 선한 일을 하고 선한 사업에 사용하고 나누어 주는 일에 사용합니다.

재물은 사랑을 위하여 선을 위하여 사용될 때 가치가 커집니다.

남을 돕는 일에 사회를 복되게 하는 일에 사용하는 것이 좋습니다.

3) 장래에 투자하는 것입니다.

그것도 영원한 하나님 나라에 투자하는 것입니다.

영원한 가치 영적 가치에 쓸 수 있어야 합니다.

선교하는 일 구제하는 일 장학사업 등 하나님이 칭찬할 사업에 사용

하는 것은 천국에 투자하는 것입니다.

> **적용 질문**   적용 질문을 통하여 재물 사용의 가치관을 주를 위해 남을 위해 쓰는 삶을 살도록 이끌어 줍니다.

6. 암6:4-7 아모스 선지자가 경고하는 내용은 무엇입니까?

> 암 6:4, 상아 상에 누우며 침상에서 기지개 켜며 양 떼에서 어린 양과 우리에서 송아지를 취하여 먹고
> 5, 비파에 맞추어 헛된 노래를 지절거리며 다윗처럼 자기를 위하여 악기를 제조하며
> 6, 대접으로 포도주를 마시며 귀한 기름을 몸에 바르면서 요셉의 환난을 인하여는 근심치 아니하는 자로다
> 7, 그러므로 저희가 이제는 사로잡히는 자 중에 앞서 사로잡히리니 기지개 켜는 자의 떠드는 소리가 그치리라

아모스 선지자는 당시의 지도층 인사나 부자들이 온갖 사치와 허영에 살면서 요셉의 환난 즉 이스라엘의 어려움은 모르고 있었습니다.

우리는 사치와 허영으로 살지 말아야 합니다.

사치와 허영으로 살면 우리의 영혼과 정신이 병들고 어두워져서 남의 고통은 모른 채 사치 허영만 계속하게 됩니다.

> **적용 질문**   적용 질문을 통하여 사치스러운 생활은 반성하고 검소하게 살면서 남을 돕고 살도록 이끌어 줍니다.

7. 행2:45, 소유와 재산으로부터 자유한 그리스도인의 모습은 어떠합니까?

행 2:45, 또 재산과 소유를 팔아 각 사람의 필요를 따라 나눠 주고

초대 교회 성도들은 성령의 은혜와 사랑으로 살면서 소유와 재산에 매이지 아니하고 자유 하여 자기의 소유를 팔아 남을 도울 수 있는 삶을 살았습니다.

우리는 얼마나 재산에 매여 사는지 모릅니다. 소유로부터의 자유는 은혜입니다.

<mark>적용 질문</mark> 적용질문을 통하여 소유로부터의 자유를 추구하도록 지도합니다.

CHAPTER 5

시민

1. 롬13:1-7을 권세자의 입장에서 권세 아래 있는 자의 입장에서 각각 생각해 보세요.

> 롬 13:1, 각 사람은 위에 있는 권세들에게 굴복하라 권세는 하나님께로 나지 않음이 없나니 모든 권세는 다 하나님의 정하신 바라
>
> 2, 그러므로 권세를 거스리는 자는 하나님의 명을 거스림이니 거스리는 자들은 심판을 자취하리라
>
> 3, 관원들은 선한 일에 대하여 두려움이 되지 않고 악한 일에 대하여 되나니 네가 권세를 두려워하지 아니하려느냐 선을 행하라 그리하면 그에게 칭찬을 받으리라
>
> 4, 그는 하나님의 사자가 되어 네게 선을 이루는 자니라 그러나 네가 악을 행하거든 두려워하라 그가 공연히 칼을 가지지 아니하였으니 곧 하나님의 사자가 되어 악을 행하는 자에게 진노하심을 위하여 보응하는 자니라
>
> 5, 그러므로 굴복하지 아니할 수 없으니 노를 인하여만 할 것이 아니요 또한 양심을 인하여 할 것이라
>
> 6, 너희가 공세를 바치는 것도 이를 인함이라 저희가 하나님의 일꾼이 되

어 바로 이 일에 항상 힘쓰느니라
7, 모든 자에게 줄 것을 주되 공세를 받을 자에게 공세를 바치고 국세 받을 자에게 국세를 바치고 두려워할 자를 두려워하며 존경할 자를 존경하라

국가 권세를 맡은 자라면
1) 권세가 하나님이 위임한 것 하나님께로부터 온 것임을 자각하고 하나님의 청지기로 권세를 사용하여야 합니다. 권세가 자기 것인 양 권력을 남용하거나 함부로 휘둘러서는 안됩니다.
2) 권세는 백성의 선을 성취하고 백성을 위하여 주어진 것임을 인식하고 선하게 사용해야 합니다. 악하게 사용해서는 안됩니다.

국가 시민으로서의 태도는
1) 기본적으로 권세에게 굴복하는 자세가 필요합니다.
권세가 하나님께로부터 주어진 것임을 인정하고 권세에게 복종하는 것입니다.
혹시 동의가 안 되어도 동의할 수 없다고 의견을 말하지만 그 권세 아래 있어야 합니다.
2) 권세를 존경하고 세금을 바쳐야 합니다.
굴복한다는 것은 그 권세 아래 있음을 의미합니다.
예를 들어 국가 권세를 가진 정부가 잘못하여 데모를 한다고 하여도 데모하는 자를 잡아 가두면 잡혀 갇히는 태도 말입니다.

정부를 뒤집어 업는 혁명이 아니라 잘못된 것을 시정하라고 요구하는 선입니다.

비폭력 저항은 할 수 있으나 권세 아래서 죽으면 죽을 것을 각오하고 그렇게 하는 것입니다. 악한 정부나 악한 권세에 대하여 비판도하고 저항도 할 수는 있으나 그 권세도 일단 인정하고 그 아래 있어야 한다는 것입니다.

적용 질문 적용 질문을 통하여 각자 국가를 위한 시민으로서 자세를 가다듬게 합니다.

2. 마2:6, 계5:5-6예수님의 이미지에서 다스리는 자의 어떤 이미지를 발견할 수 있습니까?

- 마 2:6, 또 유대 땅 베들레헴아 너는 유대 고을 중에 가장 작지 아니하도다 네게서 한 다스리는 자가 나와서 내 백성 이스라엘의 목자가 되리라 하였음이니이다
- 계 5:5, 장로 중에 하나가 내게 말하되 울지 말라 유대 지파의 사자 다윗의 뿌리가 이기었으니 이 책과 그 일곱 인을 떼시리라 하더라
- 6, 내가 또 보니 보좌와 네 생물과 장로들 사이에 어린 양이 섰는데 일찍 죽임을 당한 것 같더라 일곱 뿔과 일곱 눈이 있으니 이 눈은 온 땅에 보내심을 입은 하나님의 일곱 영이더라

다스리는 자가 나와서 목자가 되리라 하였습니다.

우리 한국인들은 그 동안 군사 독재를 많이 경험하여서 다스린다면 독재를 연상하는 경우가 있으나 다스린다는 말은 책임지고 돌보는 목자의 이미지 입니다.

계시록엔 예수님의 이미지가 사자와 어린양으로 이중적 이미지로 묘사 됩니다.

사자는 강한 자요 다스리는 자임을 나타내고 어린양은 희생하고 순종하는 자의 이미지입니다.

예수님은 왕인데 희생하는 왕으로 묘사됩니다.

우리는 그리스도인으로 다스리는 권세를 갖게 된다든지 지도자로 서게 될 때 이 예수님의 이미지를 닮고 적용해야 할 것입니다.

> 적용 질문 적용 질문을 통하여 지도자로서의 자세를 배우게 합니다.

3. 단6:10, 행 5:28-29 권세 위의 권세는 누구의 권세이며 시민 불복종은 어느 선에서 가능합니까?

단 6:10, 다니엘이 이 조서에 어인이 찍힌 것을 알고도 자기 집에 돌아가서는 그 방의 예루살렘으로 향하여 열린 창에서 전에 행하던 대로 하루 세 번씩 무릎을 꿇고 기도하며 그 하나님께 감사하였더라

행 5:28, 가로되 우리가 이 이름으로 사람을 가르치지 말라고 엄금하였으되 너희가 너희 교를 예루살렘에 가득하게 하니 이 사람의 피를 우리에게로 돌리고자 함이로다

29, 베드로와 사도들이 대답하여 가로되 사람보다 하나님을 순종하는 것

이 마땅하니라

다니엘은 다리오 왕 외에 다른 신에게 기도하는 자는 사형에 처한다는 법에 어인이 찍혀 공포 된 줄 알고도 창문을 열어놓고 하나님께 하루 세 번씩 기도합니다.

불복종을 한 셈이지요. 아무리 권세자 왕의 명령이라도 하나님의 권세 아래 있으므로 하나님의 법을 포기하지 않겠다는 것입니다.

사도들도 복음을 전하지 말라는 권세자들의 금지령을 어기고 복음을 전합니다.

이것도 권세 불복종입니다. 그러나 국가 권세 위에 하나님의 권세가 있기에 하나님을 대적하는 명령은 복종하지 않은 것입니다.

적용 질문 적용 질문을 통하여 국가 권세보다 높은 하나님의 권세 아래 살도록 합니다.

4. 삼하12:7-15, 마14:3-4 권세에 대한 교회의 어떤 역할이 암시 되어 있습니까?

삼하 12:7, 나단이 다윗에게 이르되 당신이 그 사람이라 이스라엘의 하나님 여호와께서 이처럼 이르시기를 내가 너로 이스라엘 왕을 삼기 위하여 네게 기름을 붓고 너를 사울의 손에서 구원하고

8, 네 주인의 집을 네게 주고 네 주인의 처들을 네 품에 두고 이스라엘과 유다 족속을 네게 맡겼느니라 만일 그것이 부족하였을 것 같으면 내가

네게 이것 저것을 더 주었으리라

9, 그러한데 어찌하여 네가 여호와의 말씀을 업신여기고 나 보기에 악을 행하였느뇨 네가 칼로 헷 사람 우리아를 죽이되 암몬 자손의 칼로 죽이고 그 처를 빼앗아 네 처를 삼았도다

10, 이제 네가 나를 업신여기고 헷 사람 우리아의 처를 빼앗아 네 처를 삼았은즉 칼이 네 집에 영영히 떠나지 아니하리라 하셨고

11, 여호와께서 또 이처럼 이르시기를 내가 네 집에 재화를 일으키고 내가 네 처들을 가져 네 눈 앞에서 다른 사람에게 주리니 그 사람이 네 처들로 더불어 백주에 동침하리라

12, 너는 은밀히 행하였으나 나는 이스라엘 무리 앞 백주에 이 일을 행하리라 하셨나이다

13, 다윗이 나단에게 이르되 내가 여호와께 죄를 범하였노라 하매 나단이 다윗에게 대답하되 여호와께서도 당신의 죄를 사하셨나니 당신이 죽지 아니하려니와

14, 이 일로 인하여 여호와의 원수로 크게 훼방할 거리를 얻게 하였으니 당신의 낳은 아이가 정녕 죽으리이다 하고

15, 나단이 자기 집으로 돌아가니라 우리아의 처가 다윗에게 낳은 아이를 여호와께서 치시매 심히 앓는지라

마 14:3, 전에 헤롯이 그 동생 빌립의 아내 헤로디아의 일로 요한을 잡아 결박하여 옥에 가두었으니

4, 이는 요한이 헤롯에게 말하되 당신이 그 여자를 취한 것이 옳지 않다 하였음이라

나단은 다윗 왕의 죄를 회개하도록 찾아가 권고한 선지자입니다.

왕이라도 하나님 앞에 잘못하는 일은 회개하도록 권합니다.

또 요한도 헤롯의 죄를 회개하도록 촉구합니다.

교회가 하는 일 중 진리를 지키면서 국가 권세 잡은 자의 잘못과 죄는 고치도록 예언자로서 권하고 촉구하는 일을 할 수 있을 것입니다.

현실적으로 쉬운 것이 아니지만 이러한 사명도 교회는 지고 있습니다. 개인적으로 찾아 가지 못하면 편지로 그것도 안되면 여론 공동체로서 참된 방향으로 가도록 여론을 이끄는 역할을 할 수 있을 것입니다.

적용 질문 적용질문을 통하여 먼저 자신들이 거룩하고 정직하게 살아서 예언자적 삶을 살고 좋은 여론을 주도하는 시민으로 살게 합니다.

5. 마7:1-12 예언자적 경고가 단순한 비판이 되지 않으려면 어떻게 해야 합니까?

마 7:1, 비판을 받지 아니하려거든 비판하지 말라
2, 너희의 비판하는 그 비판으로 너희가 비판을 받을 것이요 너희의 헤아리는 그 헤아림으로 너희가 헤아림을 받을 것이니라
3, 어찌하여 형제의 눈 속에 있는 티는 보고 네 눈 속에 있는 들보는 깨닫지 못하느냐
4, 보라 네 눈 속에 들보가 있는데 어찌하여 형제에게 말하기를 나로 네 눈 속에 있는 티를 빼게 하라 하겠느냐
5, 외식하는 자여 먼저 네 눈 속에서 들보를 빼어라 그 후에야 밝히 보고 형제의 눈 속에서 티를 빼리라

6, 거룩한 것을 개에게 주지 말며 너희 진주를 돼지 앞에 던지지 말라 저희가 그것을 발로 밟고 돌이켜 너희를 찢어 상할까 염려하라

7, 구하라 그러면 너희에게 주실 것이요 찾으라 그러면 찾을 것이요 문을 두드리라 그러면 너희에게 열릴 것이니

8, 구하는 이마다 얻을 것이요 찾는 이가 찾을 것이요 두드리는 이에게 열릴 것이니라

9, 너희 중에 누가 아들이 떡을 달라 하면 돌을 주며

10, 생선을 달라 하면 뱀을 줄 사람이 있겠느냐

11, 너희가 악한 자라도 좋은 것으로 자식에게 줄 줄 알거든 하물며 하늘에 계신 너희 아버지께서 구하는 자에게 좋은 것으로 주시지 않겠느냐

12, 그러므로 무엇이든지 남에게 대접을 받고자 하는 대로 너희도 남을 대접하라 이것이 율법이요 선지자니라

단순한 비판은 더 큰 비판만 주고 받게 됩니다.

또 오히려 하나님의 심판권한을 침해하는 죄만 짓게 되고 서로 상처만 주기 때문에 비판하지 말고 기도하라고 하였습니다.

비판을 위한 비판은 아무런 의를 이루지 못합니다. 예언자적 사명이란 단순한 비판을 말하는 것이 아닙니다. 그를 위한 눈물의 기도 없이 비판만해서 고쳐지는 일은 없습니다. 기도가 전제 되지 아니한 비판, 사랑과 축복이 있는 권면이어야 합니다.

> 적용 질문 적용질문을 통하여 단순한 비판이 아닌 사랑의 경고, 깊은 기도가 있는 권고의 태도를 갖게 합니다. 단순한 비판은 아무 의미가

없습니다. 그리하여 그리스도인들은 비판 보다는 기도해야 합니다.

6. 딤전2:1-2, 국가 지도자를 위해 할 일은 무엇입니까?

딤전 2:1, 그러므로 내가 첫째로 권하노니 모든 사람을 위하여 간구와 기
도와 도고와 감사를 하되
2, 임금들과 높은 지위에 있는 모든 사람을 위하여 하라 이는 우리가 모든
경건과 단정한 중에 고요하고 평안한 생활을 하려 함이니라

임금들과 높은 지위에 있는 모든 사람을 위하여 기도하라 하십니다. 사실 교회와 그리스도인이 하게 되는 최고의 사명은 국가와 권세를 맡은 자들을 위하여 중보 기도하는 것입니다.

`적용 질문` 적용 질문을 통하여 기도로 나라를 다스리고 기도로 권세 자들을 돕는 기도자의 사명을 다하도록 이끌어 줍니다.

7. 벧전2:13-17, 국가 시민의 기본적 윤리는 무엇입니까?

벧전 2:13, 인간에 세운 모든 제도를 주를 위하여 순복하되 혹은 위에 있
는 왕이나
14, 혹은 악행하는 자를 징벌하고 선행하는 자를 포장하기 위하여 그의 보
낸 방백에게 하라
15, 곧 선행으로 어리석은 사람들의 무식한 말을 막으시는 것이라
16, 자유하나 그 자유로 악을 가리우는 데 쓰지 말고 오직 하나님의 종과
같이 하라

17, 뭇 사람을 공경하며 형제를 사랑하며 하나님을 두려워하며 왕을 공경하라

제도와 권세를 존중하고 순복하는 것이 기본적인 윤리입니다.

자유 하나 그 자유를 악을 행하는 데 사용하지 말고 선을 위하여 살아가라 하십니다.

권세를 개인의 이익을 위하여 사용해서는 안되며 또 권세에게 불복종을 일삼는 일이 있어서도 안되며 기본적으로 권세를 인정하고 존중하므로 권세가 선하게 사용되도록 기도해야 합니다.

적용 질문 적용질문을 통하여 법질서를 지키는 선한 시민으로 살아가게 인도 합니다.

CHAPTER 6

인권

1. 창1:26-28, 인간 존엄성의 근거가 무엇입니까?

창 1:26, 하나님이 가라사대 우리의 형상을 따라 우리의 모양대로 우리가 사람을 만들고 그로 바다의 고기와 공중의 새와 육축과 온 땅과 땅에 기는 모든 것을 다스리게 하자 하시고
27, 하나님이 자기 형상 곧 하나님의 형상대로 사람을 창조하시되 남자와 여자를 창조하시고
28, 하나님이 그들에게 복을 주시며 그들에게 이르시되 생육하고 번성하여 땅에 충만하라, 땅을 정복하라, 바다의 고기와 공중의 새와 땅에 움직이는 모든 생물을 다스리라 하시니라

인간은 하나님이 하나님의 형상대로 창조한 존재, 하나님이 그 존엄성을 부여한 존재입니다.

> **적용 질문** 적용 질문을 통하여 한 사람 한 사람의 인격을 소중히 여기는 마음을 다짐합니다.

2. 왕상21:1-19, 하나님의 인권에 대한 입장은 무엇입니까?

왕상 21:1, 그 후에 이 일이 있으니라 이스르엘 사람 나봇이 이스르엘에 포도원이 있어 사마리아 왕 아합의 궁에서 가깝더니

2, 아합이 나봇에게 일러 가로되 네 포도원이 내 궁 곁에 가까이 있으니 내게 주어 나물 밭을 삼게 하라 내가 그 대신에 그보다 더 아름다운 포도원을 네게 줄 것이요 만일 합의하면 그 값을 돈으로 네게 주리라

3, 나봇이 아합에게 말하되 내 열조의 유업을 왕에게 주기를 여호와께서 금하실지로다 하니

4, 이스르엘 사람 나봇이 아합에게 대답하여 이르기를 내 조상의 유업을 왕께 줄 수 없다 함을 인하여 아합이 근심하고 답답하여 궁으로 돌아와서 침상에 누워 얼굴을 돌이키고 식사를 아니하니

5, 그 아내 이세벨이 저에게 나아와 가로되 왕의 마음에 무엇을 근심하여 식사를 아니하나이까

6, 왕이 이르되 내가 이스르엘 사람 나봇에게 말하여 이르기를 네 포도원을 내게 주되 돈으로 바꾸거나 만일 네가 좋아하면 내가 그 대신에 포도원을 네게 주리라 한즉 저가 대답하기를 내가 내 포도원을 네게 주지 않겠노라 함을 인함이로라

7, 그 아내 이세벨이 저에게 이르되 왕이 이제 이스라엘 나라를 다스리시나이까 일어나 식사를 하시고 마음을 즐겁게 하소서 내가 이스르엘 사람 나봇의 포도원을 왕께 드리이다 하고

8, 아합의 이름으로 편지들을 쓰고 그 인을 쳐서 그 성에서 나봇과 함께 사는 장로와 귀인들에게 보내니

9, 그 편지 사연에 이르기를 금식을 선포하고 나봇을 백성 가운데 높이 앉힌 후에

10, 비류 두 사람을 그 앞에 마주 앉히고 저에게 대하여 증거하기를 네가 하나님과 왕을 저주하였다 하게 하고 곧 저를 끌고 나가서 돌로 쳐죽이라 하였더라

11, 그 성 사람 곧 그 성에 사는 장로와 귀인들이 이세벨의 분부 곧 저가 자기들에게 보낸 편지에 쓴 대로 하여

12, 금식을 선포하고 나봇을 백성 가운데 높이 앉히매

13, 때에 비류 두 사람이 들어와서 그 앞에 앉고 백성 앞에서 나봇에게 대하여 증거를 지어 이르기를 나봇이 하나님과 왕을 저주하였다 하매 무리가 저를 성 밖으로 끌고 나가서 돌로 쳐죽이고

14, 이세벨에게 통보하기를 나봇이 돌에 맞아 죽었나이다 하니

15, 이세벨이 나봇이 돌에 맞아 죽었다 함을 듣고 아합에게 이르되 일어나서 그 이스르엘 사람 나봇이 돈으로 바꾸어 주기를 싫어하던 포도원을 취하소서 나봇이 살아 있지 아니하고 죽었나이다

16, 아합이 나봇의 죽었다 함을 듣고 곧 일어나 이스르엘 사람 나봇의 포도원을 취하러 그리로 내려갔더라

17, 여호와의 말씀이 디셉 사람 엘리야에게 임하여 가라사대

18, 너는 일어나 내려가서 사마리아에 거하는 이스라엘 왕 아합을 만나라 저가 나봇의 포도원을 취하러 그리로 내려갔나니

19, 너는 저에게 말하여 이르기를 여호와의 말씀이 네가 죽이고 또 빼앗았느냐 하셨다 하고 또 저에게 이르기를 여호와의 말씀이 개들이 나봇의 피를 핥은 곳에서 개들이 네 피 곧 네 몸의 피도 핥으리라 하셨다 하라

아합 왕은 나봇의 포도원을 가지고 싶었습니다.

그러나 나봇은 팔기를 원치 않습니다.

왕후 이세벨은 권력을 남용하여 나봇을 죽이고 아합 왕으로 하여금 나봇의 포도원을 취하라 합니다.

하나님은 엘리야 선지자를 통하여 경고하십니다.

나봇이 죽은 그 곳에서 아합 왕도 나봇처럼 죽으리라 하십니다.

하나님 앞에는 왕이나 일개 평범한 평민이나 동등하게 소중한 인권입니다. 인간은 권력으로 인권 침해를 일삼지만 하나님은 인권을 동등하게 다룹니다.

적용 질문 적용 질문을 통하여 약자의 인권이라도 소중하게 여기는 마음을 갖게 합니다.

3. 출23:6, 잠14:31, 사 10:2, 렘2:34, 암5:11-12 어떤 자의 인권에 대하여 무엇을 가르칩니까?

출 23:6, 너는 가난한 자의 송사라고 공평치 않게 하지 말며

잠 14:31, 가난한 사람을 학대하는 자는 그를 지으신 이를 멸시하는 자요 궁핍한 사람을 불쌍히 여기는 자는 주를 존경하는 자니라

사 10:2, 빈핍한 자를 불공평하게 판결하여 내 백성의 가련한 자의 권리를 박탈하며 과부에게 토색하고 고아의 것을 약탈하는 자는 화 있을진저

렘 2:34, 또 네 옷단에 죄 없는 가난한 자를 죽인 피가 묻었나니 그들이 담 구멍을 뚫음을 인함이 아니라 오직 이 모든 일로 너를 책망함을 인함이니라

암 5:11, 너희가 가난한 자를 밟고 저에게서 밀의 부당한 세를 취하였은즉

너희가 비록 다듬은 돌로 집을 건축하였으나 거기 거하지 못할 것이요 아름다운 포도원을 심었으나 그 포도주를 마시지 못하리라
12, 너희의 허물이 많고 죄악이 중함을 내가 아노라 너희는 의인을 학대하며 뇌물을 받고 성문에서 궁핍한 자를 억울하게 하는 자로다

일반적으로 무시되는 가난한 자의 인권에 대하여 엄히 경고하는 예언의 말씀들입니다.
우리는 가난한 자를 존중하는 태도를 가져야 합니다.
가난한 자라고 멸시하고 그 인권을 무시하는 일이 없어야 합니다.

> 적용 질문   적용 질문을 통하여 가난한 자나 약자를 멸시한 일을 반성하고 그러한 태도를 고치게 합니다.

4. 레19:13, 말3:5, 약5:4 어떤 자의 인권에 대해 무엇을 가르칩니까?

레 19:13, 너는 네 이웃을 압제하지 말며 늑탈하지 말며 품꾼의 삯을 아침까지 밤새도록 네게 두지 말며

말 3:5, 내가 심판하러 너희에게 임할 것이라 술수하는 자에게와 간음하는 자에게와 거짓 맹세하는 자에게와 품꾼의 삯에 대하여 억울케 하며 과부와 고아를 압제하며 나그네를 억울케 하며 나를 경외치 아니하는 자들에게 속히 증거하리라 만군의 여호와가 말하였느니라

약 5:4, 보라 너희 밭에 추수한 품꾼에게 주지 아니한 삯이 소리지르며 추수한 자의 우는 소리가 만군의 주의 귀에 들렸느니라

이 말씀들은 노동자, 근로자의 인권에 대하여 말합니다.

품값을 안 주거나 더디 주거나 착취하는 일을 하나님은 경고합니다.

우리 그리스도인들은 근로자에게 정당한 대우를 해주고 근로자의 복지를 챙겨 주어야 합니다.

적용 질문 적용 질문을 통하여 근로자를 거느리는 사람들로 하여금 근로자의 행복을 책임지는 마음으로 대우하고 복지를 생각하도록 권합니다.

5. 엡6:9, 몬 1:16 고용주에게 주는 교훈이 무엇입니까?

엡 6:9, 상전들아 너희도 저희에게 이와 같이 하고 공갈을 그치라 이는 저희와 너희의 상전이 하늘에 계시고 그에게는 외모로 사람을 취하는 일이 없는 줄 너희가 앎이니라

몬 1:16, 이후로는 종과 같이 아니하고 종에서 뛰어나 곧 사랑 받는 형제로 둘 자라 내게 특별히 그러하거든 하물며 육신과 주 안에서 상관된 네게랴

고용인을 단순한 노동력으로만 보지 말고 형제처럼 대하고 사랑의 대상으로 삼으라고 하십니다. 고용인을 거느리고 있는 고용주 그리스도인은 그들을 섬기고 사랑할 수 있는 특권을 주신 하나님께 감사 드리며 돌보는 삶으로 살아가야 하겠습니다.

적용 질문 적용질문을 통하여 그렇게 고용된 자들을 존중하고 위하

는 분위기를 만들어 가게 합니다.

6. 고전14:34, 딤전2:11-12, 엡5:22가 여자의 인권을 제한하는 근거가 될 수 있습니까? 고전11:12, 갈3:28, 엡5:21은 어떻게 이해 됩니까?

> 고전 14:34, 모든 성도의 교회에서 함과 같이 여자는 교회에서 잠잠하라 저희의 말하는 것을 허락함이 없나니 율법에 이른 것같이 오직 복종할 것이요
> 딤전 2:11, 여자는 일절 순종함으로 종용히 배우라
> 12, 여자의 가르치는 것과 남자를 주관하는 것을 허락지 아니하노니 오직 종용할지니라
> 엡 5:22, 아내들이여 자기 남편에게 복종하기를 주께 하듯 하라
> 고전 11:12, 여자가 남자에게서 난 것같이 남자도 여자로 말미암아 났으나 모든 것이 하나님에게서 났느니라
> 갈 3:28, 너희는 유대인이나 헬라인이나 종이나 자주자나 남자나 여자 없이 다 그리스도 예수 안에서 하나이니라
> 엡 5:21, 그리스도를 경외함으로 피차 복종하라

성경에 일부 여자들로 하여금 잠잠 하라든지 종용하라든지 하는 말씀이 있어 성경이 남녀 불평등을 가르치는 것으로 오해하는 경우가 있습니다.

이는 당시의 사회와 교회의 상황에서 특수하게 명한 것입니다.

예를 들면 여자들이 억압된 사회에 살다가 성령의 은혜 받고 은사를

받고 자유를 경험하면서 분출되는 자유가 도를 지나쳐서 교회와 사회에 소란스러운 악영향을 끼칠 정도가 되므로 절제 시키는 메시지였습니다.

그리고 가정에서는 남편을 대표로 하여 질서를 세우고 평화와 사랑의 가정을 이루라는 것입니다.

그러나 원리와 원칙에서는 여자가 남자에게서 난 것 즉 아담의 갈비뼈로 하와를 지은 것 같이 남자도 여자에게서 난 것 즉 어머니라는 여자를 통하여 난 것이 동일한 원리로서 서로 높낮이가 없다는 것입니다.

그리스도 안에서는 종이나 자유인이나 다 하나입니다.

즉 높은 자나 낮은 자 따로 없이 하나된 신분이라고 하며 서로 피차 복종하는 것이 미덕이라는 것입니다.

여자의 인권은 무시되어도 좋다는 원리는 없습니다.

반대로 여성상위시대라는 것도 합당치 않지요. 남녀 평등만이 원리입니다.

적용 질문 적용 질문을 통하여 남존여비나 여성상위 모두 그릇된 개념임을 인식하고 남녀 평등의 원리를 가지고 서로 존중하고 사랑하고 격려하는 삶을 살게 인도 합니다.

7. 마19:13-15, 엡6:4 어린이의 인권에 대한 교훈은 무엇입니까?

마 19:13, 때에 사람들이 예수의 안수하고 기도하심을 바라고 어린아이들을 데리고 오매 제자들이 꾸짖거늘

14, 예수께서 가라사대 어린아이들을 용납하고 내게 오는 것을 금하지 말라 천국이 이런 자의 것이니라 하시고
15, 저희 위에 안수하시고 거기서 떠나시니라
엡 6:4, 또 아비들아 너희 자녀를 노엽게 하지 말고 오직 주의 교양과 훈계로 양육하라

예수님의 제자들은 어린 아이의 인권을 무시하고 어린 아이들이 예수님께 오는 것을 꾸짖었습니다. 그러나 오히려 예수님은 어린 아이들을 용납하고 축복하심으로 어린아이를 소중이 여기는 태도를 보이셨습니다. 그리고 자녀 양육에 있어서 노엽게 하지 말라는 것은 어린 아이라도 인간 대우를 해서 노엄 타는 일이 없도록 하라는 것입니다.

적용 질문 적용 질문을 통하여 어린이라도 인격적으로 존중할 것을 다짐합니다.

8. 욥31:15, 렘1:5, 갈1:15, 태중의 아이의 인권에 대한 교훈은 무엇입니까?

욥 31:15, 나를 태 속에 만드신 자가 그도 만들지 아니하셨느냐 우리를 뱃속에 지으신 자가 하나가 아니시냐
렘 1:5, 내가 너를 복중에 짓기 전에 너를 알았고 네가 태에서 나오기 전에 너를 구별하였고 너를 열방의 선지자로 세웠노라 하시기로
갈 1:15, 그러나 내 어머니의 태로부터 나를 택정하시고 은혜로 나를 부르신 이가

태중에서 하나님은 만드시고 예정하셨다고 말합니다.

태중에 있는 아이의 인권도 소중합니다.

함부로 낙태해도 좋은 물건이 아니라 존중 되어야 할 하나님의 형상이요 예정인 인간입니다. 태중의 아이도 존중되어야 합니다.

적용 질문 적용질문을 통하여 태중의 아이를 가볍게 취급하는 태도를 회개하고 소중히 여기는 태도로 바꿉니다.

CHAPTER 7

환경

1. 신10:14, 시24:1, 시89:11, 자연의 주인은 누구입니까?

   신 10:14, 하늘과 모든 하늘의 하늘과 땅과 그 위의 만물은 본래 네 하나님 여호와께 속한 것이로되

   시 24:1, 땅과 거기 충만한 것과 세계와 그 중에 거하는 자가 다 여호와의 것이로다

   시 89:11, 하늘이 주의 것이요 땅도 주의 것이라 세계와 그 중에 충만한 것을 주께서 건설하셨나이다

하늘도 땅도 그 안에 있는 모든 것이 하나님이 만든 바요 또한 하나님이 주인입니다.

자연의 주인은 절대적으로 하나님입니다.

> 적용 질문 적용 질문을 통하여 자연에 대한 우리의 태도를 점검하게 합니다. 자연을 함부로 훼손하던 태도 하나님의 것을 소중히 다루지 아니한 태도를 고치고 자연을 하나님의 것으로 소중히 여기는 태도를 견지하게 합니다.

2. 창1:3-4, 18, 25, 인간이 있기 전의 자연을 하나님은 어떻게 보셨습니까?

> 창 1:3, 하나님이 가라사대 빛이 있으라 하시매 빛이 있었고
> 4, 그 빛이 하나님의 보시기에 좋았더라 하나님이 빛과 어두움을 나누사
> 창 1:18, 주야를 주관하게 하시며 빛과 어두움을 나뉘게 하시니라 하나님의 보시기에 좋았더라
> 창 1:25, 하나님이 땅의 짐승을 그 종류대로, 육축을 그 종류대로, 땅에 기는 모든 것을 그 종류대로 만드시니 하나님의 보시기에 좋았더라

하나님은 자연을 창조 하시고 인간이 있기 전에도 보시며 좋다고 감상하시고 감탄하셨습니다. 사람은 온 세상 자연 모두가 인간이 마음대로 다루어도 되는 줄 알지만 하나님의 것일 뿐 아니라 하나님이 보시고 감상하시는 작품이라는 사실을 알아야 합니다.

하나님이 감상하시고 좋아하시는 작품으로서의 자연을 우리가 훼손한다는 것은 불경 죄에 해당되는 것이라는 말이 됩니다.

적용 질문 적용 질문을 통하여 하나님이 감상 하시는 작품으로서의 자연을 다루는 우리의 태도를 점검하고 소중히 다루고 아끼고 지키는 태도를 배우게 합니다.

3. 시115:16, 인간에게 땅을 주신 자는 누구입니까?

> 시 115:16, 하늘은 여호와의 하늘이라도 땅은 인생에게 주셨도다

하나님이 만들고 감상하시는 땅을 하나님께서는 인간에게 주시고 인간에게 관리하도록 맡기셨습니다.

사실 땅은 인간에게 맡겨진 것이고 하나님이 위임하신 것이지 여전히 주인은 하나님 이십니다. 그러면 인간은 땅을 가꾸고 지키고 아름답게 다듬어 하나님께 영광 돌리는 청지기로서 자연을 다루어야 하는 것입니다.

적용 질문 적용 질문을 통하여 인간이 청지기로서 하나님께 땅을 받은 자들이라는 점을 확인하게 합니다.

4. 창2:8-9, 하나님은 인간이 어떤 면에서 자연을 누릴 수 있도록 축복하셨습니까?

창 2:8, 여호와 하나님이 동방의 에덴에 동산을 창설하시고 그 지으신 사람을 거기 두시고
9, 여호와 하나님이 그 땅에서 보기에 아름답고 먹기에 좋은 나무가 나게 하시니 동산 가운데에는 생명나무와 선악을 알게 하는 나무도 있더라

1) 보기에 아름다운 나무가 자라게 하시므로 사람은 자연의 아름다움을 감상하는 즐거움으로 살게 하셨습니다.

인간은 하나님을 닮아서 심미적 존재 즉 아름다움을 추구하고 감상하는 존재입니다.

하나님은 아름다움을 만끽하며 살도록 인간을 축복하셨습니다.

2) 먹기에 좋은 과일이 많이 나게 하셨습니다.

자연을 사람의 식물로 주신 것입니다.

그리고 그것은 인간이 하나님을 배신하는 타락을 저지르기 전에는 풍성하고 넉넉한 것이었습니다.

타락한 이후 먹기 바빠서 아름다움을 감상하는 차원을 많이 상실하고 있는 것이지요.

적용 질문   적용 질문을 통하여 자연의 아름다움을 감상하며 찬양할 줄 아는 삶을 누리도록 이끌어 주고 자연을 더 아름답게 지키고 가꾸면서 하나님과 더불어 아름다움을 감상하는 삶을 살아가도록 다짐합니다. 아마 이 때쯤 자연이 아름다운 곳으로 소풍을 가서 자연을 즐기면서 찬양하는 예배를 드리는 것도 좋을 것입니다.

5. 창3:8-19, 인간의 타락은 하나님, 인간, 자연과의 관계에 어떤 영향을 미쳤습니까?

> 창 3:8, 그들이 날이 서늘할 때에 동산에 거니시는 여호와 하나님의 음성을 듣고 아담과 그 아내가 여호와 하나님의 낯을 피하여 동산 나무 사이에 숨은지라
> 9, 여호와 하나님이 아담을 부르시며 그에게 이르시되 네가 어디 있느냐
> 10, 가로되 내가 동산에서 하나님의 소리를 듣고 내가 벗었으므로 두려워하여 숨었나이다
> 11, 가라사대 누가 너의 벗었음을 네게 고하였느냐 내가 너더러 먹지 말라

명한 그 나무 실과를 네가 먹었느냐

12, 아담이 가로되 하나님이 주셔서 나와 함께 하게 하신 여자 그가 그 나무 실과를 내게 주므로 내가 먹었나이다

13, 여호와 하나님이 여자에게 이르시되 네가 어찌하여 이렇게 하였느냐 여자가 가로되 뱀이 나를 꾀므로 내가 먹었나이다

14, 여호와 하나님이 뱀에게 이르시되 네가 이렇게 하였으니 네가 모든 육축과 들의 모든 짐승보다 더욱 저주를 받아 배로 다니고 종신토록 흙을 먹을지니라

15, 내가 너로 여자와 원수가 되게 하고 너의 후손도 여자의 후손과 원수가 되게 하리니 여자의 후손은 네 머리를 상하게 할 것이요 너는 그의 발꿈치를 상하게 할 것이니라 하시고

16, 또 여자에게 이르시되 내가 네게 잉태하는 고통을 크게 더하리니 네가 수고하고 자식을 낳을 것이며 너는 남편을 사모하고 남편은 너를 다스릴 것이니라 하시고

17, 아담에게 이르시되 네가 네 아내의 말을 듣고 내가 너더러 먹지 말라 한 나무 실과를 먹었은즉 땅은 너로 인하여 저주를 받고 너는 종신토록 수고하여야 그 소산을 먹으리라

18, 땅이 네게 가시덤불과 엉겅퀴를 낼 것이라 너의 먹을 것은 밭의 채소인즉

19, 네가 얼굴에 땀이 흘러야 식물을 먹고 필경은 흙으로 돌아가리니 그 속에서 네가 취함을 입었음이라 너는 흙이니 흙으로 돌아갈 것이니라 하시니라

1) 하나님과 관계가 깨어져 하나님의 낯을 피하는 관계가 되었습니다.

불행한 일이지요.

2) 아담이 하와를 보고 이는 "내 뼈 중의 뼈"라고 감탄하며 한 몸을 인식하던 것과는 반대로 "여자 그가" 라고 삼자로 지칭하며 책임을 전가하는 인간 관계에서 진실이 파괴 되고 사랑이 파괴되는 것을 보여 줍니다.

3) 인간의 타락으로 땅이 저주를 받고 자연도 저주를 받고 자연과 인간 사이도 파괴적이고 적대적인 관계로 전락하는 것을 봅니다.

땅은 가시덤불과 엉겅퀴를 내는 저주 받은 땅으로 변하여 버립니다.

하나님을 불신하고 거부하는 것도 타락한 죄인의 모습이고 인간 간에 이기적인 것도 타락한 죄인의 모습이지만 자연을 파괴하는 것도 타락한 죄인의 모습입니다.

구원받은 우리는 자연도 사랑하는 모습으로 바뀌어야 합니다.

> **적용 질문** 적용질문을 통하여 그렇게 변화된 삶을 살도록 다짐합니다.

6. 롬8:21-22 만물이 고대하는 바가 무엇입니까?

롬 8:21, 그 바라는 것은 피조물도 썩어짐의 종 노릇 한 데서 해방되어 하나님의 자녀들의 영광의 자유에 이르는 것이니라
22, 피조물이 다 이제까지 함께 탄식하며 함께 고통 하는 것을 우리가 아나니

피조물이 자연만물 모두가 해방되기를 기다리고 함께 탄식하며 고통

한다고 말합니다. 인간이 타락하고 죄인이 되어 인간만 고통 하는 것이 아니라 자연이 모두 함께 고통 한다는 것입니다.

인간이 모두 구원 받아 하나님 자녀의 영광을 보기를 자연도 함께 기대 한다는 것이니 인간과 자연을 공동 운명체로 가르치고 있는 말씀입니다.

적용 질문　적용 질문을 통하여 그렇다면 인간이 자연과의 공동 운명체로서 자연을 사랑하고 지키고 보전하고 아끼는 태도를 가져야 한다는 점을 서로 말하게 이끌어 주고 다짐하게 합니다.

7. 창2:15 인간의 자연에 대한 책임이 무엇입니까?

창 2:15, 여호와 하나님이 그 사람을 이끌어 에덴 동산에 두사 그것을 다스리며 지키게 하시고

하나님께서는 인간에게 자연을 다스리며 지키는 책임을 주셨습니다. 다스린다는 것은 구박하거나 독재하는 것이 아니고 책임지고 살핀다는 것이며 지킨다는 것은 보전하고 가꾼다는 것인즉 인간은 자연을 가꾸고 보전하고 보살필 책임이 있는 것입니다.

적용 질문　적용 질문을 통하여 자연을 보호 관리하는 책임을 확인하고 자연을 지키는 환경 파수꾼의 사명을 다짐합니다. 환경 윤리를 공부하면서는 오염 방지를 위한 재활용품 사용의 지혜나 환경 오염 줄이기 위한 방책 등을 토론하고 실습하는 일도 생각해 보시기 바랍니다.

CHAPTER 8

생활

1. 잠6:6-11이 가르치는 생활 방식은 무엇입니까?

잠 6:6, 게으른 자여 개미에게로 가서 그 하는 것을 보고 지혜를 얻으라
7, 개미는 두령도 없고 간역자도 없고 주권자도 없으되
8, 먹을 것을 여름 동안에 예비하며 추수 때에 양식을 모으느니라
9, 게으른 자여 네가 어느 때까지 눕겠느냐 네가 어느 때에 잠이 깨어 일어나겠느냐
10, 좀더 자자, 좀더 졸자, 손을 모으고 좀더 눕자 하면
11, 네 빈궁이 강도같이 오며 네 곤핍이 군사같이 이르리라

근면한 생활 방식을 가르칩니다.

그리스도인은 근면하게 일하고 부지런히 최선을 다하여 일하는 생활 방식으로 살아 가야 합니다. 무위도식, 일은 안하고 잘 살겠다는 그러한 태도는 그리스도인의 가치관이 아닙니다.

개미는 두령이 없어도 감독자가 없어도 스스로 알아서 열심히 일한다는 것입니다. 그러므로 개미에게서 배우라 하니 스스로 근면하지 못한

사람은 개미만도 못하다 하게 됩니다.

> 적용 질문   적용 질문을 통하여 각자 부지런히 근면하게 사는 지 점검하고 근면한 생활방식을 살게 이끌어 줍니다.

2. 잠11:3, 19:1, 28:6 이 가르치는 생활방식은 어떤 것입니까?

   잠 11:3, 정직한 자의 성실은 자기를 인도하거니와 사특한 자의 패역은 자기를 망케 하느니라
   잠 19:1, 성실히 행하는 가난한 자는 입술이 패려하고 미련한 자보다 나으니라
   잠 28:6, 성실히 행하는 가난한 자는 사곡히 행하는 부자보다 나으니라

성실한 생활 방식입니다.

그리스도인은 일확천금을 꿈꾸는 스타일이나 한탕주의와는 멀어야 합니다. 한 단계 한 과정 성실함으로 살아가야 합니다. 성실하게 살면서 혹 가난하더라도 사곡한 부자 즉 부정 부패로 부자로 사는 것보다 낫다는 것입니다.

> 적용 질문   적용 질문을 통하여 성실한 삶을 살기를 다짐합니다.

3. 사47:8-9, 약5:5, 계18:7, 성도가 피해야 할 생활 방식은 무엇입니까?

   사 47:8, 그러므로 사치하고 평안히 지내며 마음에 이르기를 나뿐이라

나 외에 다른 이가 없도다 나는 과부로 지내지도 아니하며 자녀를 잃어
버리는 일도 모르리라 하는 자여 너는 이제 들을지어다

9, 한 날에 홀연히 자녀를 잃으며 과부가 되는 이 두 일이 네게 임할 것이
라 네가 무수한 사술과 많은 진언을 베풀지라도 이 일이 온전히 네게 임
하리라

약 5:5, 너희가 땅에서 사치하고 연락하여 도살의 날에 너희 마음을 살지
게 하였도다

계 18:7, 그가 어떻게 자기를 영화롭게 하였으며 사치하였든지 그만큼 고
난과 애통으로 갚아 주라 그가 마음에 말하기를 나는 여황으로 앉은 자
요 과부가 아니라 결단코 애통을 당하지 아니하리라 하니

위의 성경말씀들은 사치하고 허영에 사는 것을 경고하는 말씀입니
다. 그리스도인은 사치스럽게 살아서는 안됩니다. 검소하게 살아야 합
니다. 부자라고 해도 검소하게 살면서 가치 있는 일에 재물을 사용할 줄
알아야 합니다.

> 적용 질문   적용 질문을 통하여 사치스러운 생활이 혹 있으면 반성하
고 검소한 생활 방식을 채택하도록 이끌어 줍니다.

4. 딤전2:9-10, 어떤 생활 방식이 장려 되고 있습니까?

딤전 2:9, 또 이와 같이 여자들도 아담한 옷을 입으며 염치와 정절로 자기
를 단장하고 많은 머리와 금이나 진주나 값진 옷으로 하지 말고

10, 오직 선행으로 하기를 원하라 이것이 하나님을 공경한다 하는 자들에

게 마땅한 것이니라

검소하고 소박한 생활 방식을 권합니다. 검소하게 살면서 선행을 힘쓰는 삶 말입니다. 화려하고 값비싼 옷 치장이나 외면 장식이 중요한 게 아니라 오히려 검소하고 소박하면서 선행하는 아름다움을 권하고 있습니다.

적용 질문   적용 질문을 통하여 검소한 생활 방식을 확실히 선택하도록 결단하게 합니다.

5. 잠11:24-25, 행 20:35, 어떤 생활이 장려 됩니까?

잠 11:24, 흩어 구제하여도 더욱 부하게 되는 일이 있나니 과도히 아껴도 가난하게 될 뿐이니라
25, 구제를 좋아하는 자는 풍족하여질 것이요 남을 윤택하게 하는 자는 윤택하여지리라
행 20:35, 범사에 너희에게 모본을 보였노니 곧 이같이 수고하여 약한 사람들을 돕고 또 주 예수의 친히 말씀하신 바 주는 것이 받는 것보다 복이 있다 하심을 기억하여야 할지니라

구제하고 나누어 주는 생활 방식을 권합니다.
주는 것이 받는 것보다 복되다 하시며 구제할 때 풍족하여 지는 진리를 가르칩니다.

적용 질문 적용 질문을 통하여 나누고 봉사하는 삶을 살도록 다짐합니다.

6. 위의 성경구절들을 종합할 때 그리스도인의 생활 방식이 어떤 것이라고 하겠습니까?

   1) 근면
   2) 성실
   3) 검소
   4) 나눔(봉사)

   적용 질문 적용 질문을 통하여 이러한 성경적 라이프 스타일 생활 방식을 채택하여 살 것을 다짐합니다.

7. 요6:27, 63 그리스도인은 어떤 가치를 소중히 해야 되겠습니까?

   요 6:27, 썩은 양식을 위하여 일하지 말고 영생하도록 있는 양식을 위하여 하라 이 양식은 인자가 너희에게 주리니 인자는 아버지 하나님의 인치신 자니라

   요 6:63, 살리는 것은 영이니 육은 무익하니라 내가 너희에게 이른 말이 영이요 생명이라

   그리스도인들은 세상적 가치나 현세적 가치보다는 영원한 가치를 추구하고 육신적 가치보다는 영적인 가치를 더 소중히 할 줄 아는 생활 방

식을 가지고 살아야 합니다.

>적용 질문 적용 질문을 통하여 영원한 가치에 삶의 목표를 두게 하고 이 세상 삶을 적절히 통제하며 위의 근면 성실 검소 나눔의 생활 방식이 가능하게 하는 정신적 다짐을 하게 합니다. 생활 방식을 공부하는 동안 검소하게 아껴서 나누는 일을 공동으로 실천하는 프로젝트를 만들어 보면 더욱 좋겠습니다. 매달 아낀 돈을 모아 어려운 이웃이나 시설을 돕는 일 등을 시도하는 것이지요.

PART 4
더욱 성장하기

"더욱 성장하기"는 성도의 인생관과 가치관 제자도 그리고 중보기도 사역 등 한 차원 높은 신앙과 삶 그리고 교회 봉사나 세계 봉사 등 성도의 더 높은 성장을 목표로 합니다. 여덟 과를 공부하는 동안 세 권의 책을 필독서로 읽도록 되어 있습니다. 두 주에 한 권씩 읽도록 합니다. 초반에 다 읽도록 하는 것이 도움이 됩니다. 읽고 소감문을 써오도록 합니다. 노인들의 경우가 아니라면 책을 읽고 반드시 소감문을 써 오도록 해야 합니다. 첫 시간에 이러한 사항을 미리 알려 주고 보고서 받는 날을 예시합니다. 보고서는 두 주에 한 번씩 받아 두십시오. 그리고 소감문 보고서를 다 읽고 격려하여 되돌려 줍니다. 교재를 공부할 때 성경지식이 목적이 아니고 말씀대로 변화되고 살아가는 것이 중요합니다. 이를 위하여 모이면 먼저 찬양하고 Q.T 한 것을 나누고 공부합니다. 교재 공부가 끝나면 기도하는 시간을 가져야 합니다. 말씀에 반응하여 결단하거나 고백하는 기도와 중보기도 훈련을 하면서 기도하는 제자훈련 그룹 또는 학교를 만들어 가야 합니다. 기도 없는 제자훈련이 공허하게 됩니다. 말씀과 기도로 성령 체험을 함께 하는 학습이 되게 해야 합니다

"더욱 성장하기"는 성도의 인생관과 가치관 제자도 그리고 중보기도 사역 등 한 차원 높은 신앙과 삶 그리고 교회 봉사나 세계 봉사 등 성도의 더 높은 성장을 목표로 합니다.

여덟 과를 공부하는 동안 세 권의 책을 필독서로 읽도록 되어 있습니다.

두 주에 한 권씩 읽도록 합니다.

초반에 다 읽도록 하는 것이 도움이 됩니다.

읽고 소감문을 써오도록 합니다.

노인들의 경우가 아니라면 책을 읽고 반드시 소감문을 써 오도록 해야 합니다.

첫 시간에 이러한 사항을 미리 알려 주고 보고서 받는 날을 예시합니다.

보고서는 두 주에 한 번씩 받아 두십시오.

그리고 소감문 보고서를 다 읽고 격려하여 되돌려 줍니다.

교재를 공부할 때 성경지식이 목적이 아니고 말씀대로 변화되고 살아가는 것이 중요합니다.

이를 위하여 모이면 먼저 찬양하고 Q.T 한 것을 나누고 공부합니다.

교재 공부가 끝나면 기도하는 시간을 가져야 합니다.

말씀에 반응하여 결단하거나 고백하는 기도와 중보기도 훈련을 하면서 기도하는 제자훈련 그룹 또는 학교를 만들어 가야 합니다.

기도 없이는 제자훈련이 공허하게 됩니다.

말씀과 기도로 성령 체험을 함께 하는 학습이 되게 해야 합니다

CHAPTER 1

인생관

1. 시90:3-12,히11:13,벧전2:11 깨달아야 할 인생관이 무엇입니까?

    시 90:3, 주께서 사람을 티끌로 돌아가게 하시고 말씀하시기를 너희 인생들은 돌아가라 하셨사오니

    4, 주의 목전에는 천 년이 지나간 어제 같으며 밤의 한 경점 같을 뿐임이니이다

    5, 주께서 저희를 홍수처럼 쓸어 가시나이다 저희는 잠깐 자는 것 같으며 아침에 돋는 풀 같으니이다

    6, 풀은 아침에 꽃이 피어 자라다가 저녁에는 벤 바 되어 마르나이다

    7, 우리는 주의 노에 소멸되며 주의 분내심에 놀라나이다

    8, 주께서 우리의 죄악을 주의 앞에 놓으시며 우리의 은밀한 죄를 주의 얼굴 빛 가운데 두셨사오니

    9, 우리의 모든 날이 주의 분노 중에 지나가며 우리의 평생이 일식간에 다하였나이다

    10, 우리의 연수가 칠십이요 강건하면 팔십이라도 그 연수의 자랑은 수고와 슬픔뿐이요 신속히 가니 우리가 날아가나이다

    11, 누가 주의 노의 능력을 알며 누가 주를 두려워하여야 할 대로 주의 진

노를 알리이까

12, 우리에게 우리 날 계수함을 가르치사 지혜의 마음을 얻게 하소서

인생은 이 지상에서는 나그네이며 그 년 수가 길지 못하다는 것을 깨달아야 합니다.

> 히 11:13, 이 사람들은 다 믿음을 따라 죽었으며 약속을 받지 못하였으되 그것들을 멀리서 보고 환영하며 또 땅에서는 외국인과 나그네로라 증거하였으니
>
> 벧전 2:11, 사랑하는 자들아 나그네와 행인 같은 너희를 권하노니 영혼을 거스려 싸우는 육체의 정욕을 제어하라.

마치 이 땅에서 천년 만년 살 것처럼 규모 없이 살아서는 안됩니다. 짧은 인생을 보람 있게, 가치 있게 살아야겠다는 각성이 필요 합니다. 날 계수함을 알아야 합니다. 즉 우리 인생의 짧음을 알고 하나님 앞에서 귀하게 살아야 합니다.

적용 질문 적용 질문을 통하여 나그네 인생을 자각하게 하고 땅에 보물을 쌓고자 하는 어리석은 인생을 살고 있지는 않은지 돌아보게 합니다.

2. 전12:1, 13 인생의 본분이 무엇입니까?

전 12:1, 너는 청년의 때 곧 곤고한 날이 이르기 전, 나는 아무 낙이 없다

고 할 해가 가깝기 전에 너의 창조자를 기억하라
전 12:13, 일의 결국을 다 들었으니 하나님을 경외하고 그 명령을 지킬지어다 이것이 사람의 본분이니라

전도서에서는 모든 것이 헛된 것임을 깨우치면서 청년의 때에 창조자를 기억하는 삶이 귀한 것임을 가르칩니다.

그러하기에 오직 여호와 하나님을 섬기고 순종하는 것이 가장 가치있고 꼭 그렇게 살아야 할 본분이라고 가르칩니다.

우리의 삶은 하나님을 섬기는 일, 하나님께 영광을 돌리는 일에서 그 본분을 찾아야 하고 의미를 얻게 된다는 것입니다.

적용 질문 적용 질문을 통하여 세상의 허영을 구하는 삶을 반성하고 하나님의 영광을 구하는 삶을 결단하게 합니다.

3. 전9:7-10 소박한 인생관이 무엇입니까?

전 9:7, 너는 가서 기쁨으로 네 식물을 먹고 즐거운 마음으로 네 포도주를 마실지어다 이는 하나님이 너의 하는 일을 벌써 기쁘게 받으셨음이니라
8, 네 의복을 항상 희게 하며 네 머리에 향기름을 그치지 않게 할지니라
9, 네 헛된 평생의 모든 날 곧 하나님이 해 아래서 네게 주신 모든 헛된 날에 사랑하는 아내와 함께 즐겁게 살지어다 이는 네가 일평생에 해 아래서 수고하고 얻은 분복이니라
10, 무릇 네 손이 일을 당하는 대로 힘을 다하여 할지어다 네가 장차 들어갈 음부에는 일도 없고 계획도 없고 지식도 없고 지혜도 없음이니라

전도서는 해 아래 모든 것이 헛됨을 가르치면서 하나님을 섬기고 하나님의 영광을 추구하는 삶을 전제로 소박한 인생관을 가르칩니다.

1) 7-8절에서는 평상시 먹고 살며 옷 입고 사는 것에서 소박하지만 즐겁게 사는 것을 말합니다. 이는 식도락가가 되라는 말이 아니라 즐거운 마음으로 음식을 먹으라는 것입니다.

맛있게 만들어 먹는 것은 권장되는 일입니다. 또 적당한 화장도 하고 옷 맵시도 내면서 말입니다. 여기서 즐거운 마음으로 포도주를 마시라고 하니까 한국교회가 금하고 있는 술을 열심히 마시라는 말로 받아들이지는 마십시오. 이스라엘 식탁에는 포도주는 음료이지 취하기 위하여 마시는 알코올로 취급된 것이 아니기 때문입니다.

2) 9절에서는 부부가 서로 사랑하며 오순도순 살아가는 행복을 말씀합니다.

이 세상에서 부부간에 사랑하며 행복하게 사는 것은 소박하나 하나님의 축복의 기본이라고 가르칩니다.

3) 10절에서는 일하는 즐거움으로 살라는 것입니다.

우리가 일 할 때 열심으로 일하는 그것을 행복으로 알고 하라는 것입니다. 평범한 중에 행복을 찾아 누리라는 것입니다.

적용 질문 적용 질문을 통하여 허영이 아닌 소박한 일상적 삶에서 행복을 찾을 줄 아는 지혜를 얻도록 생각을 나누어 봅니다.

4. 요4:32-35 예수님의 양식이 무엇입니까?

요 4:32, 가라사대 내게는 너희가 알지 못하는 먹을 양식이 있느니라
33, 제자들이 서로 말하되 누가 잡수실 것을 갖다 드렸는가 한대
34, 예수께서 이르시되 나의 양식은 나를 보내신 이의 뜻을 행하며 그의 일을 온전히 이루는 이것이니라
35, 너희가 넉 달이 지나야 추수할 때가 이르겠다 하지 아니하느냐 내가 너희에게 이르노니 눈을 들어 밭을 보라 희어져 추수하게 되었도다

우리는 먹고 살기 위하여 열심히 일한다는 차원으로 살 때가 많습니다. 예수님은 전혀 다릅니다.

예수님은 보내신 이 즉 하나님의 뜻을 이루며 그의 일을 온전히 이루는 것을 인생의 목적으로 삼고 그렇게 살았습니다.

그래서 사마리아 여인을 전도하는 동안 배 고픈 줄도 모르고 열심히 하셨으며 제자들에게 자신의 인생관을 보여 주셨습니다.

그리스도인들은 소명적 인생관을 갖고 살아야 합니다.

이 땅에서 하나님의 부르심과 하나님께서 맡기신 것을 이루는 삶을 살아가야 합니다.

> **적용 질문** 적용 질문을 통하여 하나님의 부르심과 맡기심이 아닌 자신의 야망으로 살아가는 것은 반성하고 하나님의 부르심과 맡기심에 따라 살아가는 소명적 인생을 살아가게 지도합니다.

5. 요12:23-26 예수님의 영광의 때는 언제입니까?

요 12:23, 예수께서 대답하여 가라사대 인자의 영광을 얻을 때가 왔도다
24, 내가 진실로 진실로 너희에게 이르노니 한 알의 밀이 땅에 떨어져 죽지 아니하면 한 알 그대로 있고 죽으면 많은 열매를 맺느니라
25, 자기 생명을 사랑하는 자는 잃어버릴 것이요 이 세상에서 자기 생명을 미워하는 자는 영생하도록 보존하리라
26, 사람이 나를 섬기려면 나를 따르라 나 있는 곳에 나를 섬기는 자도 거기 있으리니 사람이 나를 섬기면 내 아버지께서 저를 귀히 여기시리라

예수님은 자신의 영광의 때를 십자가에서 죽는 때로 말하고 있습니다. 십자가의 죽음은 비참한 수치의 때일 수 있습니다. 그런데 예수님은 오히려 십자가의 죽음의 때를 영광의 때라고 말하고 있습니다.

그것은 예수님의 인생관이 하나님의 뜻을 이루는 삶이었고 십자가의 때는 고통이기는 하지만 하나님의 뜻을 완성하는 때이기 때문입니다.

예수님은 하나님의 뜻을 이루기 위하여 살고 하나님의 뜻을 이루기 위하여 죽는 것을 철저한 인생관으로 하고 있었던 것입니다.

한 알의 밀이 땅에 떨어져 죽을 때 많은 열매를 맺습니다.

예수님이 죽어 많은 사람의 구원을 이루듯이 말입니다.

우리는 살고 죽는 문제가 하나님께 있고 또 하나님의 뜻을 이루는 것이 되기를 소원하며 살아야 합니다.

적용 질문 　적용질문을 통하여 우리가 추구하는 영광과 예수님의 영

광을 비교하고 허영을 구하는 삶을 회개하고 주님을 따르고 주의 뜻을 이루는 삶이 되기를 다짐하고 서원하게 합니다.

6. 요6:27 예수님의 권하신 인생관이 무엇입니까?

요 6:27, 썩은 양식을 위하여 일하지 말고 영생하도록 있는 양식을 위하여 하라 이 양식은 인자가 너희에게 주리니 인자는 아버지 하나님의 인치신 자니라

썩는 양식을 위하여 일하지 말고 영생하도록 있는 양식을 위하여 살라 합니다.

우리는 이 지상에서 썩는 양식을 구하여 허둥대며 사는 경우가 많습니다. 그러나 진정한 삶은 영원한 양식, 영생하는 양식, 영원한 가치, 영원한 의미를 추구하는 삶이어야 합니다.

적용 질문 적용질문을 통하여 세상적 가치보다 영원한 가치를 더 추구하는 인생으로 살도록 촉구합니다.

7. 롬12:1-2 바울 사도가 권한 인생관이 무엇입니까?

롬 12:1, 그러므로 형제들아 내가 하나님의 모든 자비하심으로 너희를 권하노니 너희 몸을 하나님이 기뻐하시는 거룩한 산 제사로 드리라 이는 너희의 드릴 영적 예배니라
2, 너희는 이 세대를 본받지 말고 오직 마음을 새롭게 함으로 변화를 받아 하

나님의 선하시고 기뻐하시고 온전하신 뜻이 무엇인지 분별하도록 하라

하나님이 기뻐하는 제사로서의 인생의 삶을 살라 합니다.

그러기 위하여 이 세대를 본받지 말라 하십니다.

이 세상 사람들 불신자들이 살아가는 방식대로 살지 말라는 것입니다. 그 대신 하나님의 뜻을 분별하고 따르는 삶을 살라고 합니다.

우리는 하나님의 뜻을 구하고 분별하고 따르는 삶이어야 합니다.

허영과 욕심과 야망에 사는 것이 아니라 하나님 중심으로 살아가야 합니다.

적용 질문 적용 질문을 통하여 하나님을 기쁘시게 하는 삶을 살도록 결단하게 합니다.

CHAPTER 2

청지기

1. **시24:1 당신을 포함한 이 세상의 주인이 누구입니까?**

    시 24:1, 땅과 거기 충만한 것과 세계와 그 중에 거하는 자가 다 여호와의 것이로다

    이 세상에 존재하는 모든 것은 하나님의 것입니다.
    나를 포함한 인간도 하나님의 것입니다.
    나 자신이 내 것이 아니라 하나님의 것임을 깨닫는 것은 중요합니다.
    <u>적용 질문</u>   적용 질문을 통하여 각자 자신이 하나님의 것임을 고백하는, 하나님을 주인으로 고백하는 믿음을 확인합니다.

2. **갈2:20 우리는 누구를 인하여 사는 것입니까?**

    갈 2:20, 내가 그리스도와 함께 십자가에 못 박혔나니 그런즉 이제는 내가 산 것이 아니요 오직 내 안에 그리스도께서 사신 것이라 이제 내가 육체 가운데 사는 것은 나를 사랑하사 나를 위하여 자기 몸을 버리신 하나님의 아들을 믿는 믿음 안에서 사는 것이라

우리는 죽을 운명이요 망할 운명인데 그리스도의 구속으로 사죄 받고 구원 받아 하나님의 자녀가 되고 천국 시민이 되었습니다.

우리는 이제 그리스도 주님의 은혜로 삽니다.

이 은혜에 사는 사람은 그리스도 주님 때문에 살고 주님을 위하여 삽니다.

우리 그리스도인들은 이중적으로 청지기 인생입니다.

첫째는 위에서 본 것처럼 하나님께서 지으신 하나님의 소유이기 때문이고 둘째는 예수 그리스도의 구속으로 살게 된 은혜의 산물로서 은혜에 감격하여 우리 자신을 주님의 것으로 드리고 고백하는 삶이므로 청지기 인생을 사는 것입니다.

> 적용 질문 적용 질문을 통하여 그리스도 때문에 살고 그리스도를 위하여 사는 인생을 고백하게 합니다.

3. 엡5:15-20 우리에게 주어진 시간과 인생을 어떻게 살아야 합니까?

엡 5:15, 그런즉 너희가 어떻게 행할 것을 자세히 주의하여 지혜 없는 자 같이 말고 오직 지혜 있는 자같이 하여

16, 세월을 아끼라 때가 악하니라

17, 그러므로 어리석은 자가 되지 말고 오직 주의 뜻이 무엇인가 이해하라

18, 술 취하지 말라 이는 방탕한 것이니 오직 성령의 충만을 받으라

19, 시와 찬미와 신령한 노래들로 서로 화답하며 너희의 마음으로 주께 노래하며 찬송하며

20, 범사에 우리 주 예수 그리스도의 이름으로 항상 아버지 하나님께 감사하며

15절은 지혜 있게 행할 것을 생각하며 살아야 합니다.

무엇을 해야 하는가 무엇을 하지 말아야 하는가를 생각하고, 무엇을 먼저 하고 무엇을 뒤에 할 것인가도, 무엇이 중요한가도 생각하며, 우선순위를 생각하는 삶을 살아야 합니다.

그러한 삶은 청지기로서 중요합니다.

16절은 세월을 아끼라는 것입니다.

게으르게 살거나 시간을 낭비하며 살지 말고 아끼며 살라는 것입니다. 여기서 이 말씀의 원어 풀이를 하면 더욱 진지해집니다.

세월이란 말은 카이로스인데 헬라어에는 크로노스라는 단어와 카이로스라는 단어가 대조적인 단어로 쓰입니다.

크로노스는 연대기적인 시간이고 카이로스는 결정적 시간, 의미 있는 시간을 뜻합니다.

크로노스로는 하루 24시간이라도 카이로스 로는 각각 다릅니다.

그리고 아끼라는 말로 번역된 단어 엑싸고라조메노이라는 단어는 값을 지불하고 사다, 구속 또는 대속 하다라는 뜻입니다.

그러면 의미 있는 시간을 사들이라는 뜻으로 보든지 의미 있는 시간이 되게 시간을 구속하라는 뜻이므로 대단히 진지한 말인 것입니다.

악한 풍조 속에 흘러가는 시간을 값을 지불하여 사들이므로 의미 있

는 시간이 되게 하라는 것이지요.

17절은 주님의 뜻을 분별하고 주님의 뜻대로 살아야 합니다.

청지기는 주인의 뜻에 따라 사는 사람입니다.

가장 의미 있는 시간은 주님의 뜻을 이루는 시간입니다.

주님 뜻대로 행하고 사는 것이 청지기 인생이기에 주님의 뜻을 이해하고 순종하는 것이 중요합니다.

18절은 주님의 뜻을 잘 이해하고 또 잘 수행하려면 성령 충만해야 합니다. 성령 충만하게 살아가는 인생이 청지기로 승리하는 인생이 되는 것입니다.

주님의 뜻을 이해하는 영적 능력도 성령의 은혜요, 주님의 뜻을 수행할 수 있는 능력도 성령의 은혜인 것입니다.

성령 충만하기 위하여는 술 취하여 사는 인생은 버려야 합니다.

술도 취하고 성령도 충만한 삶은 불가능하기 때문입니다.

19-20절은 찬양과 감사로 살아가는 것입니다.

청지기는 주님의 뜻을 이루면서 감사하고 찬양하며 살아 가야 합니다. 그리고 그것은 바로 천국의 삶이고 행복한 삶이기도 합니다.

적용 질문 적용질문을 통하여 자신들의 삶이 청지기로서 주님 뜻대로 살아가는 것인지 점검하고 주님 뜻에 순종하여 사는 인생을 결심하게 합니다. 그리고 감사와 찬미로 주께 영광 돌리며 살아가기를 다짐합니다.

4. 마25:14-30, 재능을 어떻게 사용해야 합니까?

마 25:14, 또 어떤 사람이 타국에 갈제 그 종들을 불러 자기 소유를 맡김 과 같으니

15, 각각 그 재능대로 하나에게는 금 다섯 달란트를, 하나에게는 두 달란트를, 하나에게는 한 달란트를 주고 떠났더니

16, 다섯 달란트 받은 자는 바로 가서 그것으로 장사하여 또 다섯 달란트를 남기고

17, 두 달란트를 받은 자도 그같이 하여 또 두 달란트를 남겼으되

18, 한 달란트 받은 자는 가서 땅을 파고 그 주인의 돈을 감추어 두었더니

19, 오랜 후에 그 종들의 주인이 돌아와 저희와 회계할새

20, 다섯 달란트 받았던 자는 다섯 달란트를 더 가지고 와서 가로되 주여 내게 다섯 달란트를 주셨는데 보소서 내가 또 다섯 달란트를 남겼나이다

21, 그 주인이 이르되 잘 하였도다 착하고 충성된 종아 네가 작은 일에 충성하였으매 내가 많은 것으로 네게 맡기리니 네 주인의 즐거움에 참여할지어다 하고

22, 두 달란트 받았던 자도 와서 가로되 주여 내게 두 달란트를 주셨는데 보소서 내가 또 두 달란트를 남겼나이다

23, 그 주인이 이르되 잘 하였도다 착하고 충성된 종아 네가 작은 일에 충성하였으매 내가 많은 것으로 네게 맡기리니 네 주인의 즐거움에 참여할지어다 하고

24, 한 달란트 받았던 자도 와서 가로되 주여 당신은 굳은 사람이라 심지 않은 데서 거두고 헤치지 않은 데서 모으는 줄을 내가 알았으므로

25, 두려워하여 나가서 당신의 달란트를 땅에 감추어 두었나이다 보소

서 당신의 것을 받으셨나이다
26, 그 주인이 대답하여 가로되 악하고 게으른 종아 나는 심지 않은 데서 거두고 헤치지 않은 데서 모으는 줄로 네가 알았느냐
27, 그러면 네가 마땅히 내 돈을 취리하는 자들에게나 두었다가 나로 돌아와서 내 본전과 변리를 받게 할 것이니라 하고
28, 그에게서 그 한 달란트를 빼앗아 열 달란트 가진 자에게 주어라
29, 무릇 있는 자는 받아 풍족하게 되고 없는 자는 그 있는 것까지 빼앗기리라
30, 이 무익한 종을 바깥 어두운 데로 내어쫓으라 거기서 슬피 울며 이를 갊이 있으리라 하니라

하나님께서 주신 시간을 주님의 뜻대로 사용하는 것이 청지기 인생입니다. 뿐만 아니라 하나님이 주신 재능과 능력을 주님의 뜻을 따라 사용하는 것이 청지기 인생입니다.

달란트 비유에서는 재능을 최선을 다하여 배로 남기는 인생을 살아가라고 하십니다. 재능 즉 우리에게 주신 능력을 주님께서 주신 생명과 생명의 복음을 위하여 사용하는 것이 중요합니다.

주님이 승천하시면서 우리에게 위임하신 사명은 복음을 전하고 생명을 구하는 사명입니다.

이 사명을 위하여 우리의 재능과 은사를 사용할 때 가장 귀하게 사는 것입니다.

> 적용 질문   적용 질문을 통하여 각자 재능을 주를 위해 사용하는데

최선을 다하는지 어떻게 주를 위해 사용하는지 점검하고 주님께 바치는 재능이 되도록 이끌어 줍니다.

5. 벧전4:10-11 은사를 어떻게 사용해야 합니까?

벧전 4:10, 각각 은사를 받은 대로 하나님의 각양 은혜를 맡은 선한 청지기같이 서로 봉사하라
11, 만일 누가 말하려면 하나님의 말씀을 하는 것같이 하고 누가 봉사하려면 하나님의 공급하시는 힘으로 하는 것같이 하라 이는 범사에 예수 그리스도로 말미암아 하나님이 영광을 받으시게 하려 함이니 그에게 영광과 권능이 세세에 무궁토록 있느니라 아멘

은사 역시 선한 청지기로서 하나님의 영광을 위하여 사용해야 합니다. 은사란 하나님께서 주신 능력을 말합니다. 재능은 태어날 때부터 주신 능력이고 은사는 믿을 때에 주신 성령의 능력입니다. 둘 다 주님을 위하여 사용해야 하는 것이지요.

적용 질문 적용 질문을 통하여 은사도 주님 위해 사용하도록 서로 다짐합니다.

6. 잠3:9-10, 잠11:24-25 재물은 어떻게 사용해야 합니까?

잠 3:9, 네 재물과 네 소산물의 처음 익은 열매로 여호와를 공경하라
10, 그리하면 네 창고가 가득히 차고 네 즙틀에 새 포도즙이 넘치리라

잠 11:24, 흩어 구제하여도 더욱 부하게 되는 일이 있나니 과도히 아껴도 가난하게 될 뿐이니라
25, 구제를 좋아하는 자는 풍족하여질 것이요 남을 윤택하게 하는 자는 윤택하여지리라

청지기란 재물도 주님의 뜻대로 사용하는 것입니다.

재물은

첫째 하나님을 공경하는 일에 사용하라고 하십니다.

주님께 헌금하는데 사용하고 주님 사업, 교회 성장을 위하여 바치는 데 사용하고 전도와 선교를 위하여 바치는 것이 가치 있는 일입니다.

둘째는 어려운 이웃을 구제하고 도와 주는데 사용하는 것입니다.

물론 자신과 가족을 위하여 사용하는 것이 죄가 아니고 사실은 가장 많이 쓰는 곳이지요. 그러기에 주님을 위하여 쓰는 분량, 남을 위하여 쓰는 분량을 넓히라는 것입니다.

적용 질문 적용 질문을 통하여 주님을 위해 쓰는 분량, 이웃을 위해 쓰는 분량이 각자 얼마나 되는지 더 넓히는 방향으로 쓰임새를 만들어 가도록 이끌어 줍니다.

7. 눅17:7-10, 종, 청지기의 자세가 무엇입니까?

눅 17:7, 너희 중에 뉘게 밭을 갈거나 양을 치거나 하는 종이 있어 밭에서 돌아오면 저더러 곧 와 앉아서 먹으라 할 자가 있느냐

8. 도리어 저더러 내 먹을 것을 예비하고 띠를 띠고 나의 먹고 마시는 동안에 수종 들고 너는 그 후에 먹고 마시라 하지 않겠느냐
9. 명한 대로 하였다고 종에게 사례하겠느냐
10. 이와 같이 너희도 명령받은 것을 다 행한 후에 이르기를 우리는 무익한 종이라 우리의 하여야 할 일을 한 것뿐이라 할지니라

주님의 뜻을 이루고 살면서 오직 주님 앞에 종의 자세로 열심을 다하고 그리고는 자랑하거나 공치사 하거나 교만하지 말고 오직 할 일을 한 것뿐이라는 겸손으로 충성하는 것입니다.

적용 질문 적용질문을 통하여 주님 앞에 충성하고 주님께 쓰임 받는 즐거움 하나로 행복을 삼는 인생을 살아가도록 다짐 합니다.

CHAPTER 3

제자도

1. 막8:27-38, 제자의 요건이 무엇입니까?

막 8:27, 예수와 제자들이 가이사랴 빌립보 여러 마을로 나가실새 노중에서 제자들에게 물어 가라사대 사람들이 나를 누구라고 하느냐
28, 여짜와 가로되 세례 요한이라 하고 더러는 엘리야, 더러는 선지자 중의 하나라 하나이다
29, 또 물으시되 너희는 나를 누구라 하느냐 베드로가 대답하여 가로되 주는 그리스도시니이다 하매
30, 이에 자기의 일을 아무에게도 말하지 말라 경계하시고
31, 인자가 많은 고난을 받고 장로들과 대제사장들과 서기관들에게 버린 바 되어 죽임을 당하고 사흘 만에 살아나야 할 것을 비로소 저희에게 가르치시되
32, 드러내 놓고 이 말씀을 하시니 베드로가 예수를 붙들고 간하매
33, 예수께서 돌이키사 제자들을 보시며 베드로를 꾸짖어 가라사대 사단아 내 뒤로 물러가라 네가 하나님의 일을 생각지 아니하고 도리어 사람의 일을 생각하는도다 하시고
34, 무리와 제자들을 불러 이르시되 아무든지 나를 따라오려거든 자기를

부인하고 자기 십자가를 지고 나를 좇을 것이니라
35, 누구든지 제 목숨을 구원코자 하면 잃을 것이요 누구든지 나와 복음을 위하여 제 목숨을 잃으면 구원하리라
36, 사람이 만일 온 천하를 얻고도 제 목숨을 잃으면 무엇이 유익하리요
37, 사람이 무엇을 주고 제 목숨을 바꾸겠느냐
38, 누구든지 이 음란하고 죄 많은 세대에서 나와 내 말을 부끄러워하면 인자도 아버지의 영광으로 거룩한 천사들과 함께 올 때에 그 사람을 부끄러워하리라

29절은 예수님의 제자가 되는 것은 분명한 신앙고백으로 시작됩니다. 예수님을 주로 그리스도 구세주로 믿는 신앙의 사람이 제자입니다.

33절은 예수님의 제자도는 사람의 일을 생각하는 것보다 먼저 하나님의 일을 생각하는 것입니다. 즉 나 중심의 생각이 아니라 하나님 중심의 생각이란 말이지요.

나를 위하여 하나님을 끌어 들이고 이용하는 것이 아니라 하나님을 위하여 나를 내놓는 삶이 되어야 합니다.

34절은 자기를 부인하고 자기 십자가를 지고 주님을 따르는 사람이 제자입니다.

자신을 부인한다는 것 십자가를 진다는 것 즉 자기가 죽는 것, 그리고 주님을 따르는 사람이 진정한 제자라는 것이지요.

나를 내세우는 사람으로서는 제자가 되지 못하고 주님 앞에 자신을 부정하고 포기하고 주님을 따르는 제자가 참 제자라는 말입니다.

35절은 복음을 위하여 주님의 뜻을 위하여 목숨을 내어 놓은 순종의 사람이 진정한 예수님의 제자가 됩니다.

> **적용 질문** 적용질문을 통하여 주님의 제자가 되는 삶을 결단하도록 도와 줍니다. 서로 어느 정도 제자도에 접근했는지 고백하게 하고 철저한 자기 부인과 주님 중심의 삶으로 성숙하도록 이끌어갑니다.

2. 막9:30-37, 이 상황에서 제자들의 관심은 무엇이고 예수님이 가르치신 제자도는 무엇입니까?

막 9:30, 그 곳을 떠나 갈릴리 가운데로 지날새 예수께서 아무에게도 알리고자 아니하시니
31, 이는 제자들을 가르치시며 또 인자가 사람들의 손에 넘기워 죽임을 당하고 죽은 지 삼 일 만에 살아나리라는 것을 말씀하시는 연고더라
32, 그러나 제자들은 이 말씀을 깨닫지 못하고 묻기도 무서워하더라
33, 가버나움에 이르러 집에 계실새 제자들에게 물으시되 너희가 노중에서 서로 토론한 것이 무엇이냐 하시되
34, 저희가 잠잠하니 이는 노중에서 서로 누가 크냐 하고 쟁론하였음이라
35, 예수께서 앉으사 열두 제자를 불러서 이르시되 아무든지 첫째가 되고자 하면 뭇 사람의 끝이 되며 뭇 사람을 섬기는 자가 되어야 하리라 하시고
36, 어린아이 하나를 데려다가 그들 가운데 세우시고 안으시며 제자들에게 이르시되
37, 누구든지 내 이름으로 이런 어린아이 하나를 영접하면 곧 나를 영접함

이요 누구든지 나를 영접하면 나를 영접함이 아니요 나를 보내신 이를 영접함이니라

상황은

예수님께서 곧 십자가에서 죽으실 것을 말씀 하신 상황입니다.

매우 진지하고 심각하며 예수님의 죽음의 시간이 다가오고 있으며 그것을 또 예수님은 제자들에게 말씀하십니다.

제자들의 관심은

제자들은 상황을 전혀 아랑곳 하지 않고 누가 크냐는 논쟁만 하고 있습니다. 예수님은 인류를 위해 죽으러 가시는데 제자들은 서로 누가 크냐 누가 높으냐로 싸우고 있습니다.

제자도

예수님은 진정으로 큰 자는 내려가는 자라고 가르칩니다.

첫째가 되고 싶으면 끝이 되고 섬기는 자가 되어야 한다고 가르칩니다. 높은 대접을 받고자 하는 것이 아니라 내려 가서 다른 이를 섬기는 것이 참된 제자도라는 것입니다.

적용 질문 적용 질문을 통하여 우리가 각자 교회에서도 잘난 체 하고 인정 받기 위해 일하고 알아주지 않는다고 분내는 어린 아이의 신앙이 없는지 반성하고 자기를 죽이고 낮추어 섬기는 자로 성숙하기를 다짐합니다.

3. 막10:32-45, 이 상황에서 제자들의 관심이 무엇이고 예수님이 가르친 제자도는 무엇입니까?

막 10:32, 예루살렘으로 올라가는 길에 예수께서 제자들 앞에 서서 가시는데 저희가 놀라고 좇는 자들은 두려워하더라 이에 다시 열두 제자를 데리시고 자기의 당할 일을 일러 가라사대

33, 보라 우리가 예루살렘에 올라가노니 인자가 대제사장들과 서기관들에게 넘기우매 저희가 죽이기로 결안하고 이방인들에게 넘겨 주겠고

34, 그들은 능욕하며 침 뱉으며 채찍질하고 죽일 것이니 저는 삼 일 만에 살아나리라 하시니라

35, 세베대의 아들 야고보와 요한이 주께 나아와 여짜오되 선생님이여 무엇이든지 우리의 구하는 바를 우리에게 하여 주시기를 원하옵나이다

36, 이르시되 너희에게 무엇을 하여 주기를 원하느냐

37, 여짜오되 주의 영광 중에서 우리를 하나는 주의 우편에, 하나는 좌편에 앉게 하여 주옵소서

38, 예수께서 가라사대 너희 구하는 것을 너희가 알지 못하는도다 너희가 나의 마시는 잔을 마시며 나의 받는 세례를 받을 수 있느냐

39, 저희가 말하되 할 수 있나이다 예수께서 이르시되 너희가 나의 마시는 잔을 마시며 나의 받는 세례를 받으려니와

40, 내 좌우편에 앉는 것은 나의 줄 것이 아니라 누구를 위하여 예비되었든지 그들이 얻을 것이니라

41, 열 제자가 듣고 야고보와 요한에 대하여 분히 여기거늘

42, 예수께서 불러다가 이르시되 이방인의 소위 집권자들이 저희를 임의로 주관하고 그 대인들이 저희에게 권세를 부리는 줄을 너희가 알거

니와

43, 너희 중에는 그렇지 아니하니 너희 중에 누구든지 크고자 하는 자는 너희를 섬기는 자가 되고

44, 너희 중에 누구든지 으뜸이 되고자 하는 자는 모든 사람의 종이 되어야 하리라

45, 인자의 온 것은 섬김을 받으려 함이 아니라 도리어 섬기려 하고 자기 목숨을 많은 사람의 대속물로 주려 함이니라

상황은

예수님이 예루살렘에 올라가면 대제사장과 장로들에게 잡혀 죽임을 당할 것이라고 말씀하시는 상황입니다.

진지하고 심각한 상황이고 희생을 예견하는 상황입니다.

제자들의 관심

제자들은 그런데 십자가에는 마음이 없고 부활하고 영광 중에 즉위할 때만 생각하고 예수님이 왕이 되시는 때에 하나는 좌편에 하나는 우편에 앉게 해달라고 합니다. 정치적으로 즉위하면 좌정승 우정승 높은 자리를 달라고 청탁을 하고 있습니다.

높은 자리 영광스러운 자리를 차지하겠다고 다투는 것입니다.

야고보와 요한 형제가 그러한 청탁을 하고 있고 다른 제자들은 분노하고 있습니다.

그러니 제자들 모두 영광된 자리를 탐하여 다투고 있는 셈입니다.

얼마나 답답한 예수님의 마음이겠습니까?

십자가를 지러 가시는 예수님 앞에서 높은 자리만 찾는 제자들의 한심스러운 모습에 예수님의 가슴이 아프실 것 같지 않습니까?

제자도

예수님은 이러한 제자들의 관심은 잘못된 것임을 드러내며 제자도를 말씀 하시기를 오히려 높은 자리 찾지 말고 낮아지고 섬기고 종이 되는 길을 택하라고 가르칩니다.

진정한 예수님의 제자는 예수님이 우리를 위해 희생하여 하늘에서 땅으로 내려 오시고 비천한 말 구유 탄생으로 낮아지시고 정처 없는 나그네 인생을 경험 하시고 십자가에서 죽으셔서 우리를 구원하였듯이 우리도 낮아져서 희생하고 섬기는 것이 예수님의 제자라는 것입니다.

성숙한 그리스도인은 낮아져서 섬기는 제자도를 살아가는 사람들입니다.

적용 질문 적용 질문을 통하여 높은 자리를 추구하고 명예를 추구하는 타락한 본성의 삶에서 자유 하여 섬기는 자로 낮아지는 자로 살아갈 수 있도록 이끌어 줍니다.

4. 요12:23-27, 13:12-15 제자의 조건이 무엇입니까?

요 12:23, 예수께서 대답하여 가라사대 인자의 영광을 얻을 때가 왔도다
24, 내가 진실로 진실로 너희에게 이르노니 한 알의 밀이 땅에 떨어져 죽

지 아니하면 한 알 그대로 있고 죽으면 많은 열매를 맺느니라
25, 자기 생명을 사랑하는 자는 잃어버릴 것이요 이 세상에서 자기 생명을 미워하는 자는 영생하도록 보존하리라
26, 사람이 나를 섬기려면 나를 따르라 나 있는 곳에 나를 섬기는 자도 거기 있으리니 사람이 나를 섬기면 내 아버지께서 저를 귀히 여기시리라
27, 지금 내 마음이 민망하니 무슨 말을 하리요 아버지여 나를 구원하여 이 때를 면하게 하여 주옵소서 그러나 내가 이를 위하여 이 때에 왔나이다

요 13:12, 저희 발을 씻기신 후에 옷을 입으시고 다시 앉아 저희에게 이르시되 내가 너희에게 행한 것을 너희가 아느냐
13, 너희가 나를 선생이라 또는 주라 하니 너희 말이 옳도다 내가 그러하다
14, 내가 주와 또는 선생이 되어 너희 발을 씻겼으니 너희도 서로 발을 씻기는 것이 옳으니라
15, 내가 너희에게 행한 것같이 너희도 행하게 하려 하여 본을 보였노라

예수님은 십자가의 죽음의 때를 영광의 때라고 하였습니다.
십자가의 죽음은 비참하고 패배처럼 보이는 일인데 어찌 영광의 때가 될까요?
그것은 하나님의 뜻을 이루는 사명 완수의 때이기 때문입니다.
예수님의 제자는 자신의 영광을 구하는 것이 아니라 하나님의 영광을 구하는 예수님을 본받아야 합니다.
밀알이 열매 맺는 때는 밀알이 땅에 떨어져 묻혀서 죽는 때입니다.
예수님은 자신이 죽어 수많은 영혼을 구원한다는 것을 생각하고 죽음

을 영광의 때로 생각합니다. 죽으면 많은 영혼을 구원하는 것이 되니까요.

제자의 길은 예수님을 따르는 길이고 다른 사람을 위하여 자신을 희생하는 삶입니다.

예수님은 십자가의 고통을 낭만으로 받아 들인 것이 아닙니다.

마음이 아프고 할 수 있으면 십자가를 면하고 싶었습니다.

그러나 하나님의 뜻이기에 받아 들이고 십자가의 길을 가는 모습을 보여 주신 것입니다.

예수님께서 제자들의 발을 씻기시므로 섬기는 모본을 보이셨습니다.

제자들도 그렇게 섬기는 자로 살라고 보여 주셨습니다.

발은 신체 부위 중 가장 밑에 있고 또 수 없이 먼지와 때가 묻는 더러운 부분입니다.

다른 사람의 발을 씻는 것은 사랑과 겸손을 의미합니다.

주님은 겸손과 사랑으로 섬기는 모습을 보이시고 그렇게 겸손과 사랑으로 살라 하십니다.

적용 질문   적용 질문을 통하여 예수님의 모본을 따르는 제자 되기를 다짐합니다.

CHAPTER 4

축복자

1. 창12:1-3 하나님이 아브라함을 부르신 이중 목적이 무엇이라고 봅니까?

> 창 12:1, 여호와께서 아브람에게 이르시되 너는 너의 본토 친척 아비 집을 떠나 내가 네게 지시할 땅으로 가라
> 2, 내가 너로 큰 민족을 이루고 네게 복을 주어 네 이름을 창대케 하리니 너는 복의 근원이 될지라
> 3, 너를 축복하는 자에게는 내가 복을 내리고 너를 저주하는 자에게는 내가 저주하리니 땅의 모든 족속이 너를 인하여 복을 얻을 것이니라 하신지라

하나님께서는 아브라함을 불러 구원하시고 구원의 역사의 주인공이 되게 하셨습니다.

아브라함을 부르심에는 이중적 목적이 있는데

1) 아브라함을 구원하여 축복의 백성을 삼는 것입니다.

저주에서 벗어나 축복을 받는 백성이 되게 하셨습니다.

하나님은 복을 주시려고 아브라함을 부른 것입니다.

2) 두 번째는 복의 근원이 되게 하는 것입니다.

아브라함이 복의 근원이 되어 천하 만민 모든 족속을 복되게 하는 것입니다.

아브라함을 구원하시고 아브라함을 통하여 모든 민족을 구원하시고 아브라함을 복되게 하시고 아브라함을 통하여 천하만민을 복되게 하는 역사를 일으키고자 하시는 것입니다.

이 원리는 우리에게도 동일 합니다.

하나님은 우리를 부르시고 구원하시고 복 주시면서 우리가 복의 근원이 되어 우리를 통하여 천하 만민이 구원 받고 복 받게 하는 일에 우리를 세우시고 쓰시기를 원하십니다.

복 덩어리, 복의 근원이 되는 것이 우리의 삶입니다.

적용 질문 적용 질문을 통하여 다른 이에게 복스러운 존재로 살아가는 법을 토론하고 실천하여 살게 합니다.

2. 민6:22-27, 고후13:13, 마10:12-13 무엇을 어떻게 축복하라고 하십니까?

민 6:22, 여호와께서 모세에게 일러 가라사대

23, 아론과 그 아들들에게 고하여 이르기를 너희는 이스라엘 자손을 위하여 이렇게 축복하여 이르되

24, 여호와는 네게 복을 주시고 너를 지키시기를 원하며

25, 여호와는 그 얼굴로 네게 비취사 은혜 베푸시기를 원하며

26, 여호와는 그 얼굴을 네게로 향하여 드사 평강 주시기를 원하노라 할 지니라 하라

27, 그들은 이같이 내 이름으로 이스라엘 자손에게 축복할지니 내가 그들에게 복을 주리라

고후 13:13, 주 예수 그리스도의 은혜와 하나님의 사랑과 성령의 교통하심이 너희 무리와 함께 있을지어다

마 10:12, 또 그 집에 들어가면서 평안하기를 빌라

13, 그 집이 이에 합당하면 너희 빈 평안이 거기 임할 것이요 만일 합당치 아니하면 그 평안이 너희에게 돌아올 것이니라

민6:22-27

1) 복을 주시고 지키시기를

2) 은혜 베푸시기를

3) 평강 주시기를 축복 하라 하십니다.

고후13:13

1) 예수님의 은혜

2) 하나님의 사랑

3) 성령님의 교통 즉 친교가 있기를 축복하라 하십니다.

마10:12-11, 평안하기를 축복하라 하십니다.

그리스도인들은 축복의 언어를 사용하고 축복하여 기도하는 일을 하라 하십니다. 그리하면 하나님이 복을 주신다는 것이니 우리가 축복하여 많은 사람이 복을 받게 된다면 부지런히 축복하고 기도하는 사람이 되어야 하지 않을 까요?

> **적용 질문** 적용질문을 통하여 축복의 언어를 사용하고 축복하여 기도하는 사람 되기를 다짐합니다.

3. 눅6:28, 롬12:14, 벧전3:8-9 어떤 경우까지 축복하라 하십니까? 왜 그렇습니까?

> 눅 6:28, 너희를 저주하는 자를 위하여 축복하며 너희를 모욕하는 자를 위하여 기도하라
> 롬 12:14, 너희를 핍박하는 자를 축복하라 축복하고 저주하지 말라
> 벧전 3:8, 마지막으로 말하노니 너희가 다 마음을 같이하여 체휼하며 형제를 사랑하며 불쌍히 여기며 겸손하며
> 9, 악을 악으로, 욕을 욕으로 갚지 말고 도리어 복을 빌라 이를 위하여 너희가 부르심을 입었으니 이는 복을 유업으로 받게 하려 하심이라

우리를 저주하거나 모욕하거나 핍박하는 사람들까지도 악을 악으로 갚지 말고 욕을 욕으로 갚지 말고 축복하라고 하십니다.
우리는 축복하는 자로 부름을 받았기 때문입니다.
복의 근원으로 부름 받았기 때문입니다.

적용 질문   적용질문을 통하여 우리에게 해를 끼치는 사람까지 축복하는 예수님의 마음을 품고 복의 근원자로 부름 받았으므로 축복하는 사람 되기를 다짐하도록 이끌어 줍니다.

4. 잠11:11 우리의 축원이 어떤 능력이 있습니까?

잠 11:11, 성읍은 정직한 자의 축원을 인하여 진흥하고 악한 자의 입을 인하여 무너지느니라

도시와 마을이 우리의 축원을 인하여 진흥하고 악한자의 입 때문에 무너진다고 합니다. 우리가 도시와 마을을 축복하고 축원하는 기도의 사람이 되어야겠고 교회가 마을과 도시를 책임지고 축복하며 기도하는 일을 해야겠습니다.

적용 질문   적용질문을 통하여 마을과 도시 공동체를 위하여 축복하며 기도하도록 이끌어 줍니다.

5. 고전10:23-24 축복자의 삶이 어떻게 적용되어야 합니까?

고전 10:23, 모든 것이 가하나 모든 것이 유익한 것이 아니요 모든 것이 가하나 모든 것이 덕을 세우는 것이 아니니
24, 누구든지 자기의 유익을 구치 말고 남의 유익을 구하라

축복자의 마음을 가지는 것은 남을 유익하게 하겠다는 마음입니다.

그리고 남을 위하여 축복하는 것입니다. 덕스러운 마음과 축복의 언어를 사용하는 삶이 되어야 하겠지요.

> `적용 질문`   적용질문을 통하여 자신이 덕스럽게 말하고 행동하는지 점검하게 합니다.

6. 행20:35, 고후8:9 축복자의 삶이 어떻게 적용되어야 합니까?

행 20:35, 범사에 너희에게 모본을 보였노니 곧 이같이 수고하여 약한 사람들을 돕고 또 주 예수의 친히 말씀하신 바 주는 것이 받는 것보다 복이 있다 하심을 기억하여야 할지니라

고후 8:9, 우리 주 예수 그리스도의 은혜를 너희가 알거니와 부요하신 자로서 너희를 위하여 가난하게 되심은 그의 가난함을 인 하여 너희로 부요케 하려 하심이니라

나누어 주는 삶을 통하여 복의 근원자, 축복자가 되는 것입니다.

남을 도울 때 나는 그만큼 절제하고 쓰지 못하므로 내가 가난하게 되는 것 같지만 스스로 가난해 짐을 통하여 다른 사람을 부요 하게 하는 것이 그리스도의 정신입니다.

나누며 사는 삶이 복의 근원자, 축복자의 삶입니다.

> `적용 질문`   적용질문을 통하여 나누는 삶을 살도록 격려합니다.

7. 막16:15-16 축복자의 역할 중 가장 중요한 것이 무엇입니까?

막 16:15, 또 가라사대 너희는 온 천하에 다니며 만민에게 복음을 전파하라
16, 믿고 세례를 받는 사람은 구원을 얻을 것이요 믿지 않는 사람은 정죄를 받으리라

축복자, 복의 근원자로서는 복음을 전하여 예수 믿도록 이끌어 주는 것이 가장 소중합니다.

그가 예수 믿고 구원 받아 하나님의 복을 받아 누리게 되고 그도 복의 근원자의 삶을 살게 될 것이기 때문입니다.

적용 질문 적용질문을 통하여 축복자로 복의 근원자로 살기 위하여 전도하는 삶을 살자고 다짐합니다.

CHAPTER 5
나누기

1. 사58:6-11 하나님이 기뻐하시는 금식이 무엇이며 그에 대한 축복은 무엇입니까?

> 사 58:6, 나의 기뻐하는 금식은 흉악의 결박을 풀어 주며 멍에의 줄을 끌러 주며 압제 당하는 자를 자유케 하며 모든 멍에를 꺾는 이 아니겠느냐
> 7, 또 주린 자에게 네 식물을 나눠 주며 유리하는 빈민을 네 집에 들이며 벗은 자를 보면 입히며 또 네 골육을 피하여 스스로 숨지 아니하는 것이 아니겠느냐
> 8, 그리하면 네 빛이 아침같이 비췰 것이며 네 치료가 급속할 것이며 네 의가 네 앞에 행하고 여호와의 영광이 네 뒤에 호위하리니
> 9, 네가 부를 때에는 나 여호와가 응답하겠고 네가 부르짖을 때에는 말하기를 내가 여기 있다 하리라 만일 네가 너희 중에서 멍에와 손가락질과 허망한 말을 제하여 버리고
> 10, 주린 자에게 네 심정을 동하며 괴로워하는 자의 마음을 만족케 하면 네 빛이 흑암 중에서 발하여 네 어두움이 낮과 같이 될 것이며
> 11, 나 여호와가 너를 항상 인도하여 마른 곳에서도 네 영혼을 만족케 하며 네 뼈를 건고케 하리니 너는 물 댄 동산 같겠고 물이 끊어지지 아니

하는 샘 같을 것이라

하나님이 기뻐하는 금식은
1) 흉악의 결박을 풀어 주는 일
2) 멍에의 줄을 끌러 주는 일
3) 압제 당하는 자를 자유케 하는 일
4) 모든 멍에를 꺾는 일
5) 주린 자에게 먹을 것을 나눠 주는 일
6) 유리하는 가난한 자를 맞아 들이며 대접하는 일
7) 벗은 자를 입히는 일
8) 골육을 피하여 숨지 아니하고 돌보는 일이라 하십니다.

그러니까 고난 당하고 압제 받고 굶주리고 헐벗은 자들을 도와 주는 일이 하나님이 기뻐하는 금식이라는 것입니다.

사실 이런 자들을 도와 주려면 우리가 손해 보고 우리 것을 나누어 주는 것이니까 금식과도 같은 의도가 있거니와 금식만 한다고 하나님 기뻐하는 것이 아니라 가난한 자들에게 베푸는 것을 하나님이 기뻐하신다는 것을 강조하여 가르치고 있습니다.

이스라엘 사람들이 하나님 앞에 금식을 공덕으로 여기며 금식은 잘하나 가난한 자를 돕는 일, 나누는 삶을 모른다는 것을 책망하며 가르치는 내용이기도 합니다.

이렇게 어려운 이웃을 돕고 나누는 사람에게 축복이 주어진다고 격려합니다.

축복은

1) 빛이 아침 빛 같이 비췰 것이며
2) 치료가 급속할 것이며
3) 의가 앞에 행하고
4) 영광이 뒤에 호위하고
5) 부를 때에 하나님이 응답하시고
6) 기도할 때에 응답하신다는 것입니다.

그러므로

1) 멍에(남을 압제하는 일)와 손가락질(비방과 비판)과 허망한 말(근거 없이 남을 악평 하는 일)을 제하여 버리고
2) 주린 자에게 동정하여 나눠 주고
3) 고통 중에 있는 자를 돌아 보라 하십니다.

그리하면 하나님이 계속 복을 주시는데

1) 어두움이 낮 같이 즉 하나님의 인도가 있고
2) 하나님이 항상 마른 곳에서도 영혼을 만족하게 인도하고
3) 뼈를 견고하게 건강하게 하고
4) 물 댄 동산 같이 물이 끊어지지 않는 샘처럼 복이 솟아 날 것이라

하십니다.

하나님은 이렇게 나누어 주는 사람을 기뻐하고 복을 주신다는 것입니다. 이웃을 돌보고 나누어 주는 삶을 살라고 하시는 것이지요.

<mark>적용 질문</mark> 적용질문을 통하여 하나님을 예배하는 자로서 이러한 나눔을 실천하는 것이 하나님을 기쁘시게 하는 것이므로 예배와 생활이 일치되는지 점검하고 하나님 기뻐하시는 나누는 삶을 격려합니다.

2. 히13:15-16 하나님이 기뻐 받으시는 제사는 무엇입니까?

히 13:15, 이러므로 우리가 예수로 말미암아 항상 찬미의 제사를 하나님께 드리자 이는 그 이름을 증거하는 입술의 열매니라
16, 오직 선을 행함과 서로 나눠 주기를 잊지 말라 이같은 제사는 하나님이 기뻐하시느니라

1) 첫째는 찬미의 제사입니다.

주님의 이름을 높이고 찬미하고 찬양하는 것을 하나님은 기뻐 받으십니다.

2) 둘째는 서로 나눠주는 삶입니다.

우리가 서로 돕고 나눠주는 삶을 살 때 하나님 기뻐하시고 제사처럼 받으신다는 것입니다.

<mark>적용 질문</mark> 적용질문을 통하여 하나님이 기뻐하시는 신앙생활 즉 예배와 찬미와 더불어 나누는 삶을 실천하여 하나님이 기뻐하시는 신앙

생활이 되게 할 것을 격려합니다.

3. 행2:45, 4:35, 성령 받은 성도들의 특징이 어떻게 나타났습니까?

행 2:45, 또 재산과 소유를 팔아 각 사람의 필요를 따라 나눠 주고
행 4:35, 사도들의 발 앞에 두매 저희가 각 사람의 필요를 따라 나눠 줌이러라

서로 돕고 나누어 주는 것이 큰 특징입니다.

성령 받으면 사랑이 움직이고 사랑하는 마음으로 어려운 형제를 도우며 나누어 주는 삶이 이루어집니다.

이것이 성령 받은 성도의 모습입니다. 우리는 어떠한가요?

적용 질문 적용질문을 통하여 나누어 주고 싶은 마음이 나오는 것이 정상이고 그런 때는 감동하심을 순종하여 나누어 주는 삶을 살게 하고 그런 감동이 없는 것은 성령의 사람이 아니므로 성령의 사람이 되게 사모하고 기도하게 합니다.

4. 엡4:28 무엇을 위하여 수고하라 하십니까?

엡 4:28, 도적질하는 자는 다시 도적질하지 말고 돌이켜 빈궁한 자에게 구제할 것이 있기 위하여 제 손으로 수고하여 선한 일을 하라

도적질하며 사는 마이너스(-) 인생이 있고 도적질은 아니하나 자기 수

고로 살아가는 제로(0) 인생이 있는가 하면 수고하여 남을 돕고 나누어 주는 플러스(+) 인생이 있습니다.

성경은 수고하여 남을 돕는 인생을 살라고 하십니다.

우리는 나누어 주기 위하여 열심히 일하는 적극적인 플러스(+) 인생을 추구해야 합니다.

적용 질문 적용 질문을 통하여 남을 돕고 나누어 주는 삶을 위하여 노력하는 점을 서로 이야기 하며 격려합니다.

5. 행3:5-8 우리가 나눌 수 있는 재물보다 귀한 것이 무엇입니까?

행 3:5, 그가 저희에게 무엇을 얻을까 하여 바라보거늘
6, 베드로가 가로되 은과 금은 내게 없거니와 내게 있는 것으로 네게 주노니 곧 나사렛 예수 그리스도의 이름으로 걸으라 하고
7, 오른손을 잡아 일으키니 발과 발목이 곧 힘을 얻고
8, 뛰어 서서 걸으며 그들과 함께 성전으로 들어가면서 걷기도 하고 뛰기도 하며 하나님을 찬미하니

구걸하고 있는 사람에게 베드로 사도는 도와줄 돈이 없습니다.

그러나 그는 돈보다 더 귀한 복음을 나누어 줍니다.

그리고 예수 이름으로 병 고침을 받게 합니다.

우리는 물질적으로도 돕고 나누어 주어야 합니다.

그러나 우리가 가진 것이 많지 못하고 그보다 더 귀한 것이 있는데 복

음 자체요, 예수 그리스도의 믿음을 나누어 주는 것입니다.

복음을 전하여 나누고 믿음을 나누어 기도해 주고 하는 일 또한, 아니 더 귀한 것입니다.

적용 질문 적용질문을 통하여 복음을 나누고 기도를 나누는 삶을 격려 합니다. 나누는 삶을 위하여 또 다른 십일조를 실천하는 것을 진지하게 기도해 보십시오. 또 다른 십일조란 수입에서 십일조를 떼어 하나님께 예배하며 드리는 일 외에 한 번 더 십일조를 떼어 적어도 수입의 또 다른 십일조만큼은 남을 위하여 사용하는 것입니다.

CHAPTER 6

중보자 1
― 사랑의 중보기도

눅 11:1-13을 묵상하며 기도의 교훈을 살펴보세요.

눅 11:5, 또 이르시되 너희 중에 누가 벗이 있는데 밤중에 그에게 가서 말하기를 벗이여 떡 세 덩이를 내게 빌리라

6, 내 벗이 여행 중에 내게 왔으나 내가 먹일 것이 없노라 하면

7, 저가 안에서 대답하여 이르되 나를 괴롭게 하지 말라 문이 이미 닫혔고 아이들이 나와 함께 침소에 누웠으니 일어나 네게 줄 수가 없노라 하겠느냐

8, 내가 너희에게 말하노니 비록 벗됨을 인하여서는 일어나 주지 아니할찌라도 그 강청함을 인하여 일어나 그 소용대로 주리라

9, 내가 또 너희에게 이르노니 구하라 그러면 너희에게 주실 것이요 찾으라 그러면 찾을 것이요 문을 두드리라 그러면 너희에게 열릴 것이니

10, 구하는 이마다 받을 것이요 찾는 이가 찾을 것이요 두드리는 이에게 열릴 것이니라

11, 너희 중에 아비 된 자 누가 아들이 생선을 달라 하면 생선 대신에 뱀을 주며

12, 알을 달라 하면 전갈을 주겠느냐

13. 너희가 악할지라도 좋은 것을 자식에게 줄줄 알거든 하물며 너희 천부
께서 구하는 자에게 성령을 주시지 않겠느냐 하시니라

1. 누구를 위하여 강청하라 하십니까?

벗, 친구를 위하여 강청하라는 기도를 가르치고 있습니다.
자기를 위한 기도가 아니라 남을 위한 기도를 가르치고 있으며 중보 기도의 원리를 보여 주는 말씀입니다.

2. 굶주린 나그네는 누구를 비유할까요?

레 25:23, 토지를 영영히 팔지 말 것은 토지는 다 내 것임이라 너희는 나
그네요 우거하는 자로서 나와 함께 있느니라

성경은 인생을 나그네로 가르칩니다.
인생 나그네 길에서 지치고 굶주리고 병들고 좌절하고 살아가는 많은 나그네들을 구원하고 먹이고 고치고 살리는 사명이 우리에게 있음을 보여 주는 것입니다.
나그네 인생길에서 지치고 굶주린, 육신적으로 굶주린 나그네뿐 아니라 정신적으로 영적으로 굶주린 나그네를 먹이고 힘을 북돋워 주어 나그네를 책임지는 사랑의 사명을 보여 줍니다.

3. 친구를 맞이한 가난한 주인은 누구를 비유합니까?

> 벧전 2:9, 오직 너희는 택하신 족속이요 왕 같은 제사장들이요 거룩한 나라요 그의 소유된 백성이니 이는 너희를 어두운 데서 불러 내어 그의 기이한 빛에 들어가게 하신 자의 아름다운 덕을 선전하게 하려 하심이라

친구를 맞이한 가난한 주인은 바로 우리입니다.

하나님의 백성, 예수의 사람들은 이 땅에 주인 의식, 주인의 사명을 가지고 살아가기를 기대하시는 주님의 의도를 발견하게 됩니다.

여기 등장한 주인은 무척이나 가난한 주인입니다.

자신들도 더 이상 먹을 양식이 없는 그래서 나그네의 굶주림을 스스로는 해결해 줄 수 없는 가난하고 무능한 주인입니다.

그래도 주인은 주인이며 나그네의 굶주림을 해결해 주는 사명을 지니고 있다는 것입니다.

> 롬 12:13, 성도들의 쓸 것을 공급하며 손 대접하기를 힘쓰라

4. 부잣집 아저씨는 누구이겠습니까? 누구에게 가서 문을 두드리면 됩니까?

어떻게 해결합니까?

부잣집 아저씨를 찾아가 문을 두드리는 것입니다.

부잣집 아저씨는 누구를 비유한 것이겠습니까?

그것은 두 말할 것 없이 하나님을 비유한 것입니다.

우리 스스로는 가진 것도 없고 능력이 없지만 부자이고 전능하신 하나님을 믿는 사람들입니다. 하나님께 나아가 기도하므로 해결해 준다는 것입니다.

그렇다면 우리 하나님의 사람들, 그리스도인들은 인생을 불쌍히 여기는 사랑만 있으면 수많은 나그네 인생을 돕고 먹이고 살리는 사명을 감당할 수 있다는 것입니다.

이것이 중보기도입니다.

나그네 친구의 문제를 내가 짊어지고 하나님께 나아가 부르짖는 기도가 중보기도이고 그리스도인들은 기도로 인생을 돕고 구원하고 먹이고 살리고 치유하는 일을 하는 사람들이라는 것입니다. 오병이어의 기적을 행하실 때도 굶주린 무리를 그냥 둘 수 없어서 예수님은 제자들에게 "너희가 먹을 것을 주라"고 하였습니다.

가진 것이 없는 제자들에게 예수님은 먹을 것을 주라 합니다.

그리고는 우선 가진 것을 있는 대로 가져오라 하시니 겨우 보리떡 다섯 개와 물고기 두 마리뿐입니다.

5천명이나 되는 사람들에게 이것은 정말 아무것도 아니며 도저히 해결의 길이 아닙니다. 그러나 하나님께 기도하고 나누어 주자 오천 명을 먹이고도 남았습니다.

하나님께 기도 드리므로 해결합니다.

하나님께서는 전능하시며 우리의 사랑의 기도를 들으시고 해결해 주시는 하나님임을 확증하는 것입니다.

> 눅 9:12, 날이 저물어가매 열 두 사도가 나아와 여짜오되 무리를 보내어 두루 마을과 촌으로 가서 유하며 먹을 것을 얻게 하소서 우리 있는 여기가 빈 들이니이다
> 13, 예수께서 이르시되 너희가 먹을 것을 주어라 하시니 여짜오되 우리에게 떡 다섯 개와 물고기 두 마리 밖에 없으니 이 모든 사람을 위하여 먹을 것을 사지 아니하고는 할 수 없삽나이다 하였으니
> 14, 이는 남자가 한 오천 명 됨이러라 제자들에게 이르시되 떼를 지어 한 오십 명씩 앉히라 하시니
> 15, 제자들이 이렇게 하여 다 앉힌 후
> 16, 예수께서 떡 다섯 개와 물고기 두 마리를 가지사 하늘을 우러러 축사하시고 떼어 제자들에게 주어 무리 앞에 놓게 하시니
> 17, 먹고 다 배불렀더라 그 남은 조각 열 두 바구니를 거두니라

5. 친구를 위한 기도는 왜 강청하는 기도여야 할까요?

강청하는 기도란 힘을 들여 간절히 부르짖고 기도하는 것을 말하는데 왜 강청하는 기도여야만 하는가 하면 남을 위한 기도이기 때문입니다.

자신을 위한 기도는 언제나 진실하지만 남을 위한 기도는 어느 때는 건성으로 또는 부담감으로 마지 못해 할 수도 있기 때문입니다.

진실한 중보기도가 되기 위해서 사랑을 쏟아 붓는 강청의 기도, 부르

짖는 기도, 남을 위하여 철야하고 남을 위하여 금식하는 간절한 몸부림의 기도를 하라는 것입니다.

> 요 15:12, 내 계명은 곧 내가 너희를 사랑한 것 같이 너희도 서로 사랑하라 하는 이것이니라
> 13, 사람이 친구를 위하여 자기 목숨을 버리면 이에서 더 큰 사랑이 없나니
> 14, 너희가 나의 명하는 대로 행하면 곧 나의 친구라

6, 주기도문은 중보 기도에 어떻게 적용되어야 할까요?

☐ 주기도문을 적용한 중보기도의 예

1. 실직자 친구를 위한 기도

하늘에 계신 우리 아버지, 나의 아버지, 다 사랑이의 아버지
내가 다 사랑이를 주님의 은혜와 능력의 손에 중보 하여 올립니다.
다 사랑이가 이번 회사 구조조정에서 퇴출 당하여
직장을 잃고 살길이 막막합니다.
그를 사랑하시는 아버지
그에게 은혜를 베푸시고 복을 주셔서 그의 입술의 찬미를 받으시고
그를 통하여 주의 이름이 거룩히 여김을 받으소서.
주님의 나라 그의 심령에 그의 가정에 임하시고 다스리시고
책임적으로 그를 도우시므로 그가 하나님이 주시는 의와 평강과 희락을
누리게 하시고 그의 가정이 살길을 얻게 하소서.
그를 향하신 주님의 뜻을 이루사 그가 풍성한 생명을 누리며

하늘의 기쁨을 누리게 하소서.
주님 다 사랑이에게 일용할 양식을 주소서.
그에게 직장을 주소서. 일터를 주소서.
혹시 죄가 있을 지라도 사하여 주시고
저가 이 어려운 시기에도 영적 시험에는 들지 아니하고
신앙의 승리를 경험하게 하시고 다만 악에서 구하소서.
이 때에 믿음이 약하여 지지 않게 하시고
악한자의 시험으로 흔들리지 않게 하시며
악한자가 손 대지 못하게 하시고 주의 영광을 보게 하소서.
나라와 권세와 영광은 영원토록 주님의 것입니다.
주님 영광을 받으시고 다 사랑이도
하나님의 나라와 권세와 영광을 보게 하소서.

2. 병든 친구를 위한 기도

하늘에 계신 우리아버지, 나의 아버지, 다 믿음이의 아버지이신 하나님
내가 다 믿음이를 주님의 은혜와 능력의 손에 중보 하여 올립니다.
다 믿음이가 중한 병에 걸려 고통하고 있습니다.
오셔서 저를 고치시고 구원하시고 저의 입술의 찬미를 받으시며
여호와 라파, 치료의 하나님의 이름이 거룩히 여김을 받으소서.
하나님의 나라가 저의 심령과 육체에 임하시고
저로 주님이 주시는 의와 평강과 희락을 누리게 하시고
저가 하나님의 보배로운 백성임 알고 감격하여 찬미하게 하소서.
저에게서 모든 병마를 묶어 몰아 내시고

모든 질병과 질고로부터 자유 하여 주님을 찬양하게 하소서.
저를 향하신 하나님의 뜻을 이루사 저가 그 영혼의 즐거움을 알게 하시고
질병에서 놓임을 받게 하소서.
예수님이 십자가를 지실 때는 저의 죄와 죽음과 질병까지 지시고
보혈을 뿌리시므로 저의 건강도 뜻하셨습니다.
고치시고 영광을 받으소서.
저가 이제 일용할 양식을 먹되 건강한 힘이 되게 하시고
하늘양식으로 배부르고 하늘 생수로 충만하게 하소서.
혹시 죄가 있을지라도 용서하시고 사죄와 자유함의 은혜를 주소서.
저가 질병 중에라도 영적으로는 시험에 들지 말게 하시고
주님을 찬미하는 온유한 신앙으로 끝까지 승리하게 하시고
악에서 구하시며 악한 질고에서도 건지소서.
나라와 권세와 영광은 주님의 것입니다.
주님 영광을 받으시고 저에게도 영광을 내리소서.

3. 믿지 않는 영혼을 위한 기도

하늘에 계신 우리 아버지
내가 안 믿음이를 주님의 은혜와 능력의 손에 중보 하여 올립니다.
저에게 임하시고 구원하사 저의 입술의 찬미를 받으시고
저를 통하여 주의 이름이 거룩히 여김을 받으시기를 기도합니다.
하나님의 나라가 저의 심령과 가정에 임하시고 통치하시고 다스리시며
저의 영혼을 포박하고 있는 어두움의 영을 묶어 몰아내시고
안 믿음이의 영혼을 자유케 하시므로

저가 예수님께 나아와 구원을 받으며
주님을 찬미하는 백성이 되게 하소서. 할렐루야.
(내가 예수 이름으로 명령 하노니 안 믿음이의 영혼을 포박하고 있는 어두움의 영은 이제 예수의 이름으로 묶이고 그를 떠날 지어다. 그를 자유케 하라. 내가 예수님의 보혈을 그의 영혼에 뿌리노라. 악한 영은 그를 떠날 지어다. 안 믿음이의 영혼은 예수 이름으로 풀려나 자유케 되어 예수 믿고 구원 얻어 주님을 찬미하게 될지어다. 할렐루야.)
오, 하나님 아버지
안 믿음이를 향하신 하나님의 구원의 뜻을 이루소서.
하나님 아버지께서는 그의 구원을 뜻하셨습니다.
예수님께서는 그의 구원을 위하여 십자가에서 보혈을 뿌리셨습니다.
성령님이여 임하사 그의 구원을 인치시고 그를 품으사 거듭나게 하소서.
그리하여 이제 안 믿음이도 하늘 양식을 먹게 하시고
하늘 생수를 마시게 하소서.
저의 죄는 다 사하여 주소서.
저의 불신과 교만과 불순종의 죄를 사하시고
저의 조상적 죄조차도 다 사하시고 저가 죄와 저주에서 벗어나게 하소서.
저가 더 이상 시험에 들지 말게 하시고
악한 자에게 끌려 다니지 말게 하시며 다만 악에서 구하소서.
악한 자에게서 구하시고 모든 저주와 멸망에서 구하소서.
나라와 권세와 영광이 아버지께 영원히 있습니다.
할렐루야. 안 믿음이의 구원을 이루실 하나님을 찬양합니다.
할렐루야 아멘.

4. 관문도시나 나라를 위하여 드리는 중보기도.

하늘에 계신 하나님 아버지
우리가 오늘 북한의 평양시와 그 주민들을 위하여 중보 합니다.
주님 평양시에 임하시고 역사하시므로 그 땅에 주의 구원을 이루시고
247만 1천 여명의 평양 시민들을 구원하시고 그 도시와 사람들 가운데서
주의 이름이 높임을 받으소서.
주님 나라 평양시에 임하시고 통치하시고 다스리시며
평양시에서 활동하며 영혼들을 포박하고 있는 어두움의 영들을 묶어
몰아 내시고 포박된 영혼들을 풀어내사 자유케 하시므로
저들이 예수 이름을 부르며 구원 얻어 주님을
찬미하는 백성이 되게 하소서. 할렐루야.
(이제 우리가 명령 하노니 평양시에서 모든 어두움의 영들은 예수 이름으로 묶일 지어다. 평양시민들의 구원을 위하여 십자가에서 흘리신 예수님의 보혈을 평양시민의 영혼들에 중보로 뿌리노라. 어두움의 영은 떠날지어다. 이제 평양 시민들은 예수 이름으로 자유케 되어 예수 믿어 구원 얻게 될지어다. 여호와를 찬미하며 그의 백성의 복을 받게 될지어다. 할렐루야.)
오, 하나님 아버지
평양 시민들을 향하신 하나님의 구원의 뜻을 이루소서.
하나님 아버지는 평양시민의 구원을 뜻하셨습니다.
예수님은 평양 시민들의 구원을 위하여 십자가에서 보혈을 뿌리셨습니다.
성령님이여 평양시에 임하시고 저들을 품으시고 저들의 구원을 이루소서.
평양 시민들은 영적으로 육신적으로 굶주리고 있습니다.
주님 평양 시민들에게 일용할 양식을 주시되

하늘의 양식으로 먹게 하시며 하늘 생수로 마시게 하시며
육신의 굶주림에서도 벗어나게 하소서.
저들의 죄를 사하소서.
수 십 년 하나님을 부정하고 불신하고 교만하여 온 죄를 사하시고
피 흘린 죄를 사하시며 평양 도성에 대 사죄의 은총을 내리소서.
저들로 더 이상 시험에 들지 말게 하시고
마귀에게 끌려 다니지 말게 하시며 악에서 구하소서.
악한 영에게서 악한 운명에서 구하소서.
나라와 권세와 영광은 아버지께 영원히 있습니다.
주님 영광을 받으시며 평양 시민들도 주의 영광을 보게 하소서.
할렐루야 평양 시민들의 구원을 성취하실 주님을 찬양합니다. 아멘

7. 11:9-13 기도 응답에 대해 어떤 확신으로 기도할까요?

이와 같이 주님이 가르쳐 준 내용을 따라 남을 위하여 핍절한 나그네를 위하여 친구를 위하여 간절히 기도하면 반드시 응답하신다는 확증의 말씀입니다.

우리는 중보기도 할 때 하나님이 응답하신다는 확신을 가지고 우리의 사랑을 쏟아 붓고 기도할 수 있고 또 그렇게 해야 합니다.

8. 성령으로 응답한다는 것은 무엇을 의미합니까? 고후1:21-22, ,롬8:26-27,

성령을 주시는 약속이 중보 기도와 더불어 주어진 것은 어떤 의미가

있습니까? 롬5:5, 갈5:6 참조

보증의 영

고후 1:21, 우리를 너희와 함께 그리스도 안에서 견고케 하시고 우리에게 기름을 부으신 이는 하나님이시니

22, 저가 또한 우리에게 인치시고 보증으로 성령을 우리 마음에 주셨느니라

우리가 기도할 때 성령으로 응답한다는 것은 여러가지 의미가 있습니다. 첫째는 성령이 보증의 영으로서 성령으로 응답 되었다는 것은 응답이 이루어졌고 그것이 현실로 곧 나타날 것임을 확증하는 것입니다.

현실로는 아직 안 보여도 이미 응답 되었음을 확증하는 것입니다.

기도의 영

롬 8:26, 이와 같이 성령도 우리 연약함을 도우시나니 우리가 마땅히 빌 바를 알지 못하나 오직 성령이 말할 수 없는 탄식으로 우리를 위하여 친히 간구하시느니라

27, 마음을 감찰하시는 이가 성령의 생각을 아시나니 이는 성령이 하나님의 뜻대로 성도를 위하여 간구하심이니라

성령은 기도의 영입니다.

말할 수 없는 탄식으로 우리를 위하여 기도하시는 성령님이십니다. 그러므로 성령을 주시는 것은 더욱 하나님의 뜻에 따랄 기도하도록 도우시는 것입니다.

중보자들에게 성령을 부어 주시어 온전한 기도를 드리도록 하시고 응답하시는 하나님의 섭리를 봅니다.

사랑의 영

롬 5:5, 소망이 부끄럽게 아니함은 우리에게 주신 성령으로 말미암아 하나님의 사랑이 우리 마음에 부은바 됨이니

갈 5:6, 그리스도 예수 안에서는 할례나 무할례가 효력이 없되 사랑으로써 역사하는 믿음 뿐이니라

성령은 사랑의 영입니다.

중보기도는 사랑을 쏟아 붓는 기도입니다. 우리의 사랑에는 한계가 있어서 우리는 오래도록 끈기 있게 중보기도를 하기 어렵습니다. 사랑의 영이신 성령이 임하면 우리 속에서 사랑이 동하여 힘든 줄 모르고 사랑을 쏟아 부으며 기도하게 됩니다. 그렇게 함으로 중보기도자가 성령 충만하여 사랑의 기도를 할 수 있게 합니다.

중보기도자는 성령을 받아 사랑과 확신으로 더 크고 깊은 기도자가 됩니다.

CHAPTER 7

중보자2

― 영혼구원을 위한 합심기도

1. 마18:12-20.

> 마 18:12, 너희 생각에는 어떻겠느뇨 만일 어떤 사람이 양 일백 마리가 있는데 그 중에 하나가 길을 잃었으면 그 아흔 아홉 마리를 산에 두고 가서 길 잃은 양을 찾지 않겠느냐
>
> 13, 진실로 너희에게 이르노니 만일 찾으면 길을 잃지 아니한 아흔 아홉 마리보다 이것을 더 기뻐하리라
>
> 14, 이와 같이 이 소자 중에 하나라도 잃어지는 것은 하늘에 계신 너희 아버지의 뜻이 아니니라
>
> 15, 네 형제가 죄를 범하거든 가서 너와 그 사람과만 상대하여 권고하라 만일 들으면 네가 네 형제를 얻은 것이요
>
> 16, 만일 듣지 않거든 한 두 사람을 데리고 가서 두 세 증인의 입으로 말마다 증참케 하라
>
> 17, 만일 그들의 말도 듣지 않거든 교회에 말하고 교회의 말도 듣지 않거든 이방인과 세리와 같이 여기라
>
> 18, 진실로 너희에게 이르노니 무엇이든지 너희가 땅에서 매면 하늘에서도 매일 것이요 무엇이든지 땅에서 풀면 하늘에서도 풀리리라

19, 진실로 다시 너희에게 이르노니 너희 중에 두 사람이 땅에서 합심하여 무엇이든지 구하면 하늘에 계신 내 아버지께서 저희를 위하여 이루게 하시리라

20, 두 세 사람이 내 이름으로 모인 곳에는 나도 그들 중에 있느니라

1) 12-14은 어떤 사역을 하라 하십니까?

주님은 교회의 주요사역으로 잃은 양을 찾는 일을 해야 함을 말씀하십니다.

잃은 양이란 잃은 영혼을 말합니다.

타락하여 잃어버린 바 된 영혼들입니다.

그러므로 잃은 양을 찾는 일은 곧 전도입니다.

가서 복음을 제시하라고 하십니다. 적극적으로 행하라 하십니다.

2) 15-17은 어떤 사역을 하라 하십니까?

그 다음 교회의 사역 가운데 하나는 회복 사역입니다.

죄 범한 형제를 회복하라는 것입니다.

형제란 이미 믿는 사람의 범주라 볼 수 있습니다.

믿는 형제 중에서 죄에 빠진 영혼, 다시 타락해 가는 형제를 버려 두지 말고 권면하고 돌아오도록 사역하라는 것입니다.

믿다가 백슬라이딩한 경우이기에 더욱 신중하게 접근하도록 3단계 접근 법을 사용하도록 말씀하십니다.

1단계는 개인접촉입니다.

소문부터 내게 되면 돌아오고 싶어도 못 돌아 올 것이기 때문입니다.

2단계는 친구 몇 명이 함께 가서 권하는 것입니다.

3단계는 마지막으로 교회 전체가 권하고 기도하고 노력하는 것입니다. 그래도 안 돌아오면 그 때는 다시 전도 대상자처럼 여겨야 합니다.

하여튼 회복 사역의 중요성을 말씀 하십시오.

3) 매고 푼다는 것이 무슨 뜻일까요? 무엇을 묶고 무엇을 풀어야 할까요? 마16:18-19,마12:28-29참조

앞의 잃은 양이나 죄 범한 형제나 영적으로 묶여 있는 상태임을 전제로 합니다.

전도도 회복도 단순한 말의 설득이나 권함으로 이루어지는 것은 아니라는 것이지요.

영적으로 묶여 있기 때문에 묶인 영혼을 풀어 주고 그 대신 영혼을 사로잡고 있는 마귀의 세력을 묶어 버리는 영적 사역을 해야 한다는 것입니다.

주님께서는 교회에게 이 영적 대적인 마귀의 세력을 묶고 마귀에게 묶여 있는 영혼을 풀어내는 사역을 맡기시고 위임하시며 또 그 권세도 주셨습니다.

마16장에서 이미 교회에게 음부의 권세를 이기는 권세가 있음과 천국 열쇠를 맡기셨음을 가르쳐 주었습니다.

- 마 16:18, 또 내가 네게 이르노니 너는 베드로라 내가 이 반석 위에 내 교회를 세우리니 음부의 권세가 이기지 못하리라
- 19, 내가 천국 열쇠를 네게 주리니 네가 땅에서 무엇이든지 매면 하늘에서도 매일 것이요 네가 땅에서 무엇이든지 풀면 하늘에서도 풀리리라 하시고

예수님은 강한 자를 결박하는 이야기를 통하여 우리가 영혼을 찾아 오기 위해서는 마귀의 세력을 묶어야 함을 이미 가르치셨습니다.

마12장에서 예수님은 우리에게 강도 짓을 가르치는 것이 아니라 마귀에게 빼앗긴 영혼들을 찾아 올 때 마귀를 묶어야 하는 영적 전쟁을 치뤄야 할 것을 가르치신 것입니다. 그리고 우리는 예수 이름의 권세와 성령의 권능으로 그 일을 할 수 있습니다.

- 마 12:28, 그러나 내가 하나님의 성령을 힘입어 귀신을 쫓아내는 것이면 하나님의 나라가 이미 너희에게 임하였느니라
- 29, 사람이 먼저 강한 자를 결박하지 않고야 어떻게 그 강한 자의 집에 들어가 그 세간을 늑탈하겠느냐 결박한 후에야 그 집을 늑탈하리라

4) 매고 푸는 일과 기도는 어떤 관계일까요?

영혼 구원을 위해 매고 푸는 중보 기도를 해야 할 이유는 무엇일까요? 고후4:3-4, 히2:14-16

그러면 우리가 어떻게 마귀를 묶고 영혼을 푸는 것입니까?

그것은 기도를 통하여 행하는 것입니다.

마귀가 믿지 않는 사람들의 영혼을 묶고 혼미케 하여 복음을 듣지 못하게 하고 있습니다.

그러므로 우리는 마귀를 묶고 묶인 영혼들을 풀어야 합니다.

그것은 합심 중보 기도를 통하여 이루는 것입니다.

합심하여 기도하면 됩니다.

고후 4:3, 만일 우리 복음이 가리웠으면 망하는 자들에게 가리운 것이라
4, 그 중에 이 세상 신이 믿지 아니하는 자들의 마음을 혼미케 하여 그리스도의 영광의 복음의 광채가 비취지 못하게 함이니 그리스도는 하나님의 형상이니라
히 2:14, 자녀들은 혈육에 함께 속하였으매 그도 또한 한 모양으로 혈육에 함께 속하심은 사망으로 말미암아 사망의 세력을 잡은 자 곧 마귀를 없이 하시며
15, 또 죽기를 무서워하므로 일생에 매여 종 노릇 하는 모든 자들을 놓아 주려 하심이니
16, 이는 실로 천사들을 붙들어 주려 하심이 아니요 오직 아브라함의 자손을 붙들어 주려 하심이라

5) 영적 사역의 두 구조, 양면 전략은 무엇입니까?
여기 보면 사역에 두 구조 두 전략이 사용되어야 함을 보여 줍니다.

하나는 가서 전하고 권하는 것이고 하나는 모여서 합심하여 기도하는 것입니다.

이것이 전도 전략입니다.

이것이 영적 사역의 구조요 전략입니다.

가는 구조, 가는 전략, 모이는 구조, 모이는 전략 이 양면 전략을 통하여 영혼을 구원하고 건져 내는 것입니다.

아말렉과의 전쟁에서 여호수아는 나가서 싸우고 모세는 손을 들어 기도한 것과 똑 같은 원리의 전략이며 구조입니다.

출 17:8, 때에 아말렉이 이르러 이스라엘과 르비딤에서 싸우니라
9, 모세가 여호수아에게 이르되 우리를 위하여 사람들을 택하여 나가서 아말렉과 싸우라 내일 내가 하나님의 지팡이를 손에 잡고 산꼭대기에 서리라
10, 여호수아가 모세의 말대로 행하여 아말렉과 싸우고 모세와 아론과 훌은 산꼭대기에 올라가서
11, 모세가 손을 들면 이스라엘이 이기고 손을 내리면 아말렉이 이기더니
12, 모세의 팔이 피곤하매 그들이 돌을 가져다가 모세의 아래에 놓아 그로 그 위에 앉게 하고 아론과 훌이 하나는 이편에서 하나는 저편에서 모세의 손을 붙들어 올렸더니 그 손이 해가 지도록 내려 오지 아니한지라
13, 여호수아가 칼날로 아말렉과 그 백성을 쳐서 파하니라

6) 합심기도가 의미하는 것이 무엇입니까?

합심기도여야 한다는 것은 영혼 구원과 회복의 사역을 근본적으로 교회 공동체에 주신 사역이고 교회가 합심하여 교회 공동체적인 사역으로 중보기도 사역을 하라는 것입니다.

영혼 구원과 영적 사역은 개인에게 맡긴 것이 아니라 교회 공동체에게 맡긴 것이며 중보기도 사역은 개인적 사역이기 보다는 교회공동체적 사역입니다.

기도하는 교회, 기도사역 하는 교회가 되어야 합니다.

- 행 4:24, 저희가 듣고 일심으로 하나님께 소리를 높여 가로되 대주재여 천지와 바다와 그 가운데 만유를 지은 이시요
- 롬 12:5 ,이와 같이 우리 많은 사람이 그리스도 안에서 한 몸이 되어 서로 지체가 되었느니라

7) 어떤 경험을 할 때까지 기도해야 할까요?

여기 영혼 구원을 위하여 마귀를 묶고 영혼을 풀어내기 위하여 교회가 기도할 때 놀라운 약속이 주어져 있습니다.

그것은 주님이 그 기도 가운데 임재하신다는 것입니다. 두 세 사람이 모인 곳에 즉 합심 중보기도하러 모인 곳에 주님이 함께 계신다는 것입니다.

주님이 임재하여 오신다는 것입니다.

그러므로 우리의 기도는 주님의 임재를 체험하면서 기도하게 됩니다.

이러한 주님의 임재가 체험될 때까지 기도는 뜨겁게 이루어져야 합니다. 형식적으로 또는 의무적으로 조금 기도하는 것이 아니라 기도 가운데 임재 하시는 주님을 경험하며 주님 안에서 기도하는 것입니다.

이때에 마귀의 세력은 힘을 잃고 묶이게 되는 것입니다.

8) 중보기도가 마귀를 묶고 영혼을 푸는 원리는 무엇일까요?

중보기도 할 때 마귀가 묶이고 영혼이 풀리는 원리는 본문에 두 가지로 나타납니다. 하나는 약속의 원리 입니다. 둘은 임재의 원리 입니다.

19절 약속의 원리

약속의 원리란 하나님이 역사하리라고 약속하셨으므로 그렇게 되는 것입니다. 합심기도 하면 마귀가 묶이고 영혼이 풀린다고 하신 하나님의 말씀을 기도하면 이루게 하리라 하신 약속에 의하여 하나님의 역사로 이루어지는 것입니다.

20절 임재의 원리

임재의 원리란 주님이 임재 하심으로 마귀가 묶이고 영혼이 풀린다는 것입니다. 주님이 기도 현장에 오시면 기도하는 그 지역에서는 마귀가 묶이고 힘을 쓰지 못합니다. 그러므로 영혼은 풀려나는 것입니다. 여기에 영혼 구원을 위한 중보기도의 실제 예문을 참고로 제시 합니다.

전체 중보

중보

하나님 아버지

내가 예수 그리스도의 이름으로 청주시를 하나님 아버지의 은혜와 능력의 손에 중보 하여 올립니다. 하나님이 받으시고 인치시고 청주시민들을 구원하시고 청주시민 가운데서 이름이 거룩히 여김을 받으소서.

청주시에 임하셔서 통치하시므로 이 땅에서 어두움의 영을 묶어 버리시고 청주시민들의 영혼을 풀어 자유케 하시며 저들이 자유한 영이 되어 예수 믿고 구원 얻으며 하나님의 사랑과 은혜와 복 주심을 누리게 하시고 하나님을 찬미하는 친 백성을 삼으소서.

저들을 향하신 하나님의 구원의 뜻을 이루시소서. 할렐루야!

전체 선포

선포

이제 내가 만왕의 왕이신 예수 그리스도의 이름으로 명하노니

인천시에서 어두움의 영은 묶일 지어다.

내가 예수 그리스도의 보혈을 인천 시민의 영혼에 뿌리노라.

인천시민들은 더 이상 너의 소유가 아니라.

예수께서 피 값으로 사서 하나님께 드리신 바 된 영혼들이라.

예수의 이름으로 명하노라.

그들을 내어 놓으라.

그들을 풀어 놓으라.

그들을 자유케 하라. 할렐루야!

전체 축복

축복

이제 군산시의 영혼들은 예수 이름으로 자유케 될지어다.

사단의 매임에서 놓일지어다.

자유케 되어 예수 믿게 될지어다.

예수 믿고 구원 받게 될지어다.

구원 받아 하나님의 사랑과 은혜와 축복을 알게 될지어다.

하나님을 찬미하는 하나님의 친 백성이 될지어다

할렐루야!

오 하나님 군산 시민들의 구원을 이루실 하나님을 찬양합니다.

할렐루야!.

개체 중보

중보

하나님 아버지

내가 예수 그리스도의 이름으로 ㅇㅇㅇ을 하나님 아버지의 은혜와 능력의 손에 중보 하여 올립니다. 하나님 받으시고 인치시고 저를 구원하시고 영광을 받으소서.

저에게 임하셔서 통치하시므로 저에게서 어두움의 영을 묶어 버리시고 저의 영혼을 풀어 자유케 하시며 저가 자유한 영이 되어 예수 믿고 구원 얻으며 하나님의 사랑과 은혜와 복 주심을 누리게 하시고 하나님을 찬미하는 친 백성을 삼으소서.

저를 향하신 하나님의 구원의 뜻을 이루소서. 할렐루야!

개체 선포

선포

이제 내가 만왕의 왕이신 예수 그리스도의 이름으로 명하노니
000에게서 어두움의 영은 묶이고 떠날 지어다.
내가 예수 그리스도의 보혈을 000이의 영혼에 뿌리노라.
000이는 더 이상 너의 소유가 아니라.
예수께서 피 값으로 사서 하나님께 드리신 바 된 영혼이라.
예수의 이름으로 명하노라.
그를 내어 놓으라.
그를 풀어 놓으라.
그를 자유케 하라.   할렐루야!

개체 축복

축복

이제 000의 영혼은 예수 이름으로 자유케 될지어다.
사단의 매임에서 놓일지어다.
자유케 되어 예수 믿게 될지어다.
예수 믿고 구원 받게 될지어다.
구원 받아 하나님의 사랑과 은혜와 축복을 알게 될지어다.
하나님을 찬미하는 하나님의 친 백성이 될지어다
할렐루야!
오, 하나님, 000이의 구원을 이루실 하나님을 찬양합니다.
할렐루야!

CHAPTER 8

중보자3

— 왕 통 제사장

1. 하늘에서 이룬 것 같이 땅에서도

하늘에서는 누가 중보 기도합니까? 땅에서는 누가 합니까?

1) 예수님의 중보 히7:25,롬8:34

히 7:25, 그러므로 자기를 힘입어 하나님께 나아가는 자들을 온전히 구원하실 수 있으니 이는 그가 항상 살아서 저희를 위하여 간구하심이니라

롬 8:34, 누가 정죄하리요 죽으실 뿐 아니라 다시 살아나신 이는 그리스도 예수시니 그는 하나님 우편에 계신 자요 우리를 위하여 간구하시는 자시니라

성경은 놀라운 은혜를 증거합니다.

예수님께서 우리의 구원을 위하여 지금도 계속 중보기도를 하고 계신다는 것입니다.

예수님께서는 단번에 드리신 십자가에서의 보혈의 제사를 근거로 하여 우리의 죄를 사하시고 구원하시고 사랑하시기를 위하여 중보하고 기도하고 계십니다.

우리의 구원은 예수님의 중보에 근거하여 이루어지고 있으며 오늘 우리의 죄 사함도 예수님의 십자가에 근거한 중보에 근거하여 이루어진 것입니다.

2) 성령님의 중보롬8:26-27

롬 8:26, 이와 같이 성령도 우리 연약함을 도우시나니 우리가 마땅히 빌 바를 알지 못하나 오직 성령이 말할 수 없는 탄식으로 우리를 위하여 친히 간구하시느니라
27, 마음을 감찰하시는 이가 성령의 생각을 아시나니 이는 성령이 하나님의 뜻대로 성도를 위하여 간구하심이니라

성경은 또 증거합니다.
성령님께서 말 할 수 없는 탄식으로 우리를 위하여 중보하며 기도하신다는 것입니다.
성령님의 중보는 아마도 우리의 거룩과 삶에 관한 중보일 것입니다.
우리로 거룩하게 살아가고 승리하며 살아가도록 중보하며 우리가 기도할 줄 모르는 부분까지 다 중보 하여 기도하고 계신 것입니다.
그리고 보면 하늘 나라에서는 예수님의 중보 기도를 하나님 아버지가 받으시고 성령님의 중보 기도를 하나님 아버지가 받으시고 응답하시므로 완벽한 구원과 축복과 은혜의 역사가 이미 하나님 나라 차원에서는 성취되고 있는 것입니다.

이 얼마나 놀라운 은혜의 역사입니까?

하나님 나라에서 이루어지지 않을 것은 하나도 없습니다.

우리의 구원도 사죄도 거룩도 승리도 축복도 다 이루어진 것입니다.

그러나 이것은 어디까지나 하나님 나라 차원에서 하나님 안에서 이루어진 것입니다.

하늘에서 이루어진 것이 우리에게 이 땅에서도 이루어져야 하겠는데 하늘에서 다 이루어진 것 같이 땅에서도 이루어지도록 우리보고 기도하라고 하십니다.

3) 우리의 중보 마6:10, 마18:18-19

마 6:10, 나라이 임하옵시며 뜻이 하늘에서 이룬 것같이 땅에서도 이루어지이다

하늘에서 다 이루어 놓은 것을 우리가 이 땅에서 기도하여 우리의 것으로 성취되도록 하라는 것입니다.

하늘에서 다 이루어진 은혜와 축복의 진수성찬을 기도로 너희가 갖다 먹으라는 것입니다.

모든 구원과 은혜와 축복의 역사가 하늘에서는 완벽하게 이루어졌습니다.

예수님이 중보 기도하시고 성령님이 중보 기도하시고 하나님 아버지가 응답하시기 때문입니다. 이제 하늘에서 이루어진 것을 땅에서 우리

가 기도하므로 우리에게 이루어지게 하라는 것입니다.

> 마 18:18, 진실로 너희에게 이르노니 무엇이든지 너희가 땅에서 매면 하늘에서도 매일 것이요 무엇이든지 땅에서 풀면 하늘에서도 풀리리라
> 19, 진실로 다시 너희에게 이르노니 너희 중에 두 사람이 땅에서 합심하여 무엇이든지 구하면 하늘에 계신 내 아버지께서 저희를 위하여 이루게 하시리라

이 땅에 하나님 나라가 이루어지는 것도 교회가 합심하여 기도하므로 이루라는 것입니다.

교회가 기도하는 만큼 이 땅에 하나님의 나라가 이루어집니다.

교회가 기도하는 만큼 구원의 역사와 축복의 역사가 이 땅에 이루어집니다.

2. 왜 땅에서 우리가 기도해야 하나요?

1) 사람에게 위임한 땅 창1:26-28, 시115:16

그러면 왜 하나님은 하나님이 땅에서 까지 이루시지 않고 우리보고 기도하여 이루라 하시는 것일까요?

그것은 이 땅에서의 일을 원래부터 인간에게 맡기셨기 때문입니다.

성경에 보면 하나님이 사람을 지으시고 사람이 땅의 모든 일을 다스리고 관리하라고 맡기셨습니다.

창 1:26, 하나님이 가라사대 우리의 형상을 따라 우리의 모양대로 우리가 사람을 만들고 그로 바다의 고기와 공중의 새와 육축과 온 땅과 땅에 기는 모든 것을 다스리게 하자 하시고
27, 하나님이 자기 형상 곧 하나님의 형상대로 사람을 창조하시되 남자와 여자를 창조하시고
28, 하나님이 그들에게 복을 주시며 그들에게 이르시되 생육하고 번성하여 땅에 충만하라, 땅을 정복하라, 바다의 고기와 공중의 새와 땅에 움직이는 모든 생물을 다스리라 하시니라
시 115:16, 하늘은 여호와의 하늘이라도 땅은 인생에게 주셨도다

하나님께서 지으신 땅이고 땅의 주인도 하나님이지만 이 땅을 인간에게 위임하시고 인간이 다스리도록 하셨기 때문에 인간 편에서 기도하기 전에 하나님이 개입하시는 것을 삼가 하고 계신 것입니다.

2) 마귀에게 내어준바 된 땅창3:4-6, 눅4:5-7

인간에게 땅을 주시고 맡기셨는데 인간의 타락과 함께 마귀에게 넘겨 준 꼴이 되었습니다.

하나님을 모셔야 할 자리에 마귀를 받아 들임으로 마귀는 인간을 지배하고 다스리고 땅의 지배자가 되었습니다.

하나님의 말씀을 믿지 않고 사탄의 말을 믿게 될 때 사탄이 인간의 마음을 지배하고 세상을 지배하게 되었다는 말입니다.

창 3:4, 뱀이 여자에게 이르되 너희가 결코 죽지 아니하리라
5, 너희가 그것을 먹는 날에는 너희 눈이 밝아 하나님과 같이 되어 선악을 알 줄을 하나님이 아심이니라
6, 여자가 그 나무를 본즉 먹음직도 하고 보암직도 하고 지혜롭게 할 만큼 탐스럽기도 한 나무인지라 여자가 그 실과를 따먹고 자기와 함께한 남편에게도 주매 그도 먹은지라

누가복음에 보면 마귀가 예수님을 시험할 때 당당하게 천하만국이 자기에게 넘겨준 것이므로 자기가 원하는 대로 할 수 있고 줄 수 있으니 자기에게 절하라고 시험하는 것을 볼 수 있습니다. 하나님께로부터 받은 천하 만국을 아담과 하와가 간수하지 못하고 마귀에게 넘겨 준 꼴이 된 것입니다.

눅 4:5, 마귀가 또 예수를 이끌고 올라가서 순식간에 천하 만국을 보이며
6, 가로되 이 모든 권세와 그 영광을 내가 네게 주리라 이것은 내게 넘겨 준 것이므로 나의 원하는 자에게 주노라
7, 그러므로 네가 만일 내게 절하면 다 네 것이 되리라

3) 피로 사서 하나님께 드려진 인간계5:9-10

계 5:9, 새 노래를 노래하여 가로되 책을 가지시고 그 인봉을 떼기에 합당하시도다 일찍 죽임을 당하사 각 족속과 방언과 백성과 나라 가운데서 사람들을 피로 사서 하나님께 드리시고
10, 저희로 우리 하나님 앞에서 나라와 제사장을 삼으셨으니 저희가 땅에

서 왕 노릇 하리로다 하더라

하나님은 우선 예수의 피의 구속으로 인간의 죄를 대속하게 했습니다. 그리고 예수님은 그 보혈로 우리를 사서 하나님께 드리셨습니다.

우리는 회복된 인간, 하나님의 자녀로 회복된 인간이 되었습니다.

그리고 나라와 제사장을 삼았습니다.

하나님 나라의 주인공이 되고 제사장이 되었습니다.

이제 회복된 사람, 제사장이 된 사람의 기도를 통하여 세상에 하나님이 개입하십니다.

구원 받은 사람들에게 이 땅의 일들, 이 땅에서의 하나님 나라의 일들을 맡기시므로 이제 제사장 된 우리 그리스도인과 교회가 이 땅의 일을 위임 받은 주인이요, 제사장이 되었습니다.

4) 교회에게 위임된 땅에서의 하나님 나라마16:16-20

마 16:16, 시몬 베드로가 대답하여 가로되 주는 그리스도시요 살아 계신 하나님의 아들이시니이다

17, 예수께서 대답하여 가라사대 바요나 시몬아 네가 복이 있도다 이를 네게 알게 한 이는 혈육이 아니요 하늘에 계신 내 아버지시니라 18, 또 내가 네게 이르노니 너는 베드로라 내가 이 반석 위에 내 교회를 세우리니 음부의 권세가 이기지 못하리라

19, 내가 천국 열쇠를 네게 주리니 네가 땅에서 무엇이든지 매면 하늘에서도 매일 것이요 네가 땅에서 무엇이든지 풀면 하늘에서도 풀리리라 하

시고
20. 이에 제자들을 경계하사 자기가 그리스도인 것을 아무에게도 이르지 말라 하시니라

이제 이 땅에서의 하나님 나라의 일을 교회가 위임 받게 되었습니다.
천국 열쇠를 교회가 받았습니다.
교회가 사탄을 묶으면 묶입니다.
교회가 영혼을 풀면 풀립니다.
이것은 교회에게 영혼 구원과 하나님 나라의 일을 전적으로 위임하고 맡겼으며 그러한 권세와 사명이 교회에게 주어졌습니다.
교회가 기도하는 만큼 하나님이 이 땅에 역사하십니다.
이런 의미에서 기도는 하나님을 초청하는 행위 입니다.
우리가 하나님 오셔서 이 일을 맡아 달라고 간청하면 하나님이 오셔서 행하십니다.
우리에게 맡겼는데 우리가 하나님께 다시 부탁 드리는 것입니다.
그러므로 우리는 우리 스스로의 힘으로 하나님 나라의 일을 이룰 수 없기에 기도를 통하여 이루게 하십니다.

3. 왕 같은 제사장임을 아십니까? 왕 같은 제사장으로 세우신 목적은 무엇입니까? 벧전2:9

벧전 2:9, 오직 너희는 택하신 족속이요 왕 같은 제사장들이요 거룩한 나

라요 그의 소유된 백성이니 이는 너희를 어두운 데서 불러 내어 그의 기이한 빛에 들어가게 하신 자의 아름다운 덕을 선전하게 하려 하심이라

성경은 우리가 왕 같은 제사장, 왕통 제사장이라고 말합니다.

일단 우리가 제사장의 사명과 신분을 가지고 있으며 그것도 왕통 제사장이라는 것입니다.

그리고 왕통 제사장의 주요 임무와 사명은 우리의 받은 구원과 하나님의 영광스러운 은혜를 선전하는 것입니다.

선포하고 전하는 것이란 말입니다.

복음을 전하여 만민이 하나님의 은혜를 알게 하는 사명입니다.

그러면 왕통 제사장이 어떻게 된 것이며 무슨 의미가 있는 것일까요?

4. 우리는 어떻게 제사장이 되었으며 왕통 제사장입니까? 계5:9-10

계 5:9, 새 노래를 노래하여 가로되 책을 가지시고 그 인봉을 떼기에 합당하시도다 일찍 죽임을 당하사 각 족속과 방언과 백성과 나라 가운데서 사람들을 피로 사서 하나님께 드리시고

10, 저희로 우리 하나님 앞에서 나라와 제사장을 삼으셨으니 저희가 땅에서 왕 노릇 하리로다 하더라

그리고 우리가 제사장이 된 것은 예수님의 피로 말미암은 구속에 근거합니다.

예수께서 그 피로 사람들을 사서 하나님께 드리시므로 나라와 제사장

을 삼으시게 된 것입니다. 그러므로 우리가 예수의 피로 제사장이 되고 예수의 왕통을 이어받는 제사장이 되었습니다. 동시에 우리에게는 세상을 위하여 중보 기도하고 복음 전하는 사명과 동시에 세상을 영적으로 통치하는 사명과 권세가 주어졌습니다.

그래서 땅에서 왕 노릇 하라는 것입니다.

그러면 우리가 어떻게 세상을 다스립니까?

5. 우리가 어떻게 세상을 다스립니까?

1) 왕권을 가지고 마귀를 다스린다 요12:31, 마12:28, 마18:18-19,

요 12:31, 이제 이 세상의 심판이 이르렀으니 이 세상 임금이 쫓겨나리라

마 12:28, 그러나 내가 하나님의 성령을 힘입어 귀신을 쫓아내는 것이면 하나님의 나라가 이미 너희에게 임하였느니라

마 18:18, 진실로 너희에게 이르노니 무엇이든지 너희가 땅에서 매면 하늘에서도 매일 것이요 무엇이든지 땅에서 풀면 하늘에서도 풀리리라

19, 진실로 다시 너희에게 이르노니 너희 중에 두 사람이 땅에서 합심하여 무엇이든지 구하면 하늘에 계신 내 아버지께서 저희를 위하여 이루게 하시리라

요 12:31에 보면 이 세상이 마귀의 지배 영역으로 전락했음을 보여줍니다.

마귀가 세상 임금 노릇을 합니다.

이미 본대로 아담과 하와가 하나님을 불신하고 마귀를 믿은 이후 마귀가 아담과 하와의 마음을 지배하면서 인간 세상을 마귀가 다스리는 세상이 되었습니다.

이제 우리가, 교회가 세상을 다스린다는 것은 영적 통치로서 우리가 마귀를 다스리므로 세상을 다스리게 됩니다.

우리가 성령의 능력으로 귀신을 다스리면 하나님 나라의 통치를 이루는 것입니다.

우리의 세상 통치는 영적 통치이며 마귀의 세력을 교회가 통치하므로 세상을 거룩하게 다스리는 것입니다.

교회가 영권을 가지고 지역 사회에서 통치권을 행사하게 됩니다.

우리가 마귀를 결박하고 영혼들을 풀어내므로 세상을 변화시킵니다.

2) 제사장으로 하나님의 통치가 임하기를 기도한다 마6:10

마 6:10, 나라이 임하옵시며 뜻이 하늘에서 이룬 것같이 땅에서도 이루어지이다

우리가 제사장으로서 세상을 다스린다는 것은 사실 하나님께 중보 기도하므로 하나님의 통치가 이 세상에 임하게 한다는 것입니다.

궁극적으로는 하나님의 통치입니다.

그러나 우리가 제사장이 되어 하나님께 기도하므로 하나님의 통치를 이 땅에 임하게 한다는 것이지요.

하나님의 나라가 하나님의 통치가 이 땅에 임하도록 기도하는 것입니다. 기도를 통한 세상 통치입니다.

6. 왕 같은 제사장으로서 중보 한다는 것은 어떤 마음으로 중보 하는 것입니까?

1) 왕의 책임으로 중보 한다느1:3-7

느 1:3, 저희가 내게 이르되 사로잡힘을 면하고 남은 자가 그 도에서 큰 환난을 만나고 능욕을 받으며 예루살렘 성은 훼파되고 성문들은 소화되었다 하는지라

4, 내가 이 말을 듣고 앉아서 울고 수일 동안 슬퍼하며 하늘의 하나님 앞에 금식하며 기도하여

5, 가로되 하늘의 하나님 여호와 크고 두려우신 하나님이여 주를 사랑하고 주의 계명을 지키는 자에게 언약을 지키시며 긍휼을 베푸시는 주여 간구하나이다

6, 이제 종이 주의 종 이스라엘 자손을 위하여 주야로 기도하오며 이스라엘 자손의 주 앞에 범죄함을 자복하오니 주는 귀를 기울이시며 눈을 여시사 종의 기도를 들으시옵소서 나와 나의 아비 집이 범죄하여

7, 주를 향하여 심히 악을 행하여 주의 종 모세에게 주께서 명하신 계명과 율례와 규례를 지키지 아니하였나이다

중보 기도로 세상을 다스린다면 우리는 이제 왕권을 가지고 마귀를 다스릴 뿐 아니라 왕 된 책임감으로 중보기도를 해야 할 필요가 있습니다.

느헤미야는 왕도 아니고 제사장도 아니었으나 자기 민족의 죄를 자복하며 이스라엘과 예루살렘을 위하여 눈물로 기도합니다.

하나님은 느헤미야에게 예루살렘을 재건하는 사명을 주시고 그렇게 할 수 있도록 길을 주십니다.

우리는 왕으로서 책임감을 가지고 중보 기도해야 하고 우리가 기도하는 만큼 다스리는 것입니다.

한 도시를 책임지고 기도하면 한 도시의 왕입니다.

나라를 책임지고 기도하면 나라의 왕입니다.

세계를 책임 지고 기도하면 세계의 왕입니다.

2) 제사장의 심장으로 기도한다 히2:17-18, 4:14-16

히 2:17, 그러므로 저가 범사에 형제들과 같이 되심이 마땅하도다 이는 하나님의 일에 자비하고 충성된 대제사장이 되어 백성의 죄를 구속하려 하심이라

18, 자기가 시험을 받아 고난을 당하셨은즉 시험 받는 자들을 능히 도우시느니라

동시에 우리는 제사장의 간절한 사랑과 긍휼로 기도해야 합니다.

예수님은 자기가 시험을 받은 경험을 가지고 불쌍히 여기며 우리를 위하여 중보기도 한다고 하십니다.

우리 연약함을 긍휼히 여기며 불쌍히 여기며 기도한다고 하십니다.

우리도 이같이 인생들을 불쌍히 여기고 사랑하는 마음으로 기도해야
할 사명이 있습니다.

> 히 4:14, 그러므로 우리에게 큰 대제사장이 있으니 승천하신 자 곧 하나
> 님 아들 예수시라 우리가 믿는 도리를 굳게 잡을지어다
> 15, 우리에게 있는 대제사장은 우리 연약함을 체휼하지 아니하는 자가 아
> 니요 모든 일에 우리와 한결같이 시험을 받은 자로되 죄는 없으시니라

PART 5
일꾼 무장하기

"일꾼 무장하기"는 성도들을 재생산 능력을 갖춘 일꾼으로 훈련하고 일꾼으로 헌신하게 하는 데 그 목적이 있습니다. 이 교재를 사용하여 가르치는 동안 평신도일지라도 영적 사역, 복음 사역에 헌신하여 전도하고 양육하고 제자훈련하고 주님의 지상 명령에 순종하는 삶으로 성장하게 합니다. 주님의 세계 비전을 사명으로 삶을 만들어 가게 이끌어 주는 것입니다. 여덟 과로 되어 있으므로 한 주간에 한 과씩 하여 8주간 교재이나 두 주간에 한 과씩 해도 괜찮습니다. 또는 반대로 교실 수업일 경우는 한 주에 두 과를 할 수 있습니다. 교재를 마치는 것이 목표가 아니고 말씀대로 살고 순종하게 하는 것이 목표이기 때문에 서둘러 교재를 떼는 식으로 할 필요는 없습니다. 여덟 과를 공부하는 동안 세 권의 책을 필독서로 읽도록 되어 있습니다. 두 주에 한 권씩 읽도록 합니다. 초반에 다 읽도록 하는 것이 도움이 됩니다. 읽고 소감문을 써 오도록 합니다. 노인들의 경우가 아니면 책을 읽고 소감문을 반드시 써 오도록 해야 합니다. 첫 시간에 이러한 사항을 미리 알려 주고 보고서 받는 날을 예시합니다. 보고서는 두 주에 한 번씩 받아 두십시오. 그리고 소감문 보고서를 다 읽고 격려하여 되돌려 줍니다. 교재를 공부할 때 성경지식이 목적이 아니고 말씀대로 변화되고 살아가는 것이 중요합니다. 이를 위하여 모이면 먼저 찬양하고 Q.T 한 것을 나누고 공부합니다. 교재 공부가 끝나면 기도하는 시간을 가져야 합니다. 말씀에 반응하여 결단하거나 고백하는 기도와 중보기도 훈련을 하면서 기도하는 제자훈련 그룹 또는 학교를 만들어 가야 합니다. 기도 없는 제자훈련이 공허하게 됩니다. 말씀과 기도로 성령 체험을 함께 하는 학습이 되게 해야 합니다

"일꾼 무장하기"는 성도들을 재생산 능력을 갖춘 일꾼으로 훈련하고 일꾼으로 헌신하게 하는 데 그 목적이 있습니다.

이 교재를 사용하여 가르치는 동안 평신도일지라도 영적 사역, 복음 사역에 헌신하여 전도하고 양육하고 제자훈련하고 주님의 지상 명령에 순종하는 삶으로 성장하게 합니다. 주님의 세계 비전을 사명으로 삶을 만들어 가게 이끌어 주는 것입니다. 여덟 과로 되어 있으므로 한 주간에 한 과씩 하여 8주간 교재이나 두 주간에 한 과씩 해도 괜찮습니다. 또는 반대로 교실 수업일 경우는 한 주에 두 과를 할 수 있습니다. 교재를 마치는 것이 목표가 아니고 말씀대로 살고 순종하게 하는 것이 목표이기 때문에 서둘러 교재를 떼는 식으로 할 필요는 없습니다. 여덟 과를 공부하는 동안 세 권의 책을 필독서로 읽도록 되어 있습니다. 두 주에 한 권씩 읽도록 합니다. 초반에 다 읽도록 하는 것이 도움이 됩니다. 읽고 소감문을 써 오도록 합니다. 노인들의 경우가 아니면 책을 읽고 소감문을 반드시 써 오도록 해야 합니다. 첫 시간에 이러한 사항을 미리 알려 주고 보고서 받는 날을 예시합니다. 보고서는 두 주에 한 번씩 받아 두십시오. 그리고 소감문 보고서를 다 읽고 격려하여 되돌려 줍니다.

교재를 공부할 때 성경지식이 목적이 아니고 말씀대로 변화되고 살아가는 것이 중요합니다. 이를 위하여 모이면 먼저 찬양하고 Q.T 한 것을 나누고 공부합니다. 교재 공부가 끝나면 기도하는 시간을 가져야 합니다. 말씀에 반응하여 결단하거나 고백하는 기도와 중보기도 훈련을 하면서 기도하는 제자훈련 그룹 또는 학교를 만들어 가야 합니다. 기도 없이는 제자훈련이 공허하게 됩니다.

말씀과 기도로 성령 체험을 함께 하는 학습이 되게 해야 합니다.

CHAPTER 1

교회

1. 마16:13-20, 18:15-20을 종합하여 보세요

마 16:13, 예수께서 가이사랴 빌립보 지방에 이르러 제자들에게 물어 가라사대 사람들이 인자를 누구라 하느냐

14, 가로되 더러는 세례 요한, 더러는 엘리야, 어떤 이는 예레미야나 선지자 중의 하나라 하나이다

15, 가라사대 너희는 나를 누구라 하느냐

16, 시몬 베드로가 대답하여 가로되 주는 그리스도시요 살아 계신 하나님의 아들이시니이다

17, 예수께서 대답하여 가라사대 바요나 시몬아 네가 복이 있도다 이를 네게 알게 한 이는 혈육이 아니요 하늘에 계신 내 아버지시니라

18, 또 내가 네게 이르노니 너는 베드로라 내가 이 반석 위에 내 교회를 세우리니 음부의 권세가 이기지 못하리라

19, 내가 천국 열쇠를 네게 주리니 네가 땅에서 무엇이든지 매면 하늘에서도 매일 것이요 네가 땅에서 무엇이든지 풀면 하늘에서도 풀리리라 하시고

20, 이에 제자들을 경계하사 자기가 그리스도인 것을 아무에게도 이르지

말라 하시니라

마 18:15, 네 형제가 죄를 범하거든 가서 너와 그 사람과만 상대하여 권고하라 만일 들으면 네가 네 형제를 얻은 것이요

16, 만일 듣지 않거든 한 두 사람을 데리고 가서 두 세 증인의 입으로 말마다 증참케 하라

17, 만일 그들의 말도 듣지 않거든 교회에 말하고 교회의 말도 듣지 않거든 이방인과 세리와 같이 여기라

18, 진실로 너희에게 이르노니 무엇이든지 너희가 땅에서 매면 하늘에서도 매일 것이요 무엇이든지 땅에서 풀면 하늘에서도 풀리리라

19, 진실로 다시 너희에게 이르노니 너희 중에 두 사람이 땅에서 합심하여 무엇이든지 구하면 하늘에 계신 내 아버지께서 저희를 위하여 이루게 하시리라

20, 두 세 사람이 내 이름으로 모인 곳에는 나도 그들 중에 있느니라

1) 교회의 기초, 교회의 반석은 "주는 그리스도시요 살아계신 하나님의 아들이시니이다." 라고 고백한 베드로의 신앙고백 입니다.

교회는 예수님을 그리스도 즉 구세주로 고백하며 하나님의 아들로, 우리의 주님으로 고백하는 사람들이 모인 공동체로서 신앙고백의 공동체라고 말하게 됩니다.

2) 교회에게 천국 열쇠가 위임되었습니다.

이 땅에서의 천국의 일을 대행하는 기관으로 선교 공동체를 이룬다는 것입니다.

천국 열쇠를 가지고 사람들을 천국으로 이끌어 들이는 선교 사명을 갖게 되었습니다. 이 땅에서의 천국의 일은 교회에게 위임 되어 있어서 교회가 하는 만큼 천국의 역사가 이루어 지게 됩니다.

교회가 풀면 풀리고 교회가 매면 매입니다. 교회가 묶여 있는 영혼들을 풀어내야 하고 영혼을 풀어내기 위하여 마귀 권세는 묶어 매야 합니다.

3) 마귀에게 묶인 영혼을 풀어내는 사역은 합심하여 중보기도 함으로 이루어 냅니다.

하나님의 약속에 근거하여 이 땅에서 교회 전체가 합심하여 기도하면 마귀가 묶이고 영혼이 풀려나는 영적 역사가 이루어 집니다.

4) 합심기도여야만 합니다.

주님은 합심 기도할 때 마귀가 묶이고 묶인 영혼이 풀려 나게 된다고 약속하셨습니다. 마귀를 묶고 영혼을 푸는 사역은 개인에게 주신 사명이 아니라 교회에게 주신 사명이므로 교회가 합심하여 기도하는 교회가 되어야 하고 개인 성도는 교회의 지체로서 기도해야 합니다. 그러므로 교회는 합심하여 기도하는 하나된 공동체 즉 친교 공동체라고도 하는 것입니다.

적용 질문 적용 질문을 통하여 신앙고백이 확실한지 각자 점검하고 교회의 사명에 대하여 마음 모으는 기도자로 헌신하는 결단도 하게 합니다.

2. 요17:14-23 예수님의 기도에 나타난 교회의 성격은 무엇입니까?

> 요 17:14, 내가 아버지의 말씀을 저희에게 주었사오매 세상이 저희를 미워하였사오니 이는 내가 세상에 속하지 아니함 같이 저희도 세상에 속하지 아니함을 인함이니이다
> 15, 내가 비옵는 것은 저희를 세상에서 데려가시기를 위함이 아니요 오직 악에 빠지지 않게 보전하시기를 위함이니이다
> 16, 내가 세상에 속하지 아니함 같이 저희도 세상에 속하지 아니하였삽나이다
> 17, 저희를 진리로 거룩하게 하옵소서 아버지의 말씀은 진리니이다
> 18, 아버지께서 나를 세상에 보내신 것같이 나도 저희를 세상에 보내었고
> 19, 또 저희를 위하여 내가 나를 거룩하게 하오니 이는 저희도 진리로 거룩함을 얻게 하려 함이니이다
> 20, 내가 비옵는 것은 이 사람들만 위함이 아니요 또 저희 말을 인하여 나를 믿는 사람들도 위함이니
> 21, 아버지께서 내 안에, 내가 아버지 안에 있는 것같이 저희도 다 하나가 되어 우리 안에 있게 하사 세상으로 아버지께서 나를 보내신 것을 믿게 하옵소서
> 22, 내게 주신 영광을 내가 저희에게 주었사오니 이는 우리가 하나가 된 것같이 저희도 하나가 되게 하려 함이니이다
> 23, 곧 내가 저희 안에, 아버지께서 내 안에 계셔 저희로 온전함을 이루어 하나가 되게 하려 함은 아버지께서 나를 보내신 것과 또 나를 사랑하심 같이 저희도 사랑하신 것을 세상으로 알게 하려 함이로소이다

1) 14-17절에서는 예수께서 제자 공동체를 위하여 기도할 때 거룩한

공동체가 되기를 위하여 기도하였음을 보여 줍니다.

거룩이라고 해서 세상에서 완전히 떠나가는 것이 아니라 세상에 있으면서도 죄에서 떠나 진리로 거룩하게 구별 되는 거룩을 말합니다. 세상에 있으나 세상에 속하지 아니하고 죄악의 지배를 받지 아니하고 진리로 살아가는 공동체가 되기를 위하여 기도하였습니다. 그러므로 교회는 거룩한 공동체를 이루는 것이 주님의 뜻입니다.

2) 18절에서는 하나님이 예수님을 세상에 보내시는 것 같이 제자들을 세상에 보내신다고 말합니다.

제자공동체는 그러므로 세상에 보냄 받는 공동체입니다. 세상에 보내시는 것은 세상을 구원하려는 목적이지요. 그러므로 교회는 세상을 구원하라고 세상으로 보냄 받는 선교 공동체가 되어야 합니다.

3) 21, 23절에서는 제자들이 하나가 되고 하나님 안에서 하나가 되기를 기도하였습니다.

이 하나됨은 성령 안에서 사랑으로 하나되는 것인데 성도들, 제자들이 하나될 뿐 아니라 삼위일체 하나님 안에서 하나되는 수평적, 수직적 하나됨, 온전한 영적 하나됨을 가리킵니다. 교회는 성령으로 하나된 공동체를 이루는 것입니다.

4) 제자들이, 성도들이 온전한 하나됨을 이룰 때 그 공동체, 그 교회를 통하여 하나님의 사랑이 나타나고 세상이 하나님의 사랑과 구원을 알게

된다는 것입니다.

> 적용 질문   적용질문을 통하여 거룩한 교회 만들기, 선교에 헌신하기, 하나된 공동체의 지체로 봉사하기를 다짐하는 기도를 드리게 합니다.

3. 행2:37-47, 13:1-3에 나타난 사도행전의 교회의 모습을 살펴 보세요.

> 행 2:37, 저희가 이 말을 듣고 마음에 찔려 베드로와 다른 사도들에게 물어 가로되 형제들아 우리가 어찌할꼬 하거늘
> 38, 베드로가 가로되 너희가 회개하여 각각 예수 그리스도의 이름으로 세례를 받고 죄 사함을 얻으라 그리하면 성령을 선물로 받으리니
> 39, 이 약속은 너희와 너희 자녀와 모든 먼 데 사람 곧 주 우리 하나님이 얼마든지 부르시는 자들에게 하신 것이라 하고
> 40, 또 여러 말로 확증하며 권하여 가로되 너희가 이 패역한 세대에서 구원을 받으라 하니
> 41, 그 말을 받는 사람들은 세례를 받으매 이 날에 제자의 수가 삼천이나 더하더라
> 42, 저희가 사도의 가르침을 받아 서로 교제하며 떡을 떼며 기도하기를 전혀 힘쓰니라
> 43, 사람마다 두려워하는데 사도들로 인하여 기사와 표적이 많이 나타나니
> 44, 믿는 사람이 다 함께 있어 모든 물건을 서로 통용하고
> 45, 또 재산과 소유를 팔아 각 사람의 필요를 따라 나눠 주고
> 46, 날마다 마음을 같이 하여 성전에 모이기를 힘쓰고 집에서 떡을 떼며 기쁨과 순전한 마음으로 음식을 먹고
> 47, 하나님을 찬미하며 또 온 백성에게 칭송을 받으니 주께서 구원받는 사

람을 날마다 더하게 하시니라

행 13:1, 안디옥 교회에 선지자들과 교사들이 있으니 곧 바나바와 니게르라 하는 시므온과 구레네 사람 루기오와 분봉왕 헤롯의 동생 마나엔과 및 사울이라
2, 주를 섬겨 금식할 때에 성령이 가라사대 내가 불러 시키는 일을 위하여 바나바와 사울을 따로 세우라 하시니
3, 이에 금식하며 기도하고 두 사람에게 안수하여 보내니라

1) 회개하여 예수 그리스도를 믿고 그 이름으로 세례를 받고 성령을 받으므로 신자가 되고 교회의 지체가 됩니다.
　진정한 교회의 지체는 회개하고 예수를 믿고 성령을 받아야 합니다.

2) 초대 교회 신자들은 성령 안에서 사랑으로 하나되는 교제를 경험하였습니다.
　함께 가르침을 받아 말씀을 공유하고 떡을 떼는 즉 음식을 함께 나누어 먹는 식탁 공유, 기도에 함께 힘쓰는 기도 공유, 물건을 통용하고 재산과 소유를 나누는 재산 공유, 하나님을 함께 찬미하는 예배의 공유 등 영적으로 또 삶으로 함께 하나가 되는 성령과 사랑의 공동체적 경험을 이루게 됩니다.

3) 이러한 하나된 모습 속에서 하나님이 날마다 믿는 자를 더하게 하시므로 신자의 수가 늘어났습니다.
　교회 성장은 하나님이 주가 되시고 우리는 성령충만 사랑 충만하여야

합니다.

4) 안디옥 교회는 성령의 명하심을 따라 복음을 천하에 전하기 위하여 그들의 지도자인 바나바와 바울을 선교사로 파송합니다.

최고 지도자가 선교사로 파송 받았습니다. 그것도 금식하며 기도하며 결단하고 파송합니다. 이러한 진지함과 헌신으로 교회는 선교사를 파송하고 지상명령 수행에 헌신해야 할 것입니다.

> 적용 질문 적용질문을 통하여 교회의 한 지체로서 자신이 거듭난 신자인가를 확인하고 사모하게 하며 참된 하나되는 교제를 위하여 자신을 내어놓는 믿음을 갖게 하며 선교하는 교회가 되는 일에 이바지 하고자 하는 소원을 갖고 헌신하게 합니다.

4. 엡4:13-16 공동체적 성장의 원리를 찾아 보세요.

> 엡 4:13, 우리가 다 하나님의 아들을 믿는 것과 아는 일에 하나가 되어 온전한 사람을 이루어 그리스도의 장성한 분량이 충만한 데까지 이르리니
> 14, 이는 우리가 이제부터 어린아이가 되지 아니하여 사람의 궤술과 간사한 유혹에 빠져 모든 교훈의 풍조에 밀려 요동치 않게 하려 함이라
> 15, 오직 사랑 안에서 참된 것을 하여 범사에 그에게까지 자랄지라 그는 머리니 곧 그리스도라
> 16, 그에게서 온 몸이 각 마디를 통하여 도움을 입음으로 연락하고 상합하여 각 지체의 분량대로 역사하여 그 몸을 자라게 하며 사랑 안에서 스스로 세우느니라

1) 우리는 개인적으로나 공동체적으로나 성장하고 성숙해야 합니다. 우리의 성장과 성숙의 목표는 우리 주님 예수 그리스도의 분량입니다.

2) 사람의 궤술과 간사한 유혹, 즉 사람의 꾀로 살아가는 모습은 영적으로 덜 성장한 모습입니다. 인간적 교훈의 풍조에 밀려 흔들리는 모습도 미숙한 모습입니다.

3) 사랑 안에서 참되게 살며 그리스도의 분량으로 성장 성숙할 것을 사모하고 기도해야 합니다.

4) 각 지체는 공동체의 성장을 위하여 역할을 분담해야 합니다.

서로 연락하고 통하도록 하고 또 상합하여 마음을 함께 하고 각 지체의 분량만큼 역사하고 봉사하여 공동체를 성장케 하는 일에 헌신해야 합니다. 구경꾼이 있어서는 안됩니다. 서로 서로 하나되고 격려하며 공동체로서 교회가 성장해 나가야 합니다.

적용 질문 적용질문을 통하여 각자가 공동체적 교회 성장에 긍정적인 지체 이바지하는 지체가 되도록 다짐하는 계기를 삼습니다.

CHAPTER 2
재림

1. 행1:6-11 교회의 성격이 어떤 것입니까?

   행 1:6, 저희가 모였을 때에 예수께 묻자와 가로되 주께서 이스라엘 나라를 회복하심이 이 때니이까 하니

   7, 가라사대 때와 기한은 아버지께서 자기의 권한에 두셨으니 너희의 알 바 아니요

   8, 오직 성령이 너희에게 임하시면 너희가 권능을 받고 예루살렘과 온 유대와 사마리아와 땅 끝까지 이르러 내 증인이 되리라 하시니라

   9, 이 말씀을 마치시고 저희 보는 데서 올리워 가시니 구름이 저를 가리워 보이지 않게 하더라

   10, 올라가실 때에 제자들이 자세히 하늘을 쳐다보고 있는데 흰 옷 입은 두 사람이 저희 곁에 서서

   11, 가로되 갈릴리 사람들아 어찌하여 서서 하늘을 쳐다보느냐 너희 가운데서 하늘로 올리우신 이 예수는 하늘로 가심을 본 그대로 오시리라 하였느니라

   1) 교회는 성령을 받아 태어나는 성령 공동체입니다.

성령이 사람들의 모임을 교회공동체로 만들어 줍니다.

2) 교회는 예수님의 재림을 기다리는 재림 대망의 공동체입니다.
교회는 성령 강림으로 시작하여 예수님의 재림 때까지 존재합니다.

3) 성령의 권능으로 태어난 교회는 예수님 재림하는 날까지 성령의 권능으로 주님을 증거 하는 선교 공동체로 존재합니다.
성령이 임하시므로 교회가 태어납니다.
교회는 예수님의 재림을 내다보며 재림하는 날까지 주님을 증거하고 복음을 전하는 선교공동체로 이 땅에 존재합니다.

> 적용 질문 ─ 적용 질문은 이 진리를 교리로만 이해할 것이 아니라 각자 이 진리를 삶에 적용하여 성령의 사람으로 예수님의 재림을 준비하는 삶으로 선교하는 헌신으로 이끌도록 도전합니다.

2. 마24:3-14 말세의 징조가 무엇입니까?

마 24:3, 예수께서 감람 산 위에 앉으셨을 때에 제자들이 종용히 와서 가로되 우리에게 이르소서 어느 때에 이런 일이 있겠사오며 또 주의 임하심과 세상 끝에는 무슨 징조가 있사오리이까
4, 예수께서 대답하여 가라사대 너희가 사람의 미혹을 받지 않도록 주의하라
5, 많은 사람이 내 이름으로 와서 이르되 나는 그리스도라 하여 많은 사람을 미혹케 하리라

6, 난리와 난리 소문을 듣겠으나 너희는 삼가 두려워 말라 이런 일이 있어야 하되 끝은 아직 아니니라

7, 민족이 민족을, 나라가 나라를 대적하여 일어나겠고 처처에 기근과 지진이 있으리니

8, 이 모든 것이 재난의 시작이니라

9, 그 때에 사람들이 너희를 환난에 넘겨 주겠으며 너희를 죽이리니 너희가 내 이름을 위하여 모든 민족에게 미움을 받으리라

10, 그 때에 많은 사람이 시험에 빠져 서로 잡아 주고 서로 미워하겠으며

11, 거짓 선지자가 많이 일어나 많은 사람을 미혹하게 하겠으며

12, 불법이 성하므로 많은 사람의 사랑이 식어지리라

13, 그러나 끝까지 견디는 자는 구원을 얻으리라

14, 이 천국 복음이 모든 민족에게 증거되기 위하여 온 세상에 전파되리니 그제야 끝이 오리라

1) 말세에는 우선 거짓 그리스도 거짓 선지자가 많이 나와 미혹케 한다고 합니다.

2) 난리와 전쟁이 많아진다고 합니다.

3) 처처에 기근 즉 배고픔이 있다고 합니다.

4) 지진과 같은 천재 지변이 일어난다고 합니다.

5) 서로 미워하고 서로 잡아주며 배신하는 어려움이 온다고 합니다.

6) 불법이 성하고 사랑이 식어진다고 합니다.

> **적용 질문** 적용질문을 통하여 종말의식을 가지고 살아가도록 인도합

니다. 즉 각성하며 살자는 이야기를 나눕니다.

3. 마24:14 예수님의 재림과 선교의 관계가 무엇입니까?

마 24:14, 이 천국 복음이 모든 민족에게 증거되기 위하여 온 세상에 전파 되리니 그제야 끝이 오리라

말세의 징조를 다 말씀 하신 예수님이 마지막 징조로 천국 복음이 모든 민족에게 증거 되고 온 세상에 전파되어야 끝이 온다고 하였습니다.
이 말씀은 사도행전에서 교회는 예수님의 재림 때까지 온 세상에 주님을 증거하고 복음을 전하는 공동체라 하였던 바 교회가 주님을 증거하고 복음을 전하여 모든 민족에게 증거하고 온 세상에 전해야 끝이 오고 예수님이 재림하신다는 것입니다. 그러므로 예수님의 재림은 선교사명이 완수 되는 날 이루어질 것입니다.

> **적용 질문** 적용 질문을 통하여 재림을 기다리는 성도나 교회는 선교적 사명에 헌신하여야 함을 다시 인식하고 헌신하는 계기로 삼습니다.

4. 마25:1-46 재림을 기다리는 교회와 성도가 할 일이 무엇입니까?

마 25:1, 그 때에 천국은 마치 등을 들고 신랑을 맞으러 나간 열 처녀와 같다 하리니
2, 그 중에 다섯은 미련하고 다섯은 슬기 있는지라
3, 미련한 자들은 등을 가지되 기름을 가지지 아니하고

4, 슬기 있는 자들은 그릇에 기름을 담아 등과 함께 가져갔더니

5, 신랑이 더디 오므로 다 졸며 잘새

6, 밤중에 소리가 나되 보라 신랑이로다 맞으러 나오라 하매

7, 이에 그 처녀들이 다 일어나 등을 준비할새

8, 미련한 자들이 슬기 있는 자들에게 이르되 우리 등불이 꺼져가니 너희 기름을 좀 나눠 달라 하거늘

9, 슬기 있는 자들이 대답하여 가로되 우리와 너희의 쓰기에 다 부족할까 하노니 차라리 파는 자들에게 가서 너희 쓸 것을 사라 하니

10, 저희가 사러 간 동안에 신랑이 오므로 예비하였던 자들은 함께 혼인 잔치에 들어가고 문은 닫힌지라

11, 그 후에 남은 처녀들이 와서 가로되 주여 주여 우리에게 열어 주소서

12, 대답하여 가로되 진실로 너희에게 이르노니 내가 너희를 알지 못하노라 하였느라

13, 그런즉 깨어 있으라 너희는 그 날과 그 시를 알지 못하느니라

14, 또 어떤 사람이 타국에 갈제 그 종들을 불러 자기 소유를 맡김과 같으니

15, 각각 그 재능대로 하나에게는 금 다섯 달란트를, 하나에게는 두 달란트를, 하나에게는 한 달란트를 주고 떠났더니

16, 다섯 달란트 받은 자는 바로 가서 그것으로 장사하여 또 다섯 달란트를 남기고

17, 두 달란트를 받은 자도 그같이 하여 또 두 달란트를 남겼으되

18, 한 달란트 받은 자는 가서 땅을 파고 그 주인의 돈을 감추어 두었더니

19, 오랜 후에 그 종들의 주인이 돌아와 저희와 회계할새

20, 다섯 달란트 받았던 자는 다섯 달란트를 더 가지고 와서 가로되 주여 내게 다섯 달란트를 주셨는데 보소서 내가 또 다섯 달란트를 남겼나

이다

21, 그 주인이 이르되 잘 하였도다 착하고 충성된 종아 네가 작은 일에 충성하였으매 내가 많은 것으로 네게 맡기리니 네 주인의 즐거움에 참여할지어다 하고

22, 두 달란트 받았던 자도 와서 가로되 주여 내게 두 달란트를 주셨는데 보소서 내가 또 두 달란트를 남겼나이다

23, 그 주인이 이르되 잘 하였도다 착하고 충성된 종아 네가 작은 일에 충성하였으매 내가 많은 것으로 네게 맡기리니 네 주인의 즐거움에 참여할지어다 하고

24, 한 달란트 받았던 자도 와서 가로되 주여 당신은 굳은 사람이라 심지 않은 데서 거두고 헤치지 않은 데서 모으는 줄을 내가 알았으므로

25, 두려워하여 나가서 당신의 달란트를 땅에 감추어 두었나이다 보소서 당신의 것을 받으셨나이다

26, 그 주인이 대답하여 가로되 악하고 게으른 종아 나는 심지 않은 데서 거두고 헤치지 않은 데서 모으는 줄로 네가 알았느냐

27, 그러면 네가 마땅히 내 돈을 취리하는 자들에게나 두었다가 나로 돌아와서 내 본전과 변리를 받게 할 것이니라 하고

28, 그에게서 그 한 달란트를 빼앗아 열 달란트 가진 자에게 주어라

29, 무릇 있는 자는 받아 풍족하게 되고 없는 자는 그 있는 것까지 빼앗기리라

30, 이 무익한 종을 바깥 어두운 데로 내어쫓으라 거기서 슬피 울며 이를 갊이 있으리라 하니라

31, 인자가 자기 영광으로 모든 천사와 함께 올 때에 자기 영광의 보좌에 앉으리니

32. 모든 민족을 그 앞에 모으고 각각 분별하기를 목자가 양과 염소를 분별하는 것같이 하여

33. 양은 그 오른편에, 염소는 왼편에 두리라

34. 그 때에 임금이 그 오른편에 있는 자들에게 이르시되 내 아버지께 복 받을 자들이여 나아와 창세로부터 너희를 위하여 예비된 나라를 상속하라

35. 내가 주릴 때에 너희가 먹을 것을 주었고 목마를 때에 마시게 하였고 나그네 되었을 때에 영접하였고

36. 벗었을 때에 옷을 입혔고 병들었을 때에 돌아보았고 옥에 갇혔을 때에 와서 보았느니라

37. 이에 의인들이 대답하여 가로되 주여 우리가 어느 때에 주의 주리신 것을 보고 공궤하였으며 목마르신 것을 보고 마시게 하였나이까

38. 어느 때에 나그네 되신 것을 보고 영접하였으며 벗으신 것을 보고 옷 입혔나이까

39. 어느 때에 병드신 것이나 옥에 갇히신 것을 보고 가서 뵈었나이까 하리니

40. 임금이 대답하여 가라사대 내가 진실로 너희에게 이르노니 너희가 여기 내 형제 중에 지극히 작은 자 하나에게 한 것이 곧 내게 한 것이니라 하시고

41. 또 왼편에 있는 자들에게 이르시되 저주를 받은 자들아 나를 떠나 마귀와 그 사자들을 위하여 예비된 영영한 불에 들어가라

42. 내가 주릴 때에 너희가 먹을 것을 주지 아니하였고 목마를 때에 마시게 하지 아니하였고

43. 나그네 되었을 때에 영접하지 아니하였고 벗었을 때에 옷 입히지 아

니하였고 병들었을 때와 옥에 갇혔을 때에 돌아보지 아니하였느니라 하시니
44, 저희도 대답하여 가로되 주여 우리가 어느 때에 주의 주리신 것이나 목마르신 것이나 나그네 되신 것이나 벗으신 것이나 병드신 것이나 옥에 갇히신 것을 보고 공양치 아니하더이까
45, 이에 임금이 대답하여 가라사대 내가 진실로 너희에게 이르노니 이 지극히 작은 자 하나에게 하지 아니한 것이 곧 내게 하지 아니한 것이니라 하시리니
46, 저희는 영벌에, 의인들은 영생에 들어가리라 하시니라

마태복음 25장에는 세 가지 비유를 통하여 예수님의 재림을 기다리는 교회와 성도들이 어떻게 살아야 할까를 가르치고 있습니다.

열 처녀의 비유

열 처녀가 신랑을 맞이하여 혼인 잔치자리로 함께 들어오는 사명을 띠고 나갔는데 지혜로운 다섯 처녀는 기름을 넉넉히 준비하여 새벽녘까지 기름을 계속 채우므로 불이 타고 미련한 다섯 처녀는 초저녁에는 불이 탔으나 기름이 없어 새벽녘에는 불이 꺼졌습니다.

등은 말씀을 비유하여 기름을 담는 그릇과 같습니다

기름은 성령을 비유하여 말씀과 성령으로 우리의 영적 생명이 불타는 영성을 유지해야 합니다. 초신자 때나 교회 역사 초기에는 모두 말씀 중심의 교회로 성도로 성령으로 삽니다. 그러나 교회나 성도가 늙어가면

서 영적 생명력을 상실하는데 그것은 성령의 은혜를 상실하기 때문입니다. 주님이 재림하는 날까지 교회는 불타 올라야 하고 성도는 죽는 날까지 성령 충만하게 살아야 합니다. 깨어 있으라는 것은 영적 각성을 의미하며 이는 기도하는 생활을 하라는 것입니다. 깨어 있으려면 기도해야 하고 기도하면 성령의 은혜로 살게 되는 것입니다.

성도는 늘 기도하므로 성령 충만한 생활을 해야 하고 교회도 기도하는 교회가 되어 성령의 은혜로 살아가는 교회가 되어야 합니다. 그리하여 영적 생명의 불꽃이 타오르는 성도와 교회가 되어야 합니다.

달란트 비유

달란트 비유는 우선 일반적으로 맡은 일에 충성해야 한다는 메시지입니다. 그러나 달란트 비유를 종말론적인 차원에서 해석해 보면 복음 사역에 충성하라는 내용이 됩니다.

달란트를 맡기고 떠나가는 주인은 승천하시는 주님을 비유한 것이고 다시 와서 회계하는 주인은 재림하시는 주님을 비유한 것입니다.

달란트를 맡아 충성하는 종은 교회와 성도를 비유한 것인데 주님이 승천하면서 실제로 맡기고 간 것은 지상명령으로 설명되는 증거와 전도, 제자화의 사명이기 때문에 충성하는 것은 단순히 '충성 하라'가 아니라 '복음 사명에 충성하라'는 메시지가 되는 것입니다. 배로 남겨야 합니다.

배로 남긴다는 것은 살아 번식하라는 것입니다.

한 생명은 두 생명이 되어야 한다는 것입니다. 쉽게 말하면 예수님 재림하실 때 우리는 우리 신앙 하나 잘 지키려고 노력하면 승리했다고 주님 앞에 설 수 없습니다. 또 다른 생명을 배로 남겨 즉 전도하여 배가 된 생명이 되어야 합니다. 전도와 선교 사명을 다해야 재림하시는 주님을 떳떳이 맞이할 수 있습니다.

양과 염소의 비유

양과 염소의 차이는 작은 자에게 사랑을 베풀었다는 것과 베풀지 않았다는 것이 차이입니다.

양도 염소도 다 신자, 성도, 교회를 비유하는데 그 중에 양으로 비유되는 사랑이 있는 성도와 교회, 사랑이 없는 성도와 교회라는 차이입니다. 그런데 양은 천국에 염소는 지옥에 간다고 말씀하십니다.

엄청난 결과의 차이입니다. 이는 교회와 성도는 사랑의 삶을 살아야만 한다는 것을 극단적으로 강조한 것입니다. 예수님은 자신을 작은 자와 동일시 하면서 작은 자를 대접한 사랑이 자신을 대접한 사랑이라고 말씀 하십니다. 우리가 예수님의 재림을 기다리며 살아가는 예수님의 제자요 그 제자 공동체라면 사랑을 나누는 삶을 사는 것이 필수적이라는 말입니다.

적용 질문 적용질문을 통하여 성령으로 사는 영적 삶과 배로 남기는 선교적 삶과 이웃과 사랑을 나누는 사랑의 영성을 점검하고 영적으로 성장하는 것은 기도와 선교적 헌신과 사랑의 성장에 있음을 다시 확인하고 헌신하게 합니다.

CHAPTER 3

선교

1. 창12:1-3 아브라함을 부르신 이중 목적이 무엇이겠습니까?

아브라함을 통하여 어떤 사람이 복을 받는다 하십니까?

> 창 12:1, 여호와께서 아브람에게 이르시되 너는 너의 본토 친척 아비 집을 떠나 내가 네게 지시할 땅으로 가라
> 2, 내가 너로 큰 민족을 이루고 네게 복을 주어 네 이름을 창대케 하리니 너는 복의 근원이 될지라
> 3, 너를 축복하는 자에게는 내가 복을 내리고 너를 저주하는 자에게는 내가 저주하리니 땅의 모든 족속이 너를 인하여 복을 얻을 것이니라 하신지라

하나님은 타락하고 저주 가운데 있는 사람들을 구원하시려고 아브라함을 불러 구원의 역사를 일으키십니다. 하나님이 아브라함을 부르실 때 이중적인 목적이 있음을 보여 주셨습니다.

첫째는 저주 가운데서 축복의 세계로 옮기는 것입니다.

하나님의 복의 대상으로 부르신 것입니다.

하나님의 사랑과 은혜와 복을 누리는 사람이 되도록 부르셨습니다.

둘째는 자신이 복을 받아 누릴 뿐 아니라 복의 근원이 되어 다른 사람을 복의 세계로 이끄는 것입니다.

복의 근원이 되라고 복의 통로로 삼으려고 부르신 것입니다.

그리하여 아브라함을 통하여 천하만민, 땅의 모든 족속이 구원 받고 복 받는 역사를 이루려 하신 것입니다.

하나님은 아브라함 한 사람 부르실 때 이미 땅의 모든 족속을 생각하시고 품고 계셨으며 아브라함을 부르신 목적은 아브라함 한 사람만 구원하고 복 주시는데 머무는 것이 아니라 천하 만민을 구원하고 복 주시려는 의도였습니다.

> 적용 질문 적용 질문을 통하여 자신도 복을 누릴 뿐 아니라 복의 근원으로 부르심을 받았다는 것을 깨닫도록 토론하고 고백하게 합니다.

2. 출19:5-6 이스라엘이 어떤 나라가 된다고 합니까?

출 19:5, 세계가 다 내게 속하였나니 너희가 내 말을 잘 듣고 내 언약을 지키면 너희는 열국 중에서 내 소유가 되겠고
6, 너희가 내게 대하여 제사장 나라가 되며 거룩한 백성이 되리라 너는 이 말을 이스라엘 자손에게 고할지니라

1) 열국 중 하나님의 소유가 된다고 합니다.

여기서 소유란 단순한 소유가 아니라 보배로운 소유라는 뜻입니다.

원래 히브리어가 그러한 뜻입니다.

특별한 소유, 보배로운 소유가 된다고 하십니다.

하나님의 백성이 된다는 것은 그토록 하나님 앞에 소중한 존재가 되어 하나님의 사랑과 은혜와 축복을 받는 대상이 된다는 것을 의미합니다.

2) 제사장 나라가 된다고 합니다.

제사장은 이제 사명을 나타냅니다.

제사장은 하나님을 섬기는 자리에 있을 뿐 아니라 백성을 섬기는 자리에 있기도 합니다. 백성과 하나님 사이에서 백성을 중보하고 축복합니다.

3) 거룩한 백성이 된다고 합니다.

거룩한 백성이란 세상에서 구별 되어 하나님께 속한 백성이 되는 것으로 이방 불신적 문화나 풍습에 살지 않고 하나님의 법에 사는 백성이 되고 하나님을 섬기며 예배하며 서로 사랑하는 하나님을 닮은 백성이 된다는 것입니다.

하나님께서는 이러한 백성으로 이스라엘을 세우고자 하신 것이지요.

4) 제사장 나라가 된다는 것은 하나님과 열방 사이에 중보자의 사명으로 선다는 것을 의미하고 하나님의 백성의 사명으로서 중보자의 사명을 갖는다는 것을 의미합니다.

이스라엘은 이스라엘민족만을 위한 존재가 아니라 세계 만민 모든 족속 열방을 위한 존재로 사명을 갖고 살아가게 되는 것입니다.

이 원리는 오늘도 마찬가지 입니다.

교회는 교회만을 위하여 존재하지 아니하고 세상을 구원하고 세상을 축복하는 사명을 가지고 있는 것입니다.

<적용 질문> 적용 질문을 통하여 우리가 세상과 남을 위한 사명이 있음을 고백하고 제사장적 사명을 하기 위하여 남을 위한 기도와 세상을 변화시키는 기도의 사람으로 헌신하게 이끕니다.

3. 사49:6 새 메시야의 사명이 무엇입니까?

사 49:6, 그가 가라사대 네가 나의 종이 되어 야곱의 지파들을 일으키며 이스라엘 중에 보전된 자를 돌아오게 할 것은 오히려 경한 일이라 내가 또 너로 이방의 빛을 삼아 나의 구원을 베풀어서 땅 끝까지 이르게 하리라

1) 야곱의 지파를 일으키며 이스라엘 중 보전된 자를 돌아오게 하는 일
2) 이방의 빛이 되어 구원을 땅끝까지 이르게 하는 일
3) 이중 더 중요한 것은 이방의 빛이 되어 구원을 땅끝까지 이르게 하는 일입니다.

이 말씀은 새 메시야 즉 예수님께서 오실 때 예수님의 사명을 나타내는 것으로 하나님이 예수님을 메시야로 보내는 것은 이스라엘을 회복하게 하는 일에도 도움이 되지만 근본적으로는 구원을 땅끝까지 이르게

하는 이방의 빛이 되게 하는 일입니다.

이스라엘이 천하만민을 구원하는 하나님 뜻을 저버리고 배타적 민족 우월주의에 빠지므로 하나님께서는 천하 만민 구원을 이루실 메시야로 예수님을 보내시게 됩니다.

하나님의 뜻은 천하만민, 모든 족속, 땅끝에 이르는 열방 모두를 구원 하시는 것입니다.

> **적용 질문** 적용 질문을 통하여 우리도 각자가 다 함께 또는 각자가 모든 민족을 구원하시려는 하나님의 뜻에 사용 되는 삶을 살아야겠다 는 인생관을 세우게 하고 헌신하게 이끕니다. 선교지향적인 삶이 되 고 선교지향적 교회를 세우는 일에 헌신하게 합니다.

4. 벧전2:9 새 이스라엘이 누구입니까?

> 벧전 2:9, 오직 너희는 택하신 족속이요 왕 같은 제사장들이요 거룩한 나 라요 그의 소유된 백성이니 이는 너희를 어두운 데서 불러 내어 그의 기 이한 빛에 들어가게 하신 자의 아름다운 덕을 선전하게 하려 하심이라

새 이스라엘은 교회입니다.

교회의 사명은 제사장의 사명으로 하나님의 구원의 은혜를 선전하고 천하 만민이 알고 믿고 구원 받고 복을 누리도록 중보하고 전도하는 것 입니다.

이스라엘이 열방을 위한 제사장이었듯이 교회가 세계를 위한 제사장으로 사명을 감당하는 것입니다.

적용 질문 적용질문을 통하여 어떻게 제사장 사명을 감당할 수 있는지 토론하고 헌신하게 합니다.

5. 마28:19-20, 막16:15-16, 행1:8에 나타난 예수님의 지상 명령이 무엇입니까?

마 28:19, 그러므로 너희는 가서 모든 족속으로 제자를 삼아 아버지와 아들과 성령의 이름으로 세례를 주고
20, 내가 너희에게 분부한 모든 것을 가르쳐 지키게 하라 볼지어다 내가 세상 끝날까지 너희와 항상 함께 있으리라 하시니라
막 16:15, 또 가라사대 너희는 온 천하에 다니며 만민에게 복음을 전파하라
16, 믿고 세례를 받는 사람은 구원을 얻을 것이요 믿지 않는 사람은 정죄를 받으리라
행 1:8, 오직 성령이 너희에게 임하시면 너희가 권능을 받고 예루살렘과 온 유대와 사마리아와 땅 끝까지 이르러 내 증인이 되리라 하시니라

	무엇을 명했나	어떻게 하라고	어디까지 누구까지
마28:19-20	제자 삼으라	세례 주고 가르치라	모든 족속
막16:15-16	복음 전하라	다니며, 전하여 세례	천하 만민
행1:8	증인이 되라	이르러	땅끝까지

적용 질문   적용질문을 통하여 이 지상명령에 어떻게 순종하며 살아
갈까를 토론하고 헌신을 다짐합니다.

6. 마25:14-30 주님 맡긴 달란트가 과연 무엇일까요?

두 배로 남긴다는 것은 무슨 뜻일까요?

마 25:14, 또 어떤 사람이 타국에 갈제 그 종들을 불러 자기 소유를 맡김
과 같으니
15, 각각 그 재능대로 하나에게는 금 다섯 달란트를, 하나에게는 두 달란
트를, 하나에게는 한 달란트를 주고 떠났더니
16, 다섯 달란트 받은 자는 바로 가서 그것으로 장사하여 또 다섯 달란트
를 남기고
17, 두 달란트를 받은 자도 그같이 하여 또 두 달란트를 남겼으되
18, 한 달란트 받은 자는 가서 땅을 파고 그 주인의 돈을 감추어 두었더니
19, 오랜 후에 그 종들의 주인이 돌아와 저희와 회계할새
20, 다섯 달란트 받았던 자는 다섯 달란트를 더 가지고 와서 가로되 주여 내
게 다섯 달란트를 주셨는데 보소서 내가 또 다섯 달란트를 남겼나이다
21, 그 주인이 이르되 잘 하였도다 착하고 충성된 종아 네가 작은 일에 충
성하였으매 내가 많은 것으로 네게 맡기리니 네 주인의 즐거움에 참여
할지어다 하고
22, 두 달란트 받았던 자도 와서 가로되 주여 내게 두 달란트를 주셨는데
보소서 내가 또 두 달란트를 남겼나이다
23, 그 주인이 이르되 잘 하였도다 착하고 충성된 종아 네가 작은 일에 충

성하였으매 내가 많은 것으로 네게 맡기리니 네 주인의 즐거움에 참여 할지어다 하고

24, 한 달란트 받았던 자도 와서 가로되 주여 당신은 굳은 사람이라 심지 않은 데서 거두고 헤치지 않은 데서 모으는 줄을 내가 알았으므로

25, 두려워하여 나가서 당신의 달란트를 땅에 감추어 두었었나이다 보소서 당신의 것을 받으셨나이다

26, 그 주인이 대답하여 가로되 악하고 게으른 종아 나는 심지 않은 데서 거두고 헤치지 않은 데서 모으는 줄로 네가 알았느냐

27, 그러면 네가 마땅히 내 돈을 취리하는 자들에게나 두었다가 나로 돌아와서 내 본전과 변리를 받게 할 것이니라 하고

28, 그에게서 그 한 달란트를 빼앗아 열 달란트 가진 자에게 주어라

29, 무릇 있는 자는 받아 풍족하게 되고 없는 자는 그 있는 것까지 빼앗기리라

30, 이 무익한 종을 바깥 어두운 데로 내어쫓으라 거기서 슬피 울며 이를 갈음이 있으리라 하니라

달란트는 재능이라는 의미로 해석되지만 내용적으로는 복음입니다. 복음 사역을 맡기고 간 것이지요. 교회와 성도는 복음 사역을 맡은 청지기 입니다.

배로 남겨야 합니다. 한 생명을 얻었으면 전도하고 선교하여 배로 남기는 생명 번식을 해야 합니다.

적용 질문 적용질문을 통하여 배로 남기는 생명의 역사를 이루는지 점검하고 전도하고 선교하는 일에 헌신하게 인도합니다.

7. 계7:9-10 하늘의 환상 중에 흰 옷 입은 무리가 어디서 왔습니까?

계 7:9, 이 일 후에 내가 보니 각 나라와 족속과 백성과 방언에서 아무라도 능히 셀 수 없는 큰 무리가 흰 옷을 입고 손에 종려가지를 들고 보좌 앞과 어린 양 앞에 서서

10, 큰 소리로 외쳐 가로되 구원하심이 보좌에 앉으신 우리 하나님과 어린 양에게 있도다 하니

하늘 나라에 누가 와 있는가 보니

1) 각 나라와

2) 각 족속과

3) 각 백성과

4) 각 방언에서 와서 흰옷 입고 찬양하고 있습니다.

이는 하나님의 마음 속에는 벌써 각 나라와 족속과 백성과 방언에서 사람들을 구원하여 천국을 이루고 계시다는 것을 보여 주고 이것이 교회의 비전이 되게 하셨습니다.

이 땅에서도 이루어지게 기도해야 하고 헌신해야 합니다.

적용 질문 적용 질문을 통하여 이 비전이 우리 모두의 비전이 되고 헌신하여야 함을 깨닫고 헌신하게 합니다.

CHAPTER 4

사역

1. 막1:14-39 예수님의 5대 사역이 무엇입니까?

막 1:14, 요한이 잡힌 후 예수께서 갈릴리에 오셔서 하나님의 복음을 전파하여

15, 가라사대 때가 찼고 하나님 나라가 가까왔으니 회개하고 복음을 믿으라 하시더라

16, 갈릴리 해변으로 지나가시다가 시몬과 그 형제 안드레가 바다에 그물 던지는 것을 보시니 저희는 어부라

17, 예수께서 가라사대 나를 따라오너라 내가 너희로 사람을 낚는 어부가 되게 하리라 하시니

18, 곧 그물을 버려 두고 좇으니라

19, 조금 더 가시다가 세베대의 아들 야고보와 그 형제 요한을 보시니 저희도 배에 있어 그물을 깁는데

20, 곧 부르시니 그 아비 세베대를 삯꾼들과 함께 배에 버려 두고 예수를 따라가니라

21, 저희가 가버나움에 들어가니라 예수께서 곧 안식일에 회당에 들어가 가르치시매

22, 뭇 사람이 그의 교훈에 놀라니 이는 그 가르치시는 것이 권세 있는 자와 같고 서기관들과 같지 아니함일러라
23, 마침 저희 회당에 더러운 귀신들린 사람이 있어 소리질러 가로되
24, 나사렛 예수여 우리가 당신과 무슨 상관이 있나이까 우리를 멸하러 왔나이까 나는 당신이 누구인 줄 아노니 하나님의 거룩한 자니이다
25, 예수께서 꾸짖어 가라사대 잠잠하고 그 사람에게서 나오라 하시니
26, 더러운 귀신이 그 사람으로 경련을 일으키게 하고 큰 소리를 지르며 나오는지라
27, 다 놀라 서로 물어 가로되 이는 어찜이뇨 권세 있는 새 교훈이로다 더러운 귀신들을 명한즉 순종하는도다 하더라
28, 예수의 소문이 곧 온 갈릴리 사방에 퍼지더라
29, 회당에서 나와 곧 야고보와 요한과 함께 시몬과 안드레의 집에 들어가시니
30, 시몬의 장모가 열병으로 누웠는지라 사람들이 곧 그의 일로 예수께 여짜온대
31, 나아가사 그 손을 잡아 일으키시니 열병이 떠나고 여자가 저희에게 수종드니라
32, 저물어 해질 때에 모든 병자와 귀신들린 자를 예수께 데려오니
33, 온 동네가 문 앞에 모였더라
34, 예수께서 각색 병든 많은 사람을 고치시며 많은 귀신을 내어쫓으시되 귀신이 자기를 알므로 그 말하는 것을 허락지 아니하시니라
35, 새벽 오히려 미명에 예수께서 일어나 나가 한적한 곳으로 가사 거기서 기도하시더니
36, 시몬과 및 그와 함께 있는 자들이 예수의 뒤를 따라가

37, 만나서 가로되 모든 사람이 주를 찾나이다

38, 이르시되 우리가 다른 가까운 마을들로 가자 거기서도 전도하리니 내가 이를 위하여 왔노라 하시고

39, 이에 '온 갈릴리에 다니시며 저희 여러 회당에서 전도하시고 또 귀신들을 내어쫓으시더라

예수님의 5대 사역은 우리의 사역의 범주를 보여주는 것입니다.

1) 첫째는 복음 전도 사역입니다.

2) 둘째는 제자 훈련 사역입니다

3) 셋째는 가르치는 사역입니다.

4) 넷째는 병 고치는 사역입니다.

5) 다섯째는 기도 사역입니다.

교회가 이루어 가는 사역 분야가 이 다섯 가지 인데 각자 어떤 사역에 참여하며 봉사하는 지 점검하고 이야기하며 받은 은사대로 사역에 참여하게 이끌어 줍니다.

2. 행6:1-4 사도들과 집사들이 분담한 사역은 무엇입니까?

행 6:1, 그 때에 제자가 더 많아졌는데 헬라파 유대인들이 자기의 과부들이 그 매일 구제에 빠지므로 히브리파 사람을 원망한대

2, 열두 사도가 모든 제자를 불러 이르되 우리가 하나님의 말씀을 제쳐 놓고 공궤를 일삼는 것이 마땅치 아니하니

3, 형제들아 너희 가운데서 성령과 지혜가 충만하여 칭찬 듣는 사람 일곱

을 택하라 우리가 이 일을 저희에게 맡기고

4, 우리는 기도하는 것과 말씀 전하는 것을 전무하리라 하니

처음에는 사도들이 말씀을 전하고 가르치는 사역을 할 뿐 아니라 구제 사역을 관리하는 일도 하였습니다.

그러자 사도들의 말씀과 기도사역이 크게 방해를 받는 것을 느끼고 사역을 분담합니다.

집사를 세워 구제와 관리를 맡기고 사도들은 기도하는 사역과 말씀을 가르치는 사역에 전념하게 됩니다.

적용 질문 적용질문을 통하여 각자가 맡은 교회에서의 사역이 무엇인지 이야기하며 충성하기를 다짐하는 시간으로 삼습니다.

3. 행8:4-8, 11:19-25 초대교회 시절 전도와 교회 개척을 한 일꾼들의 신분이 무엇이었습니까?

행 8:4, 그 흩어진 사람들이 두루 다니며 복음의 말씀을 전할새

5, 빌립이 사마리아 성에 내려가 그리스도를 백성에게 전파하니

6, 무리가 빌립의 말도 듣고 행하는 표적도 보고 일심으로 그의 말하는 것을 좇더라

7, 많은 사람에게 붙었던 더러운 귀신들이 크게 소리를 지르며 나가고 또 많은 중풍병자와 앉은뱅이가 나으니

8, 그 성에 큰 기쁨이 있더라

행 11:19, 때에 스데반의 일로 일어난 환난을 인하여 흩어진 자들이 베니

게와 구브로와 안디옥까지 이르러 도를 유대인에게만 전하는데
20, 그 중에 구브로와 구레네 몇 사람이 안디옥에 이르러 헬라인에게도 말하여 주 예수를 전파하니
21, 주의 손이 그들과 함께 하시매 수다한 사람이 믿고 주께 돌아오더라
22, 예루살렘 교회가 이 사람들의 소문을 듣고 바나바를 안디옥까지 보내니
23, 저가 이르러 하나님의 은혜를 보고 기뻐하여 모든 사람에게 굳은 마음으로 주께 붙어 있으라 권하니
24, 바나바는 착한 사람이요 성령과 믿음이 충만한 자라 이에 큰 무리가 주께 더하더라
25, 바나바가 사울을 찾으러 다소에 가서

예루살렘 교회에 핍박이 일어나서 사도들 외에는 대부분 다 흩어지게 되었는데 놀랍게도 흩어진 사람들이 사마리아에서, 안디옥에서 복음을 전하여 사마리아 교회가 개척 되고 안디옥 교회가 개척 됩니다.

그래서 초대 교회 시절에는 사도들에 의해서가 아니라 일반 평신도들에 의하여 전도와 교회 개척이 이루어 지고 있었습니다.

평신도야 말로 전도 일선의 용사들이요, 교회 개척의 일꾼들입니다.

적용 질문 적용 질문을 통하여 평생 전도와 교회 개척을 소원하고 서원하는 일이 있게 합니다.

4. 엡4:11-16 그리스도의 지체의 임무가 무엇입니까?

엡 4:11, 그가 혹은 사도로, 혹은 선지자로, 혹은 복음 전하는 자로, 혹은 목

사와 교사로 주셨으니

12. 이는 성도를 온전케 하며 봉사의 일을 하게 하며 그리스도의 몸을 세우려 하심이라
13. 우리가 다 하나님의 아들을 믿는 것과 아는 일에 하나가 되어 온전한 사람을 이루어 그리스도의 장성한 분량이 충만한 데까지 이르리니
14. 이는 우리가 이제부터 어린아이가 되지 아니하여 사람의 궤술과 간사한 유혹에 빠져 모든 교훈의 풍조에 밀려 요동치 않게 하려 함이라
15. 오직 사랑 안에서 참된 것을 하여 범사에 그에게까지 자랄지라 그는 머리니 곧 그리스도라
16. 그에게서 온 몸이 각 마디를 통하여 도움을 입음으로 연락하고 상합하여 각 지체의 분량대로 역사하여 그 몸을 자라게 하며 사랑 안에서 스스로 세우느니라

봉사의 일을 하여서 그리스도의 몸 즉 교회 공동체를 세우고 자라게 합니다.

서로 지체간 연락하며 상합하여 즉 하나된 조화를 이루면서 분량대로 역사 또는 사역하여 교회 공동체가 자라게 합니다.

교회 성장에 각각 분량대로 봉사하고 사역해야 하는 것입니다.

어느 지체도 예외가 아닙니다. 모든 지체 모든 성도는 교회 성장에 헌신하고 봉사하고 사역해야 합니다.

> **적용 질문** 적용 질문을 통하여 교회성장에 긍정적으로 기여하고 섬기는 삶에 성실하기로 다짐합니다.

5. 고전 12:4-13 각 지체의 사역을 위한 은사가 어떤 것이 있습니까?

고전 12:4, 은사는 여러 가지나 성령은 같고

5, 직임은 여러 가지나 주는 같으며

6, 또 역사는 여러 가지나 모든 것을 모든 사람 가운데서 역사하시는 하나님은 같으니

7, 각 사람에게 성령의 나타남을 주심은 유익하게 하려 하심이라

8, 어떤 이에게는 성령으로 말미암아 지혜의 말씀을, 어떤 이에게는 같은 성령을 따라 지식의 말씀을,

9, 다른 이에게는 같은 성령으로 믿음을, 어떤 이에게는 한 성령으로 병 고치는 은사를,

10, 어떤 이에게는 능력 행함을, 어떤 이에게는 예언함을, 어떤 이에게는 영들 분별함을, 다른 이에게는 각종 방언 말함을, 어떤 이에게는 방언들 통역함을 주시나니

11, 이 모든 일은 같은 한 성령이 행하사 그 뜻대로 각 사람에게 나눠 주시느니라

12, 몸은 하나인데 많은 지체가 있고 몸의 지체가 많으나 한 몸임과 같이 그리스도도 그러하니라

13, 우리가 유대인이나 헬라인이나 종이나 자유자나 다 한 성령으로 세례를 받아 한 몸이 되었고 또 다 한 성령을 마시게 하셨느니라

은사는 교회를 성장시키는 지체가 되도록 교회 공동체를 위하여 주시는 성령의 능력, 사역의 능력입니다.

그러므로 우리는 은사를 받고 교회 성장을 위하여 사용하며 충성해야

합니다.

은사는 아홉 가지가 기록되어 있습니다.

아홉 가지 은사는 꼭 아홉 가지만 있다는 것 보다는 예를 들면 이러한 은사들을 주신다는 것이며 더 많은 은사들을 주실 수가 있을 것입니다.

아홉 가지 은사는

1) 지혜의 말씀의 은사, 즉 하나님의 섭리와 진리의 방향에서 최선의 것을 알게 하는 지혜를 성령께서 주시는 것입니다.

2) 지식의 말씀의 은사는 학습하지 않은 것을 알게 하는 성령의 가르침 입니다.

말씀을 깨닫는 것에서부터 어떤 것이라도 알게 하는 은사까지 다양합니다. 글을 배우지 않은 할머니가 성경을 읽을 수 있게 한다든지 하는 은사도 이 은사에 포함되지요.

3) 믿음의 은사는 불가능한 일도 하나님이 하신다는 믿음을 주어 하나님의 일을 추진하게 하 는 은사입니다.

4) 병 고치는(신유) 은사는 성령의 능력으로 병든 자를 고치는 능력입니다.

5) 능력 행하는 은사는 병 고치는 것 외에도 기적을 행하는 능력을 말합니다.

물로 포도주를 만든다든지 옥문이 터지게 한다든지 하는 등의 능력입니다.

6) 예언의 은사는 하나님의 현재적인 말씀, 하나님이 직접 지금 말씀하시는 것을 말하는 것입니다.

성경의 계시로 하여 우리는 대부분 하나님의 뜻을 깨닫고 따르며 살아가지만 때로는 오늘의 문제와 사역의 방향을 지시하든지 회개의 역사를 일으키는 하나님의 책망이나 또 공동체의 힘을 일으키는 격려의 말씀을 주시는 경우가 있습니다.

이렇게 하나님의 말씀을 받아 전하는 은사입니다.

하나님이 말씀 하시지 않으면 이 은사는 있을 수 없지요.

7) 영 분별의 은사는 이러한 예언이 하나님께로 왔는지 마귀에게서 왔는지 또는 사람의 잠재의식에서 왔는지를 분별하는 능력입니다.

8) 방언의 은사는 우리가 학습한 언어 말고 다른 언어나 소리로 말하거나 기도하는 은사입니다.

때로는 복음 전파를 위하여 사람에게 말하는 방언으로도 주시지만 대부분 하나님께 기도하는 기도의 은사로서의 방언을 많이 주십니다.

9) 통역의 은사는 방언의 은사가 사람을 향하여 주어질 때 모두 알아들을 수 있도록 통역하는 은사입니다.

이 모든 은사는 개인을 위한 것이기 보다 교회를 위한 것입니다.

은사를 사용할 때 은사 사용의 원리를 따라 사용하여야 합니다.

첫째는 은사를 주시는 이가 하나님이요, 주님이요, 성령님이시니 같은 주를 섬기는 마음으로 겸손히 받은 자로서 충성할 뿐 입니다.

내 것이 아니라 주님의 것이기 때문입니다.

둘째는 교회 공동체에 유익하도록 사용해야 합니다.

교회공동체를 해치는 은사 사용자도 종종 나옵니다.

은사는 교회 공동체를 유익하도록 사용해야 합니다.

셋째 한 몸의 원리로 사용해야 합니다.

은사는 교회를 위하여 주신 것이지 개인을 위하여 주신 것이 아닙니다. 그러므로 몸 된 공동체인 교회를 세우기 위해서만 사용하고 교회공동체를 벗어나서 개인적인 목적이나 동기로 사용하면 안됩니다.

적용 질문 적용 질문을 통하여 각자의 받은 은사를 점검하고 잘 사용하도록 지도합니다. 은사를 받은 경험이 없는 자는 사모하여 기도하게 합니다.

CHAPTER 5

전도

1. 단12:1-3, 계20:11-15 전도의 중요성이 무엇입니까?

단 12:1, 그 때에 네 민족을 호위하는 대군 미가엘이 일어날 것이요 또 환난이 있으리니 이는 개국 이래로 그 때까지 없던 환난일 것이며 그 때에 네 백성 중 무릇 책에 기록된 모든 자가 구원을 얻을 것이라

2, 땅의 티끌 가운데서 자는 자 중에 많이 깨어 영생을 얻는 자도 있겠고 수욕을 받아서 무궁히 부끄러움을 입을 자도 있을 것이며

3, 지혜 있는 자는 궁창의 빛과 같이 빛날 것이요 많은 사람을 옳은 데로 돌아오게 한 자는 별과 같이 영원토록 비취리라

계 20:11, 또 내가 크고 흰 보좌와 그 위에 앉으신 자를 보니 땅과 하늘이 그 앞에서 피하여 간데없더라

12, 또 내가 보니 죽은 자들이 무론 대소하고 그 보좌 앞에 섰는데 책들이 펴 있고 또 다른 책이 펴졌으니 곧 생명책이라 죽은 자들이 자기 행위를 따라 책들에 기록된 대로 심판을 받으니

13, 바다가 그 가운데서 죽은 자들을 내어 주고 또 사망과 음부도 그 가운데서 죽은 자들을 내어 주매 각 사람이 자기의 행위대로 심판을 받고

14, 사망과 음부도 불 못에 던지우니 이것은 둘째 사망 곧 불 못이라

15, 누구든지 생명책에 기록되지 못한 자는 불 못에 던지우더라

1) 우리 앞에는 영원한 갈림길이 있습니다.

다니엘서는 영생과 영원한 수욕이라 표현하고 계시록에는 그 영원한 수욕이 불 못이라고 합니다.

그러니 영생 천국이냐 영원한 불 못 즉 지옥이냐 하는 갈림길이 있습니다.

우리의 전도는 한 영혼을 영생 천국으로 인도하는 것이고 불 못에서 건지는 일입니다.

2) 그러므로 전도하는 자, 사람을 옳은 데로 인도하는 즉 영생 천국 길로 인도하는 자는 별과 같이 영원히 빛날 자라고 칭찬합니다.

영원히 빛나는 별, 영원한 스타가 되는 것입니다.

불 못에서 건져 영생의 천국으로 사람을 건져냈으니 스타가 될 만하지요.

3) 계시록에는 두 종류의 책이 언급되지요.

하나는 생명 책이고 다른 하나는 심판 책입니다.

사람이 이 땅에서 살아간 모든 것이 기록된 책이 있고 그 책을 따라 심판을 받는다는 것인데 생명 책에 기록된 자만큼은 심판을 면하고 영생하는 것입니다.

4) 불 못에 들어가지 않을 자는 생명 책에 기록된 자입니다.

생명 책에 누가 기록됩니까?

거듭난 사람입니다.

우리나라 호적에 누가 기록됩니까?

우리 나라에서 태어난 사람이지요.

누가 지워 집니까? 죽은 사람이지요.

마찬가지로 하늘 나라 생명 책 즉 천국 호적에 누가 기록 됩니까?

거듭난 사람 즉 영적으로 태어난 사람이 기록됩니다.

예수 믿고 영적 생명을 받은 자가 기록되고 생명 책에 기록된 자 즉 천국 호적에 기록된 자는 천국 백성입니다.

> 적용 질문 적용 질문을 통하여 우선 각자 자기가 영생 길에 있는지 생명 책에 기록된 이름인지 확인하고 그 다음 각자의 가족, 친구와 이웃으로 확대하여 지옥 갈 사람들은 없는지 살피게 하여 전도의 사명을 구체화시키게 합니다.

2. 딤전2:4 하나님의 소원이 무엇입니까?

딤전 2:4, 하나님은 모든 사람이 구원을 받으며 진리를 아는 데 이르기를 원하시느니라

하나님은 모든 사람이 구원을 받으며 진리를 아는데 이르기를 원하십니다.

영원한 갈림길에서 모두 영생의 길, 천국의 길로 오기를 원하십니다.
하나님의 소원은 이 땅의 사람들이 다 구원받는 것입니다.

> 적용 질문   적용 질문을 통하여 이 하나님의 소원을 품고 영혼 구원하는 일에 어떻게든 헌신하는 일을 이끌어 냅니다.

3. 롬10:13-15 전도의 필요성이 무엇입니까?

롬 10:13, 누구든지 주의 이름을 부르는 자는 구원을 얻으리라
14, 그런즉 저희가 믿지 아니하는 이를 어찌 부르리요 듣지도 못한 이를
　　어찌 믿으리요 전파하는 자가 없이 어찌 들으리요
15, 보내심을 받지 아니하였으면 어찌 전파하리요 기록된 바 아름답도다
　　좋은 소식을 전하는 자들의 발이여 함과 같으니라

듣지 못하고 믿을 수 없고 전하지 않고 들을 수 없기 때문에 우리가 전해야 듣고 믿고 구원 받는 것입니다. 그러므로 전도하는 발걸음이 아름다운 것이지요.

> 적용 질문   적용 질문을 통하여 자신이 누구에게 복음을 들었는지 전도 되었는지 생각하고 나도 전도해야겠다는 사명을 갖게 합니다

4. 막16:15-16 전도가 무엇일까요?

막 16:15, 또 가라사대 너희는 온 천하에 다니며 만민에게 복음을 전파하라
16, 믿고 세례를 받는 사람은 구원을 얻을 것이요 믿지 않는 사람은 정죄

를 받으리라

복음을 전파하여 믿고 세례 받고 구원 받게 인도하는 것입니다. 또 전도는 주변 사람에게 하는 것으로 끝이 아니고 결국은 온 천하 만민에게 전해야 합니다.

적용 질문 적용질문을 통하여 복음을 전하는 법 복음을 잘 제시하는지 점검하고 안되면 전도훈련을 받게 도전합니다.

5. 고전2:1-5 바울이 전도한 내용의 핵심이 무엇입니까?

고전 2:1, 형제들아 내가 너희에게 나아가 하나님의 증거를 전할 때에 말과 지혜의 아름다운 것으로 아니하였나니
2, 내가 너희 중에서 예수 그리스도와 그의 십자가에 못 박히신 것 외에는 아무것도 알지 아니하기로 작정하였음이라
3, 내가 너희 가운데 거할 때에 약하며 두려워하며 심히 떨었노라
4, 내 말과 내 전도함이 지혜의 권하는 말로 하지 아니하고 다만 성령의 나타남과 능력으로 하여
5, 너희 믿음이 사람의 지혜에 있지 아니하고 다만 하나님의 능력에 있게 하려 하였노라

예수 그리스도와 그의 십자가에 못 박히신 것을 전하였습니다.
예수님을 전하고 예수님의 십자가의 구속의 진리를 전하였던 것입니다. 그리고 바울의 전도의 능력은 말과 지혜의 아름다움이 아니고 성령의

나타남과 성령의 능력으로 전도하였습니다.

전도는 성령의 능력으로 이루어집니다.

성령충만 해야 전도가 이루어집니다.

적용 질문 적용질문을 통하여 전도에 헌신하고 성령 받기를 사모하여 기도하며 전도훈련을 받도록 도전합니다.

6. 행8:4-8 빌립 집사의 전도는 어떤 형태로 이루어졌습니까?

행 8:4, 그 흩어진 사람들이 두루 다니며 복음의 말씀을 전할새
5, 빌립이 사마리아 성에 내려가 그리스도를 백성에게 전파하니
6, 무리가 빌립의 말도 듣고 행하는 표적도 보고 일심으로 그의 말하는 것을 좇더라
7, 많은 사람에게 붙었던 더러운 귀신들이 크게 소리를 지르며 나가고 또 많은 중풍병자와 앉은뱅이가 나으니
8, 그 성에 큰 기쁨이 있더라

말로 전도하고 병든 자를 고치는 신유의 능력으로 전도하였습니다.

복음을 제시하는 말, 잘 된 설명이 필요합니다.

그러나 동시에 전도 현장에 하나님의 살아 계심을 보여주는 표적과 하나님의 능력이 나타나는 일도 기대하며 병든 자를 고치는 신유의 능력으로 전도합니다.

말로 설명하고 설득하는 노력과 성령의 감동과 역사와 표적이 있는

전도 현장이 되도록 기도합니다.

> **적용 질문** 적용질문을 통하여 우리의 전도가 성령의 능력에 의존하도록 간절한 마음을 일으켜 기도하게 하여 성령 받는 일도 사모하게 합니다.

7. 마4:19, 마28:19 예수님이 제자들을 부르사 첫번째로 주신 사명과 승천 하시기 전 마지막으로 주신 사명이 무엇입니까?

- 마 4:19, 말씀하시되 나를 따라오너라 내가 너희로 사람을 낚는 어부가 되게 하리라 하시니
- 마 28:19, 그러므로 너희는 가서 모든 족속으로 제자를 삼아 아버지와 아들과 성령의 이름으로 세례를 주고

제자들을 처음 부르셔서는 사람 낚는 어부가 되는 사명을 주셨습니다. 승천 하시기 전 마지막 명령은 모든 족속을 제자 삼으라는 사명을 주셨습니다. 시작도 영혼 구원 마지막도 영혼 구원입니다.

> **적용 질문** 적용질문을 통하여 예수님의 제자로 살고자 한다면 큰 사명이 사람 낚는 어부로서 제자 삼는 지상명령 수행자가 되어야 함을 확인하고 헌신하게 합니다.

CHAPTER 6

양육

1. 딛2:11-14 하나님이 우리를 어디까지 양육하십니까?

> 딛 2:11, 모든 사람에게 구원을 주시는 하나님의 은혜가 나타나
> 12, 우리를 양육하시되 경건치 않은 것과 이 세상 정욕을 다 버리고 근신함과 의로움과 경건함으로 이 세상에 살고
> 13, 복스러운 소망과 우리의 크신 하나님 구주 예수 그리스도의 영광이 나타나심을 기다리게 하셨으니
> 14, 그가 우리를 대신하여 자신을 주심은 모든 불법에서 우리를 구속하시고 우리를 깨끗하게 하사 선한 일에 열심하는 친 백성이 되게 하려 하심이니라

하나님은 우리를 양육하시되 한 편에서는 옛 것을 버리게 하십니다.
경건치 않은 것과 이 세상 정욕을 버리게 양육하십니다.
그리고는 한 편에서는 세우십니다.
근신함과 의로움과 경건함으로 살아가도록 양육하십니다.
복스러운 소망에 살도록 이끄시며 예수님의 영광스러운 재림을 기다

리는 종말론적 삶으로 살도록 이끄십니다.

하나님의 양육의 3단계를 다시 정리하여 보면

1) 구속하시고 즉 용서하시고

2) 깨끗하게 하시고 거룩하게 하시고

3) 선한 일에 열심하는 즉 선하고 의로운 하나님 나라의 일에 열심하게 하는 백성으로 성장케 하시는 것입니다.

_{적용 질문} 적용질문을 통하여 우선 자신들이 하나님의 양육을 받아 자라고 있는지 점검하고 이야기해 봅니다. 그리하여 자신들이 하나님 앞에 겸손히 열심히 양육 받는 자로 살게 합니다.

2. 행14:21-22, 골1:28-29 양육이란 무엇입니까?

행 14:21, 복음을 그 성에서 전하여 많은 사람을 제자로 삼고 루스드라와 이고니온과 안디옥으로 돌아가서
22, 제자들의 마음을 굳게 하여 이 믿음에 거하라 권하고 또 우리가 하나님 나라에 들어가려면 많은 환난을 겪어야 할 것이라 하고
골 1:28, 우리가 그를 전파하여 각 사람을 권하고 모든 지혜로 각 사람을 가르침은 각 사람을 그리스도 안에서 완전한 자로 세우려 함이니
29, 이를 위하여 나도 내 속에서 능력으로 역사하시는 이의 역사를 따라 힘을 다하여 수고하노라

사도행전에서는

1) 복음을 전하는 일이 기초가 되어 제자로 삼고
2) 굳게 믿음에 서게 하며
3) 환난도 견디는 신앙을 갖도록 세워 주는 일입니다.

골로새서에서는
1) 그리스도를 전파하여 권하고
2) 지혜로 사람을 가르치고
3) 그리스도 안에서 완전한 자로 세우는 일입니다.

적용 질문 적용 질문을 통하여 새 신자를 양육할 사명을 도전하게 됩니다.

3. 다음 성경에서 왜 양육이 필요하며 양육의 기초는 무엇입니까?

요15:12, 고전4:15

요 15:12, 내 계명은 곧 내가 너희를 사랑한 것같이 너희도 서로 사랑하라 하는 이것이니라

고전 4:15, 그리스도 안에서 일만 스승이 있으되 아비는 많지 아니하니 그리스도 예수 안에서 복음으로써 내가 너희를 낳았음이라

새 신자는 그리스도 안에서의 사랑을 경험할 필요가 있습니다.
어린 아이가 사랑으로 양육되듯이 새 신자도 사랑으로 양육되고 그리스도인의 사랑을 경험해야 합니다. 그래서 양육의 기초는 사랑하는 원

리입니다.

마4:4, 벧전2:2

마 4:4, 예수께서 대답하여 가라사대 기록되었으되 사람이 떡으로만 살 것이 아니요 하나님의 입으로 나오는 모든 말씀으로 살 것이라 하였느니라 하시니

벧전 2:2, 갓난 아이들같이 순전하고 신령한 젖을 사모하라 이는 이로 말미암아 너희로 구원에 이르도록 자라게 하려 함이라

어린 아이가 젖을 먹고 자라듯이 새 신자도 신령한 젖 신령한 영의 양식을 먹어야 합니다. 그래서 양육은 하나님의 말씀을 양식으로 삼고 자라게 하는 일입니다. 하나님의 말씀을 가르치고 말씀을 먹는 일을 가르치는 일입니다.

엡6:4, 벧전5:8

엡 6:4, 또 아비들아 너희 자녀를 노엽게 하지 말고 오직 주의 교양과 훈계로 양육하라

벧전 5:8, 근신하라 깨어라 너희 대적 마귀가 우는 사자같이 두루 다니며 삼킬 자를 찾나니

새 신자에게 주님의 교훈을 따라 살도록 가르칠 필요가 있으며 동시에 악한 대적 마귀의 유혹과 시험으로부터 지켜 보호해야 할 필요가 있습니다.

마28:20, 빌2:15-16

마 28:20, 내가 너희에게 분부한 모든 것을 가르쳐 지키게 하라 볼지어다 내가 세상 끝날까지 너희와 항상 함께 있으리라 하시니라

빌 2:15, 이는 너희가 흠이 없고 순전하여 어그러지고 거스르는 세대 가운데서 하나님의 흠 없는 자녀로 세상에서 그들 가운데 빛들로 나타내며 16, 생명의 말씀을 밝혀 나의 달음질도 헛되지 아니하고 수고도 헛되지 아니함으로 그리스도의 날에 나로 자랑할 것이 있게 하려 함이라

새 신자로 하여금 예수의 제자가 되어 말씀대로 사는 삶을 훈련할 필요가 있습니다. 하나님의 흠 없는 자녀로 살아가는 법을 가르치고 훈련해야 합니다.

골1:28, 벧후3:18

골 1:28, 우리가 그를 전파하여 각 사람을 권하고 모든 지혜로 각 사람을 가르침은 각 사람을 그리스도 안에서 완전한 자로 세우려 함이니

벧후 3:18, 오직 우리 주 곧 구주 예수 그리스도의 은혜와 저를 아는 지식에서 자라가라 영광이 이제와 영원한 날까지 저에게 있을지어다

그리스도 안에서 완전한 자가 되도록 그리스도 안에서 그리스도의 분량까지 자라가도록 양육할 필요가 있습니다.

적용 질문 적용 질문을 통하여 양육해야 할 필요를 느끼는 새 신자를 발견하게 하고 양육하여 돕고자 하는 마음을 일으켜 줍니다.

4. 살전2:6-8 양육의 바탕이 무엇입니까?

살전 2:6, 우리가 그리스도의 사도로 능히 존중할 터이나 그러나 너희에게든지 다른 이에게든지 사람에게는 영광을 구치 아니하고
7, 오직 우리가 너희 가운데서 유순한 자 되어 유모가 자기 자녀를 기름과 같이 하였으니
8, 우리가 이같이 너희를 사모하여 하나님의 복음으로만 아니라 우리 목숨까지 너희에게 주기를 즐겨함은 너희가 우리의 사랑하는 자 됨이니라

 양육자와 새 신자의 관계는 가르치고 배우는 관계라기 보다는 사랑을 주고 받는 관계입니다.
 양육의 기초는 사랑입니다.
 부모가 자녀를 양육하는 것과 같이 해야 합니다.
 영적 모친이 되어 사랑하고 사랑으로 새 신자를 돌보고 도와 주고 격려하고 이끌어 주는 것입니다.
 목숨까지 내어주는 것이 어머니의 사랑인데 새 신자의 영혼을 그토록 사랑하게 된다면 좋은 양육이 이루어질 것입니다.

> **적용 질문** 적용 질문을 통하여 영혼을 사랑하는 마음으로 새 신자를 돌보고 도우려는 헌신을 하게 합니다.

5. 양육의 조건이 무엇입니까?

잠 17:17, 친구는 사랑이 끊이지 아니하고 형제는 위급한 때까지 위하여

났느니라

첫째는 다시 말하거니와 사랑이요, 우정입니다.

요일 1:3, 우리가 보고 들은 바를 너희에게도 전함은 너희로 우리와 사귐이 있게 하려 함이니 우리의 사귐은 아버지와 그 아들 예수 그리스도와 함께 함이라

둘째는 사귐 즉 교제입니다.
사랑으로 믿음으로 주님 안에서 갖는 교제입니다.
교과서를 가르치는 것이 양육이 아니라 깊은 교제를 나누면서 나의 신앙이 새 신자에게 전이 되고 나의 헌신이 그에게 전이되는 그러한 양육입니다.

잠 18:24, 많은 친구를 얻는 자는 해를 당하게 되거니와 어떤 친구는 형제보다 친밀하니라

셋째는 형제 같은 친밀하고 우애 있는 관계입니다.
선생인체 해서는 양육이 이루어지는 것이 아니고 오히려 형제애를 가지고 사랑하고 교제하고 우정을 깊이 하는 일입니다.

눅 2:52, 예수는 그 지혜와 그 키가 자라가며 하나님과 사람에게 더 사랑스러워 가시더라

양육은 영적인 것만 아니고 지혜와 키 하나님과의 관계 이웃과의 관계 등 종합적으로 이루어 지는 것입니다. 그래서 새 신자 양육도 영적이고 말씀 공부만 아니라 새 신자의 모든 총체적 삶에 관심을 가지고 삶 자체가 하나님 안에서 건강하게 이루어지도록 도와주는 것입니다.

적용 질문　적용 질문을 통하여 양육을 사명으로 깨닫게 하고 양육자 훈련을 받아서 헌신하게 합니다.

CHAPTER 7
훈련

1. 마28:19-20 제자됨의 3단계가 무엇입니까?

> 마 28:19, 그러므로 너희는 가서 모든 족속으로 제자를 삼아 아버지와 아들과 성령의 이름으로 세례를 주고
> 20, 내가 너희에게 분부한 모든 것을 가르쳐 지키게 하라 볼지어다 내가 세상 끝날까지 너희와 항상 함께 있으리라 하시니라

본문 말씀은 제자 삼는 일을 가르쳐 줍니다.
1) 믿고 세례를 받는 것입니다.
신자가 되어야 제자가 되는 것이지요

2) 말씀을 배워 그대로 지키며 사는 것입니다.
가르침을 따르고 그대로 살아가는 것이지요

3) 마지막으로 참 제자는 바로 이 명령 제자 삼으라는 명령에 순종하고 따라야 합니다.

그러므로 제자 삼는 삶을 살아야 온전한 제자가 되는 것입니다. 제자

삼는 사역을 하는 데까지 성장해야 합니다.

적용 질문 적용질문을 통하여 우리가 제자가 되는 과정 마지막 단계 제자 삼는 과정까지 성장하고 봉사하도록 헌신을 이끌어 냅니다.

2. 딤후2:2 재생산의 원리가 어떻게 이루어집니까?

> 딤후 2:2, 또 네가 많은 증인 앞에서 내게 들은 바를 충성된 사람들에게 부탁하라 저희가 또 다른 사람들을 가르칠 수 있으리라

바울은 디모데에게 자기에게서 들은 복음과 가르침을 충성된 사람들에게 부탁하라고 합니다. 그렇게 되면 그 충성된 사람들도 또 다른 사람을 가르치게 된다는 것입니다.

바울 디모데-충성된 사람- 다른 사람이라는 재생산 라인이 형성 됩니다. 이렇게 되면 바울이 디모데를 가르쳤고 디모데가 충성된 사람 가르치는 동안 바울도 또 가르치고 충성된 사람이 다른 사람을 가르치는 동안 바울도 디모데도 또 가르칩니다. 그래서 하나가 둘이 되고 둘이 넷이 되고 넷이 여덟이 되는 배가방식의 성장이 이루어집니다.

적용 질문 적용 질문을 통하여 이 생산라인을 끊지 않고 이어가는 재생산적 신자가 되게 합니다.

3. 막3:13-15 예수님의 제자훈련의 원리가 어떻게 나타납니까?

막 3:13, 또 산에 오르사 자기의 원하는 자들을 부르시니 나아온지라
14, 이에 열둘을 세우셨으니 이는 자기와 함께 있게 하시고 또 보내사 전
    도도 하며
15, 귀신을 내어쫓는 권세도 있게 하려 하심이러라

선택의 원리

부르는 자가 원하는 자를 부른다.

훈련생이 원해서 택하는 것이 아니라 훈련자가 원해서 훈련 받을 만한 사람을 기도하고 선택한다는 것입니다.

양자가 일치하여 택하게 되는 경우가 대부분이지만 일단 택하는 자가 책임적으로 선택해야 합니다.

집중의 원리

예수님은 열 둘만 택하였습니다.

한꺼번에 많이 택하여 분산된 훈련으로 하기 보다는 소수를 선택하여 집중적인 훈련이 되게 한다는 것입니다.

교제의 원리

예수님은 함께 있게 하시려고 불렀다고 합니다.

제자훈련의 효과는 가르치는 내용의 이론보다는 함께 삶으로 경험되는데 있고 교제를 통하여 가장 잘 전수될 수 있습니다.

훈련의 원리

예수님은 사역을 위하여 전도 훈련을 시키셨습니다.

제자는 재생산을 위한 사역자가 되어야 하기 때문에 전도를 비롯한 사역 훈련을 해야 합니다.

권능의 원리

예수님은 사역을 훈련할 뿐 아니라 사역의 능력을 부여 하셨습니다.

귀신을 내어 쫓고 병을 고치는 권세와 능력을 주신 것입니다.

사역을 위한 훈련은 단순히 이론을 배우고 이념을 가르치는 것만으로 안됩니다. 성령의 능력을 받도록 이끌어 주어야 합니다.

4. 막 3:14, 5:37, 9:2, 14:33, 눅10:1-11 예수님의 집중의 원리를 보여주는 서클이 무엇입니까?

- 막 3:14, 이에 열둘을 세우셨으니 이는 자기와 함께 있게 하시고 또 보내사 전도도 하며
- 막 5:37, 베드로와 야고보와 야고보의 형제 요한 외에 아무도 따라옴을 허치 아니하시고
- 막 9:2, 엿새 후에 예수께서 베드로와 야고보와 요한을 데리시고 따로 높은 산에 올라가셨더니 저희 앞에서 변형되사
- 막 14:33, 베드로와 야고보와 요한을 데리고 가실새 심히 놀라시며 슬퍼하사
- 눅 10:1, 이 후에 주께서 달리 칠십 인을 세우사 친히 가시려는 각 동 각처로 둘씩 앞서 보내시며

2. 이르시되 추수할 것은 많되 일꾼이 적으니 그러므로 추수하는 주인에게 청하여 추수할 일꾼들을 보내어 주소서 하라
3. 갈지어다 내가 너희를 보냄이 어린 양을 이리 가운데로 보냄과 같도다
4. 전대나 주머니나 신을 가지지 말며 길에서 아무에게도 문안하지 말며
5. 어느 집에 들어가든지 먼저 말하되 이 집이 평안할지어다 하라
6. 만일 평안을 받을 사람이 거기 있으면 너희 빈 평안이 그에게 머물 것이요 그렇지 않으면 너희에게로 돌아오리라
7. 그 집에 유하며 주는 것을 먹고 마시라 일꾼이 그 삯을 얻는 것이 마땅하니라 이 집에서 저 집으로 옮기지 말라
8. 어느 동네에 들어가든지 너희를 영접하거든 너희 앞에 차려 놓는 것을 먹고
9. 거기 있는 병자들을 고치고 또 말하기를 하나님의 나라가 너희에게 가까이 왔다 하라
10. 어느 동네에 들어가든지 너희를 영접지 아니하거든 그 거리로 나와서 말하되
11. 너희 동네에서 우리 발에 묻은 먼지도 너희에게 떨어 버리노라 그러나 하나님의 나라가 가까이 온 줄을 알라 하라

예수님께서는 수 천명 대중을 향한 사역도 하셨습니다.

그러나 작은 그룹으로 집중하는 모습을 보여 주셨습니다.

70인을 전도훈련 시키셨고 12제자를 특별히 불러 세워 훈련 하셨습니다. 그 중에서도 베드로, 야고보, 요한 세 사람은 집중하여 데리고 다니시며 훈련 하셨습니다. 제자훈련에 있어서는 집중 훈련하는 만큼 효과적입니다.

> 적용 질문 적용 질문을 통하여 몇 사람이라도 집중하여 확실한 훈련을 하도록 합니다.

5. 눅8:1-2, 막6:7-13 예수님의 훈련 방식이 무엇입니까?

눅 8:1, 이 후에 예수께서 각 성과 촌에 두루 다니시며 하나님의 나라를 반포하시며 그 복음을 전하실새 열두 제자가 함께 하였고
2, 또한 악귀를 쫓아내심과 병 고침을 받은 어떤 여자들 곧 일곱 귀신이 나간 자 막달라인이라 하는 마리아와
막 6:7, 열두 제자를 부르사 둘씩 둘씩 보내시며 더러운 귀신을 제어하는 권세를 주시고
8, 명하시되 여행을 위하여 지팡이 외에는 양식이나 주머니나 전대의 돈이나 아무것도 가지지 말며
9, 신만 신고 두 벌 옷도 입지 말라 하시고
10, 또 가라사대 어디서든지 뉘 집에 들어가거든 그 곳을 떠나기까지 거기 유하라
11, 어느 곳에서든지 너희를 영접지 아니하고 너희 말을 듣지도 아니하거든 거기서 나갈 때에 발 아래 먼지를 떨어 버려 저희에게 증거를 삼으라 하시니
12, 제자들이 나가서 회개하라 전파하고
13, 많은 귀신을 쫓아내며 많은 병인에게 기름을 발라 고치더라

현장에 직접 데리고 나가 지도하여 보여주며 가르치고 훈련 합니다. 이론적인 이념적이 수업이 아니라 현장 수업입니다.

전도든 양육이든 제자 훈련이든 직접 데리고 함께 사역 현장에서 훈련 하는 것이 효과적입니다. 소그룹 안에서 삶을 나누며 성장하면서 배우고 양육시스템을 통하여 학습하게 하고 양면적으로 성장케 합니다. 그러나 훈련자로 세워갈 때 훈련자는 삶으로 훈련한다는 점을 인식하게 합니다.

> 적용 질문 　적용질문을 통하여 현장 수업을 강조하고 훈련하게 합니다.

6. 요13:3-15 예수님의 훈련 방식이 무엇입니까?

요 13:3, 저녁 먹는 중 예수는 아버지께서 모든 것을 자기 손에 맡기신 것과 또 자기가 하나님께로부터 오셨다가 하나님께로 돌아가실 것을 아시고

4, 저녁 잡수시던 자리에서 일어나 겉옷을 벗고 수건을 가져다가 허리에 두르시고

5, 이에 대야에 물을 담아 제자들의 발을 씻기시고 그 두르신 수건으로 씻기기를 시작하여

6, 시몬 베드로에게 이르시니 가로되 주여 주께서 내 발을 씻기시나이까

7, 예수께서 대답하여 가라사대 나의 하는 것을 네가 이제는 알지 못하나 이후에는 알리라

8, 베드로가 가로되 내 발을 절대로 씻기지 못하시리이다 예수께서 대답하시되 내가 너를 씻기지 아니하면 네가 나와 상관이 없느니라

9, 시몬 베드로가 가로되 주여 내 발뿐 아니라 손과 머리도 씻겨 주옵소서

10, 예수께서 가라사대 이미 목욕한 자는 발밖에 씻을 필요가 없느니라 온

몸이 깨끗하니라 너희가 깨끗하나 다는 아니니라 하시니

11, 이는 자기를 팔 자가 누구인지 아심이라 그러므로 다는 깨끗지 아니하다 하시니라

12, 저희 발을 씻기신 후에 옷을 입으시고 다시 앉아 저희에게 이르시되 내가 너희에게 행한 것을 너희가 아느냐

13, 너희가 나를 선생이라 또는 주라 하니 너희 말이 옳도다 내가 그러하다

14, 내가 주와 또는 선생이 되어 너희 발을 씻겼으니 너희도 서로 발을 씻기는 것이 옳으니라

15, 내가 너희에게 행한 것같이 너희도 행하게 하려 하여 본을 보였노라

예수님의 훈련 방식은 본보기 훈련이어서 강력하고 깊은 감동이 있는 것입니다. 우리의 기독교 교육과 제자훈련은 이념 교육이 아니라 본보기 삶의 교육입니다.

적용 질문 적용 질문을 통하여 본보기 교육을 이루는 지 점검하고 실천하게 합니다.

7. 고전4:15-16, 행20:31 제자훈련의 근본이 무엇입니까?

고전 4:15, 그리스도 안에서 일만 스승이 있으되 아비는 많지 아니하니 그리스도 예수 안에서 복음으로써 내가 너희를 낳았음이라

16, 그러므로 내가 너희에게 권하노니 너희는 나를 본받는 자 되라

행 20:31, 그러므로 너희가 일깨어 내가 삼 년이나 밤낮 쉬지 않고 눈물로 각 사람을 훈계하던 것을 기억하라

기독교 교육은 정보 제공이나 지식 전달이 아니라 산 교육입니다.

그것은 사랑으로 자식을 양육하는 것과 같습니다.

바울 사도는 복음으로 너희를 낳았다고 고백하며 단순한 스승이 아니라 부모 된 스승임을 말하고 있습니다.

사랑과 눈물로 교육하는 것입니다.

적용 질문 적용질문을 통하여 제자훈련 사역에 헌신하도록 도전합니다.

CHAPTER 8

비전

1. 창12:1-4 아브라함이 고향을 떠날 때 어떤 하나님의 비전을 지녔습니까?

> 창 12:1, 여호와께서 아브람에게 이르시되 너는 너의 본토 친척 아비 집을 떠나 내가 네게 지시할 땅으로 가라
> 2, 내가 너로 큰 민족을 이루고 네게 복을 주어 네 이름을 창대케 하리니 너는 복의 근원이 될지라
> 3, 너를 축복하는 자에게는 내가 복을 내리고 너를 저주하는 자에게는 내가 저주하리니 땅의 모든 족속이 너를 인하여 복을 얻을 것이니라 하신지라
> 4, 이에 아브람이 여호와의 말씀을 좇아갔고 롯도 그와 함께 갔으며 아브람이 하란을 떠날 때에 그 나이 칠십오 세였더라

아브라함은 큰 민족을 이루고 이름이 창대 하게 되며 모든 족속을 위한 복의 근원이 된다는 비전을 받고, 지니고 가게 되었습니다.
하나님의 비전은 우리의 삶의 비전이 되고 능력이 됩니다.

주님이 주시는 비전을 말씀을 통하여 받으며 간직하며 품고 기도하며 나아가야 합니다.

적용 질문 적용 질문을 통하여 하나님의 비전을 구하게 하고 품고 가게 합니다.

2. 마9:37-38, 요4:35-36, 예수님이 제자들에게 보여 주신 비전이 무엇입니까?

> 마 9:37, 이에 제자들에게 이르시되 추수할 것은 많되 일꾼은 적으니 38 그러므로 추수하는 주인에게 청하여 추수할 일꾼들을 보내어 주소서 하라 하시니라
> 요 4:35, 너희가 넉 달이 지나야 추수할 때가 이르겠다 하지 아니하느냐 내가 너희에게 이르노니 눈을 들어 밭을 보라 희어져 추수하게 되었도다 36, 거두는 자가 이미 삯도 받고 영생에 이르는 열매를 모으나니 이는 뿌리는 자와 거두는 자가 함께 즐거워하게 하려 함이니라

추수할 때가 되었다는 비전을 보여 주셨습니다.

여기서 추수할 때가 되었다는 것은 영혼을 거두어 드릴 전도와 선교의 때가 되었다는 것을 말합니다.

모름지기 하나님의 사람은 이 추수할 밭을 보는 눈이 열려야 합니다.

추수할 밭을 보고 추수할 일꾼으로 나서기도 하며 또 일꾼을 보내 달라고 기도하는 영적 비전이 있어야 합니다.

`적용 질문` 적용 질문을 통하여 영적 추수기에 대한 사명을 다짐하게 합니다.

3. 마28:19-20, 막16:15-16, 예수님이 맡긴 사명의 크기가 무엇입니까?

마 28:19, 그러므로 너희는 가서 모든 족속으로 제자를 삼아 아버지와 아들과 성령의 이름으로 세례를 주고
20, 내가 너희에게 분부한 모든 것을 가르쳐 지키게 하라 볼지어다 내가 세상 끝날까지 너희와 항상 함께 있으리라 하시니라
막 16:15, 또 가라사대 너희는 온 천하에 다니며 만민에게 복음을 전파하라
16, 믿고 세례를 받는 사람은 구원을 얻을 것이요 믿지 않는 사람은 정죄를 받으리라

예수님의 마지막 분부, 마지막 맡긴 사명은 모든 족속을 제자 삼으라는 것입니다. 천하 만민에게 복음을 전하라는 것입니다. 교회의 사명은 이 천하만민에게 복음을 전하고 모든 족속을 제자 삼는 사명입니다.

`적용 질문` 적용질문을 통하여 이 지상 명령과 우리의 삶이 연결되어 순종하는 삶이 되도록 서로 확인하고 헌신하게 합니다.

4. 시2:8, 얼마나 넓은 기도를 하라 하십니까?

시 2:8, 내게 구하라 내가 열방을 유업으로 주리니 네 소유가 땅 끝까지 이르리로다

예수님 안에서 우리는 열방을 구하고 땅끝까지 이르도록 기도해야 합니다.

이 말씀은 선교적 비전의 기도를 하라고 하는 말씀입니다.

원래의 의미는 예수님을 예언하면서 하신 말씀인데 예수 안에서 우리가 다 이 권고를 받고 기도해야 합니다.

적용 질문 적용 질문을 통하여 열방을 구하고 열방을 위하여 중보기도 하는 삶으로 헌신하게 합니다.

5. 계7:9-10의 환상은 어떤 비전을 갖도록 도전합니까?

계 7:9, 이 일 후에 내가 보니 각 나라와 족속과 백성과 방언에서 아무라도 능히 셀 수 없는 큰 무리가 흰 옷을 입고 손에 종려 가지를 들고 보좌 앞과 어린 양 앞에 서서

10, 큰 소리로 외쳐 가로되 구원하심이 보좌에 앉으신 우리 하나님과 어린 양에게 있도다 하니

환상 중에 보인 하늘 나라에는 각 나라와 족속과 백성과 방언에서 예수의 피로 구속 받은 사람들이 흰 옷을 입고 찬양하고 있습니다.

이는 하나님 나라에서는 이미 이토록 모든 족속, 모든 백성이 구원 받았다는 것입니다. 그러나 이 땅에서는 아직 이 비전이 이루어져 가는 과정이고 우리는 이 비전을 품고 뜻이 하늘에서 이루어 진 것 같이 이 땅에서도 이루어지도록 기도하고 선교해야 합니다.

적용 질문 적용 질문을 통하여 이 비전이 우리의 비전이 되어야 함을 확인하고 헌신하게 합니다.

6. 막10:20-30, 우리의 생애를 걸고 헌신해야 할 일이 무엇입니까?

막 10:20, 여짜오되 선생님이여 이것은 내가 어려서부터 다 지키었나이다
21, 예수께서 그를 보시고 사랑하사 가라사대 네게 오히려 한 가지 부족한 것이 있으니 가서 네 있는 것을 다 팔아 가난한 자들을 주라 그리하면 하늘에서 보화가 네게 있으리라 그리고 와서 나를 좇으라 하시니
22, 그 사람은 재물이 많은 고로 이 말씀을 인하여 슬픈 기색을 띠고 근심하며 가니라
23, 예수께서 둘러보시고 제자들에게 이르시되 재물이 있는 자는 하나님의 나라에 들어가기가 심히 어렵도다 하시니
24, 제자들이 그 말씀에 놀라는지라 예수께서 다시 대답하여 가라사대 애들아 하나님의 나라에 들어가기가 어떻게 어려운지
25, 약대가 바늘귀로 나가는 것이 부자가 하나님의 나라에 들어가는 것보다 쉬우니라 하신대
26, 제자들이 심히 놀라 서로 말하되 그런즉 누가 구원을 얻을 수 있는가 하니
27, 예수께서 저희를 보시며 가라사대 사람으로는 할 수 없으되 하나님으로는 그렇지 아니하니 하나님으로서는 다 하실 수 있느니라
28, 베드로가 여짜와 가로되 보소서 우리가 모든 것을 버리고 주를 좇았나이다
29, 예수께서 가라사대 내가 진실로 너희에게 이르노니 나와 및 복음을 위

하여 집이나 형제나 자매나 어미나 아비나 자식이나 전토를 버린 자는
30, 금세에 있어 집과 형제와 자매와 모친과 자식과 전토를 백 배나 받되
핍박을 겸하여 받고 내세에 영생을 받지 못할 자가 없느니라

주님과 복음을 위하여 헌신하는 것이 최선의 가치 입니다.
　여기서는 집이나 형제나 자매나 어미나 아비나 자식이나 토지를 버리는 데 강조가 있는 것이 아니라 그런 모든 것보다 가치 있는 일이 주님을 위한 일이며 복음을 위한 일이라는 것을 강조합니다.

　적용 질문 적용질문을 통하여 주님에게 우리의 생애를 드리고 복음 사역을 위하여 어떤 형태로든 헌신하게 합니다.

7. 출17:11-12, 빌4:3-4, 세계 복음화를 위하여 직접 선교사가 아니라도 참여할 수 있는 방법이 무엇입니까?

출 17:11, 모세가 손을 들면 이스라엘이 이기고 손을 내리면 아말렉이 이기더니

12, 모세의 팔이 피곤하매 그들이 돌을 가져다가 모세의 아래에 놓아 그로 그 위에 앉게 하고 아론과 훌이 하나는 이편에서, 하나는 저편에서 모세의 손을 붙들어 올렸더니 그 손이 해가 지도록 내려오지 아니한지라

빌 4:3, 또 참으로 나와 멍에를 같이한 자 네게 구하노니 복음에 나와 함께 힘쓰던 저 부녀들을 돕고 또한 글레멘드와 그 위에 나의 동역자들을 도우라 그 이름들이 생명책에 있느니라

4, 주 안에서 항상 기뻐하라 내가 다시 말하노니 기뻐하라

첫째는 중보 기도로 참여하는 것입니다.

둘째는 선교사를 돕는 일입니다.

셋째는 물질로 후원하고 격려하는 것입니다.

`적용 질문` 적용질문을 통하여 세계 선교를 위하여 직, 간접으로 참여하고 헌신하게 합니다.

✻ 선교훈련

제자훈련을 끝내면서 마지막 종합적 훈련의 일환으로 제자훈련그룹을 이끌고 선교훈련을 나가는 것이 대단히 유익합니다.

선교훈련은 단순한 여행이 아니라 훈련의 종합적 성격을 가지고 행하는 것입니다. 선교훈련은 다음과 같은 목표를 가지고 실시합니다.

1. 선교훈련 목표

1) 선교 현장에서의 합심 중보기도 사역

우리가 며칠 선교지에 나가서 전도하는 일은 쉽지 않습니다.

첫째는 언어가 통하지 않기 때문입니다.

그리고 그들의 문화를 잘 알지 못하여 어떻게 접근해야 할지 모르기 때문입니다.

그리하여 직접 전도하는 훈련은 할 수 없습니다.

그러나 언어를 뛰어 넘어 할 수 있는 선교사역이 있습니다.

그것은 중보기도 사역입니다.

합심기도와 주님의 임재의 원리를 적용하여 도시의 거점을 확보하고 기도하는 일을 합니다. 저녁마다 모여 선교지의 영적 승리를 위하여 기도하고 선교사들을 위하여 기도하고 사탄을 묶고 영혼을 푸는 기도를 합니다. 매일 저녁 안내하거나 맞이하여 섬기는 선교사님들과 더불어 합심 기도회를 갖습니다.

2) 선교사 격려 사역

훈련 팀이 가서 현지에서 수고하는 선교사들을 격려하고 돌아오는 훈련을 합니다. 복의 근원된 삶의 적용으로서 선교사들을 축복하는 일을 하는 것입니다.

선교사를 위한 축복송을 부르고 축복기도를 해드리고, 격려금도 미리 마련하여 가지고 가서 드리면서 격려합니다. 선교사들이 고군분투하다가 고국의 후원자들로부터 따뜻한 사랑의 격려를 받을 때 치유와 회복이 일어나고 새로운 힘을 얻게 됩니다. 갈 때부터 선교사 가족을 위한 선물도 준비해 가지고 가서 격려하도록 합니다.

3) 비전 트립

각자 세계 속에서 일하시는 하나님을 체험하며 세계 선교를 위하여 무엇을 할 수 있을 것인가를 주님께 여쭈며 기도하고 돌아와 자기에게 적용하도록 하는 것입니다.

세계비전을 적용하며 묵상하고 세계 속에서 하나님의 일하심을 느끼고 알아보는 일과 자신을 향한 마게도냐의 부름을 들어 보는 일, 개인과 교회의 세계 비전을 바라보는 일을 할 수 있도록 관찰하고 묵상하고 기도하게 합니다.

4) 영성 강화 훈련

유동적 상황에서의 여주동행 라이프스타일 훈련, 즉 아침 말씀 묵상과 나눔을 꼭 실시합니다.

몇 개의 숙소 방을 한 조로 묶어 각자 말씀 묵상한 것을 정한 시간에 모여 나누고 아침 식탁에 나오도록 기획하고 실시합니다. 이를 위해서는 미리 조를 짜야 하고 조장을 정해 주어야 합니다. 저녁 기도는 합심 중보기도로 하는 것을 이미 언급했지요. 그러니까 아침에 묵상하고 저녁에 기도하는 일을 통하여 영성훈련을 이동 중에도 더욱 강화한다는 것입니다.

5) 공동체적 형제애와 나눔 훈련

사랑의 영성을 적용하여 훈련 경비를 서로 보충하며 공동경비로 만들게 합니다. 기본적으로 각자 경비를 책임 지게 하지만 어려운 지체의 경우는 공동으로 노력하여 함께 가게 합니다. 선교훈련 내내 서로 지체간 돌아보기를 연습하고 약한 지체는 붙들어 주고 서로 배려하고 격려하며 하나된 공동체로 훈련하게 합니다.

2. 선교훈련 준비

1) 선교지 선정

선교지 선정은 물론 기도하면서 주님의 인도를 받아야 함을 전제로 합니다. 일반적 고려사항은 우선 안내하며 훈련시켜 줄 선교사가 매우 신실하고 열매가 있는 선교사를 중심으로 선택합니다.

둘째는 우리나라보다 가난하고 고생스러운 곳을 선정합니다. 어려운 사람들을 만나봄으로 우리가 얼마나 축복 속에 있는가를 확인하고 가난하고 저주 아래 있는 자들을 위하여 헌신할 마음을 갖게 해야 합니다.

셋째, 지체가 모두 함께 가기에 적절한 거리와 경비를 고려하여 정합니다.

2) 재정적 준비

선교훈련의 재정은 항공료와 생활비를 각자가 책임지고 준비하는 것을 원칙으로 합니다. 그러나 교회의 재정으로 격려하고 지원할 수 있을 경우는 선교훈련을 장려하는 의미에서 교회의 예산을 세워 지원할 수 있습니다. 혹 형편이 어려운 지체의 경우는 공동 모금하여 채우기도 합니다. 항공료와 생활비 외에 선교사와 그 가족들을 격려할 재정도 준비해야 합니다. 현금 외에 물품을 준비해도 좋습니다.

3)선교지 연구

선교훈련을 나갈 나라나 도시에 대한 사전 연구를 하도록 하고 그 지식을 공유하고 미리부터 기도하게 합니다.

"세계기도 정보"를 이용하거나 인터넷에서 검색한 정보들을 취합합니다.

4)중보기도

선교지와 그곳의 선교사들과 선교훈련 전 과정을 위한 중보 기도를 한달 이상합니다.

3. 기타 고려사항

1) 생활 수준

선교훈련 중 생활 수준은 사치스럽지 않게 하고 약간은 고생스럽게 해도 좋습니다. 몇 차례 현지인들의 보통 수준의 음식을 함께 먹는 일도 필요하고 현지인들의 수준에서 숙박하는 일 민박도 한 번쯤 있으면 좋습니다.

고급 호텔 고급 음식점만 찾으면 안됩니다. 물론 한 두 번은 고급 호텔에 묶을 수도 있고 고급 음식점에서 먹을 수 있지만 반드시 현지 수준의 생활을 한 두 번 체험하게 해야 합니다.

2) 선교훈련에 집중

관광이나 쇼핑 시간은 될수록 적게 가져야 합니다.

선교사들이 일하는 현장을 돌아보고 거점 점령 중보기도와 봉사활동 등을 중심으로 선교훈련에 집중해야 합니다.

3) 평가회

귀국 직전 마지막 시간을 확보하여 선교훈련을 돌아보며 서로의 느낀 점과 깨달은 점 그리고 적용 점을 나누고 실천의지를 다짐하는 기도의 시간을 갖습니다.

4) 감사와 나눔의 날

돌아와서 어느 날을 정하여 감사와 나눔의 시간을 갖고 잔치하고 결심한 바를 변치 않도록 다짐하고 기도하여 선교훈련을 마무리 합니다.